レヴァイアサン 47

2010 秋

編集委員
　大西　　裕
　増山幹高
　加藤淳子
書評委員
　石田　　淳
　磯崎典世
　日野愛郎
　増山幹高
　待鳥聡史
　村井良太
編集顧問
　川人貞史
　辻中　　豊
　真渕　　勝

木鐸社

| LEVIATHAN　47号　＜目次＞ |

特集の狙い　選挙サイクルと政権交代
　　　　　　　　　　　　　　　　　　　　　　　　　　　　大西　裕（6）

［特集論文］選挙サイクルと政権交代

国政選挙のサイクルと政権交代
　　　　　　　　　　　　　　　　　　　　　　　　　　　今井亮佑（7）

アメリカにおける政権交代と立法的成功
　　　　　　　　　　　　　　　　　　　　　　　　　　　待鳥聡史（40）

韓国における選挙サイクル不一致の政党政治への影響
　　　　　　　　　　　　　　　　　　浅羽祐樹・大西裕・春木育美（65）

地方における政党政治と二元代表制
　　―地方政治レベルの自民党「分裂」の分析から―
　　　　　　　　　　　　　　　　　　　　　　　　　　　砂原庸介（89）

■独立論文

新しい社会的リスクの比較政治経済学
　　―拒否権プレーヤーを用いた計量分析―
　　　　　　　　　　　　　　　　　　　　　　　　　　　稗田健志（108）

■学界展望論文

国際関係論における歴史分析の理論化
　　―外交史アプローチによる両者統合への方法論的試み―
　　　　　　　　　　　　　　　　　　　　　　　　　　　保城広至（129）

■研究ノート

投票行動における福祉と防衛の比較考量
　　―戦後日本の有権者にとっての「大砲」と「バター」―
　　　　　　　　　　　　　　　　　　　　　　　　　　　大村華子（146）

■書評

〈書評論文〉

田中愛治＋河野勝＋日野愛郎＋飯田健／読売新聞世論調査部『2009年，なぜ政権交代だったのか——読売・早稲田の共同調査で読みとく日本政治の転換』勁草書房，2009年
菅原琢『世論の曲解——なぜ自民党は大敗したのか』光文社［光文社新書］，2009年
岡﨑晴輝 (170)

山田哲也『国連が創る秩序：領域管理と国際組織法』東京大学出版会，2010年
篠田英朗 (177)

北村亘『地方財政の行政学的分析』有斐閣，2009年
名取良太 (181)

保城広至『アジア地域主義外交の行方　1952-1966』木鐸社，2008年
宮城大蔵 (185)

吉田徹『ミッテラン社会党の転換：社会主義から欧州統合へ』法政大学出版局，2008年
森本哲郎 (189)

書評委員会からのお知らせ (188)
執筆者紹介 (194)
投稿規定 (197)
英文要旨 (198)
編集後記 (201)

編集委員
　　大西　　裕　（神戸大学大学院法学研究科教授）
　　増山　幹高　（政策研究大学院大学教授，慶應義塾大学客員教授）
　　加藤　淳子　（東京大学大学院法学政治学研究科教授）
書評委員
　　石田　　淳　（東京大学大学院総合文化研究科教授）
　　磯崎　典世　（学習院大学法学部教授）
　　日野　愛郎　（早稲田大学政治経済学術院准教授）
　　増山　幹高　（政策研究大学院大学教授，慶應義塾大学客員教授）
　　待鳥　聡史　（京都大学大学院法学政治学研究科教授）
　　村井　良太　（駒澤大学法学部准教授）
編集顧問
　　川人　貞史　（東京大学大学院法学政治学研究科教授）
　　辻中　　豊　（筑波大学大学院人文社会科学研究科教授）
　　真渕　　勝　（京都大学大学院法学科・法学部教授）

特集

選挙サイクルと政権交代

■特集の狙い

選挙サイクルと政権交代

（文責）大西　裕

　今回の特集の狙いは，選挙サイクルが政党，政権交代に与える影響を検討することにある。選挙サイクル，とりわけ大統領制国家において執政府と立法府の構成員に関する選挙サイクルの違いが政党制に与える影響についてはシュガート等の一連の研究がある。例えば，大統領選挙と国会議員選挙が同時になされる同期選挙に比べ，非同期選挙の方が議会における大統領与党は勝ちにくく，その間隔が空けばあくほど与党の敗色は濃厚になるなどである。しかし，選挙サイクルの効果は他の執政・選挙に関する制度に比較してまだまだ不明な点が多い。

　選挙サイクルの政党政治への影響は，議院内閣制をとる日本においても重要である。定期的に選挙が行われる参議院選挙と4年任期で解散による選挙が常態化している衆議院選挙では選挙サイクルは通常一致しない。二院制をとる国では議院内閣制であっても非同期選挙が政党政治に影響を与えるとしても不思議ではない。実際，2009年の衆議院選挙を受けた政権交代は，2007年の参議院選挙における自民党敗北とその結果生じた，いわゆる「ねじれ国会」が一つの契機になっている。選挙サイクルは，地方政治においても影響を与えている。いわゆる亥年現象はその一つで，中央－地方間のサイクルの効果であり，地方の首長，議会選挙はしばしば国政の中間評価と見なされるが，それは選挙サイクルのずれによるものである。

　こうした選挙サイクルの非同期性は政権交代，そして政策にも影響を与える。選挙による政権交代は有権者に政策転換を期待させる。しかし，大統領制の場合は議会，議院内閣制の場合は第二院の構成がヘテロである場合，政権交代効果は限定的になるであろうし，逆に，議会や第二院での選挙が政権交代を促進することもある。

　このように選挙サイクルは政党政治やさらに政権交代にも影響を与えているとする観察は多くあるものの，体系的な調査・分析は十分になされてはいない。本特集のこのような問題意識に対し，今井論文は衆議院選挙と参議院選挙に対する有権者の意識の違いが政権党への投票に与える影響を析出し，待鳥論文はアメリカにおいては大統領与党が替わるという意味での政権交代が政策転換には必ずしも結びつかないことを明らかにしている。他方，浅羽・大西・春木論文は，大統領選挙と国会議員総選挙の非同期性が周期的に変動する韓国をとりあげ，砂原論文は日本の広域自治体選挙に関して，議会選挙と知事選が一致するかどうかが地方議会会派に与える影響を分析した。

■特集　選挙サイクルと政権交代　1

国政選挙のサイクルと政権交代

今井亮佑

> 要旨：2009年総選挙における政権交代の背後で生じていた有権者の意識と行動の変化に関する分析を行った。その結果，(1) 自民党政権が続くことは望むが現政権自体は評価できないと考える有権者は，2007年参院選までは，政権選択の側面を持つ総選挙では棄権，政権選択の側面がない参院選では野党候補への投票，という形で業績評価投票を使い分けていたが，2009年総選挙では，棄権という消極的な形ではなく野党候補への投票という明確な形で，現政権への不満を表明したこと，(2) 2009年総選挙時には，2007年参院選時には見られなかった，内閣の業績に対する低評価や政治に対する不満が政権交代願望に結び付くという関係性が生じていたことが示唆された。

1．はじめに

2009年8月30日—第45回衆議院議員総選挙の投票日である—この日は，後世，戦後日本政治における1つのターニング・ポイントとして，長く記憶に留められることになるだろう。いわゆる1955年体制の成立から半世紀強を経て初めて，政権党として君臨してきた自由民主党が，総選挙の結果を受けて第1党の座から滑り落ち，民意に基づく政権交代が実現したからである。

この歴史的な総選挙のわずか1ヶ月後に，その名も『2009年，なぜ政権交代だったのか』（田中他，2009）というタイトルの書籍が出版されたことが端的に示すとおり，2009年総選挙における有権者の意識と行動を解明することは，日本の政治行動研究に課された極めて重要な研究テーマである。実際，この1年弱の間に，2009年総選挙を題材とした優れた学術研究が立て続けに発表されている。

2009年総選挙で政権交代が生じた背景にある要因として，自民党に対する「失望」と民主党に対する「期待」（飯田，2009），総選挙の半年前の時点で既に確認されていた自民党支持者の民主党への離反と無党派層の民主党選択

（日野，2009），長期的な自民党の衰退と短期的な民主党の成長（谷口，2010），スウィング・ヴォーティング（山田，2010）の存在を指摘したこれら先行研究の持つ意義が大きいことは言うまでもない。ただ，いずれの先行研究にも欠けている視点が1つあるように思われる。それは，国政選挙のサイクルの中に2009年総選挙を位置付け，政権交代に至るまでの数回の国政選挙を，同一の枠組みによって，通時的に分析するという視点である[1]。

表1は，自民党が本格的に政権復帰した後に行われた9回の国政選挙に関して，各政党の獲得議席数と，投票日翌日の各紙朝刊1面の見出しを列記したものである。同じ選挙の結果に対する解釈が社によって異なり，それが見

表1　近年の国政選挙の結果（各党の獲得議席数と，投票日翌日の各紙朝刊1面の見出し）

1996年総選挙（10月20日投票）
- 与党　：自民党239　社民党15　さきがけ2
- 野党他：新進党156　民主党52　共産党26　民改連1　無所属9

　読売：自民復調　過半数には届かず
　朝日：自民復調，首相続投へ
　毎日：橋本首相，再選へ

1998年参院選（7月12日投票）
- 与党　：自民党44　無所属（自民推薦）1
- 野党他：民主党27　共産党15　公明9　自由党6　社民党5　無所属（民主推薦）12　無所属7

　読売：自民惨敗　首相退陣へ
　朝日：自民惨敗，首相退陣へ
　毎日：自民惨敗　首相退陣へ

2000年総選挙（6月25日投票）
- 与党　：自民党233　公明党31　保守党7
- 野党他：民主党127　自由党22　共産党20　社民党19　無所属の会5　自由連合1　無所属15

　読売：自公保後退　民主が躍進
　朝日：自公保激減　民主躍進
　毎日：自民敗北　民主が伸びる

2001年参院選（7月29日投票）
- 与党　：自民党64　公明党13　保守党1　無所属（自民推薦）1
- 野党他：民主党26　自由党6　共産党5　社民党3　無所属（民主推薦）1　無所属1

　読売：自民大勝　与党過半数
　朝日：小泉旋風　自民大勝
　毎日：小泉自民が大勝

2003年総選挙（11月9日投票）
- 与党　：自民党237　公明党34　保守新党4　無所属（自民推薦）2
- 野党他：民主党177　共産党9　社民党6　無所属の会1　自由連合1　無所属（民主推薦）1　無所属8

　読売：与党が「絶対安定多数」
　朝日：自民伸びず　民主躍進
　毎日：自民後退　民主躍進

2004年参院選（7月11日投票）
- 与党　：自民党49　公明党11
- 野党他：民主党50　共産党4　社民党2　無所属（民主推薦）4　無所属1

　読売：自民不振　民主が躍進
　朝日：自民敗北　改選数割る
　毎日：自民敗北　改選数割れ

2005年総選挙（9月11日投票）
- 与党　：自民党296　公明党31
- 野党他：民主党113　共産党9　社民党7　国民新党4　新党大地1　新党日本1　無所属（民主推薦）2　無所属（郵政造反組）13　無所属3

　読売：自民圧勝296議席
　朝日：自民圧勝　296議席
　毎日：自民圧勝　与党327

2007年参院選（7月29日投票）
- 与党　：自民党37　公明党9　無所属（自民推薦）1
- 野党他：民主党60　共産党3　社民党2　国民新党2　新党日本1　無所属（民主推薦）5　無所属1

　読売：与党惨敗　民主第1党
　朝日：自民　歴史的大敗
　毎日：自民　歴史的惨敗

2009年総選挙（8月30日投票）
- 与党　：自民党119　公明党21
- 野党他：民主党308　共産党9　社民党7　みんなの党5　国民新党3　新党大地1　新党日本1　無所属（民主推薦）1　無所属5

　読売：民主308　政権交代
　朝日：民主308　政権交代
　毎日：民主308　政権奪取

出しのニュアンスに滲み出ている場合があるという点が面白いが，概して，これら9回の国政選挙の結果は次のようにまとめることができると思われる。すなわち，2005年総選挙が「自民大勝」，2001年参院選が「自民勝利」，1996年総選挙，2000年総選挙と2003年総選挙が「自民負けず」，2004年参院選が「自民敗北」，1998年参院選，2007年参院選と2009年総選挙が「自民惨敗」である[2]。近年の国政選挙の結果を個別に単体として捉えるのではなく，このように並べて見ることで，学術的に検討すべき興味深い論点が浮かび上がる。なぜ与党・自民党は，参院選では改選第1党の座を明け渡すことがあっても，総選挙で敗北を喫することはなかったのか，なぜこの傾向が2009年総選挙で崩れ，政権交代が実現したのか，という論点である。このような形で論点を設定し，その検討を行うことで，2009年総選挙で政権交代を生じさせた有権者の意識と行動に関する理解はより深まることになるのではなかろうか。

　そこで本稿では，近年の国政選挙における有権者の投票行動について同一のフレームワークを適用して分析することで，この論点に対する1つの答えを提示し，それを通じて，有権者の意識と行動の変化という観点から政権交代のメカニズムを明らかにすることを目指す。分析に当たっては，「有権者が望ましいと考える政権形態」に着目し，特に，自民党（を中心とする）政権[3]の継続を望む有権者の行動に焦点を当てる。次節では，本稿の理論的背景について説明する。

2. 背景

2. 1. 国政選挙における「政権選択」と「業績評価投票」

　筆者は，本稿で設定した論点のうち前半部，すなわち「なぜ与党・自民党は，参院選では改選第1党の座を明け渡すことがあっても，総選挙で敗北を喫することはなかったのか」について，選挙に吹く「風」——選挙の時点での政治情勢が与党にとって有利か野党にとって有利か——の影響という観点から，別稿（今井, 2008）で検討したことがある。そこでは，次の2つの要因の影響を指摘した。

　1つ目は，選挙のタイミングである。総選挙に関しては，与党（の党首としての首相）が実施の時期をコントロールできるため，与党にとって「逆風」の下での選挙を回避することも，逆に「追い風」を受ける中で解散総選挙に打って出ることも可能となる。これに対し参院選に関しては，3年に1度，夏に半数の議員が任期満了を迎えるため，その時点で吹いている「風」が与

党にとって「追い風」であろうと「逆風」であろうと，選挙を実施せざるを得ない[4]。その影響が選挙結果にも反映されていると考えられるのである[5]。

　2つ目は，投票行動における「候補者要因」の影響である。(小) 選挙区での投票に際して候補者要因を重視する投票者は，政党要因を重視する投票者に比べ，「風」の影響を受けにくいという傾向がある。これまでの国政選挙に関しては，参院選に比べ総選挙において，候補者重視の投票行動が相対的に多く見られた[6]。しかも，総選挙では，候補者を重視して自民党候補に投票する人が民主党候補に投票する人を20％強上回っていたのに対し，参院選では，その差は10％そこそこであった。その結果，総選挙に関しては，「風」が自民党に「追い風」として吹いている場合，「風」の向き・強さにかかわらず自民党候補に投票する候補者重視の投票者の固い支持に加え，日々の政治の動向を考慮して投票する政党重視の投票者からの得票を上積みできることが，「追い風」を受けた自民党の大勝をもたらした。一方，自民党が「逆風」の中で総選挙を戦う場合，政党重視の投票者の多くは民主党候補への投票を選択するものの，候補者重視の投票者には，「風」の影響を受けることなく自民党候補への投票を選択する傾向があるため，その支持が自民党候補の得票を下支えすることで，自民党が窮地に追い込まれるまでには至らなかった。これに対し参院選に関しては，「風」の影響を受けやすい政党重視の投票者が多数を占め，しかも総選挙とは対照的に，候補者を重視する人の投票先の政党にあまり偏りが見られないことから，自民党であろうと民主党であろうと，とにかく「追い風」を受けた政党が選挙を制してきた。このように今井（2008）では，「風」の影響を受けにくい，候補者を重視して自民党候補に投票する投票者の数という点で総選挙と参院選との間に差異が見られ，これが，選挙に吹く「風」が選挙結果に及ぼす影響の程度を左右し，延いては，論点として挙げた総選挙と参院選との違いを生んでいる，という可能性を指摘したのである。

　これを受けて本稿では，3つ目の要因として，当該選挙が「政権選択」という性質を帯びているか否かが有権者の投票行動に及ぼす影響について検討する。特に自民・民主の二大政党による争いという構図となった後の総選挙が，「自民党（を中心とする）政権か，民主党（を中心とする）政権か」という政権選択の意味合いを持っていることは言うまでもないが，参院選についてはどうであろうか。確かに選挙の結果を受けて時の政権が倒れることはこれまでにもあった。古くは1989年（宇野宗佑内閣）や1998年（橋本龍太郎内閣），最近では2007年（安倍晋三内閣）の参院選がその例である。ただ，これ

は自民党（を中心とする）政権という枠組み自体の交代を伴うものではなく，あくまでも同じ政権与党の構成の中での「表紙の差し替え」に過ぎなかった。つまり参院選は，「政党内」での政権選択選挙とはなりえても，「政党間」での政権選択選挙とはなりえないのである。

　このように，政権がその存立の基盤とする衆議院の総選挙には文字通り政権選択という側面があるのに対し，第二院である参議院の通常選挙にはそのような側面がないということは，有権者の投票行動，とりわけ現政権の枠組み[7]の継続を願う有権者の行動を大きく規定することになると考えられる。これは次のようなロジックによる。

　総選挙での与党の敗北は，政権交代に結びつく可能性が高い。このため，現政権の枠組み自体は支持する以上，たとえ現在の首相の資質に疑問を持ったり，現政権の業績を評価できないと考えたりしたとしても，それを投票行動に反映させて野党に投票することには二の足を踏む。せいぜい，不満の表明として棄権するにとどまると考えられる。

　これに対し参院選では，仮に政権与党が敗れたとしても，それによって政権の枠組み自体が変わることは基本的に考えにくい。その一方で，与党内での政治力学から，参院選敗北の責任を取る形で首相が退陣することは十分に起こりうる。このため，政党間での政権交代までは望まないものの，現政権そのものは支持できないと考える有権者の中には，総選挙とは異なり参院選では，思い切って野党に投票することで，あわよくば参院選を「政党内」での政権選択選挙として利用しようとする者も含まれると考えられる。

　つまり，政権選択選挙としての側面を持ち合わせているか否かという総選挙と参院選の制度的特性の相違を背景に，現政権の枠組みの継続を望む一方で現政権自体は評価できないと考える有権者が，総選挙では棄権するにとどめるが参院選では躊躇なく野党に投票するという形で，業績評価投票の使い分けを行ってきたことが想定される。このような行動が実際に確認されれば，それを，「与党・自民党は，参院選では改選第1党の座を明け渡すことがあっても，総選挙で敗北を喫することはなかった」1つの要因と捉えることができるのではなかろうか。そこで本稿では，以上の論を踏まえて次のような形で仮説を定式化する。そして，仮説の検証のために，自民党政権の継続を望む有権者の総選挙・参院選における投票行動が，現政権に対する評価，具体的には内閣業績評価や首相に対する好感度によって，どのような形で，どの程度影響されていたのかに焦点を当てた分析を行い，それを通じて論点の前半部の解明を試みる。

【仮説1】自民党（を中心とする）政権という枠組みは持続して欲しいと望むものの，現政権自体は評価できないと考える有権者には，「政権選択選挙」である総選挙では，棄権という形の業績評価投票を選択する傾向があった。

【仮説2】自民党（を中心とする）政権という枠組みは持続して欲しいと望むものの，現政権自体は評価できないと考える有権者には，「政権選択選挙」ではない参院選では，野党候補への投票という形の業績評価投票を選択する傾向があった。

言うまでもなく，本稿のこの分析視角は，いわゆる業績評価投票を巡る研究の系譜に連なるものである。我が国で業績評価投票を取り上げた研究は枚挙に暇がない（レヴュー論文として，平野，1998。最近の主な研究として，池田，2000；池田，2007，第2章；平野，2007，第8章；小林，2008，第6・7章；小林，2009）。ただ，選挙が総選挙か参院選か（政権選択選挙か否か），有権者がどのような政権の形態が望ましいと考えているかという2つの変数の交互作用によって，業績評価が投票行動に及ぼす影響のあり方や程度に差が生じるという理論的想定の妥当性を検討した研究は，管見の限り皆無である[8]。本稿では，業績評価投票の研究の文脈におけるこの間隙を埋めることも副次的に目指す。

2.2. 2009年総選挙における2つの「変化」

一方，「なぜこの傾向が2009年総選挙で崩れ，政権交代が実現したのか」という，論点の後半部に関しては，本稿で焦点を当てる自民党政権の継続を望む有権者の意識と行動に，2009年総選挙時にどのような「変化」が生じたのか（あるいは生じなかったのか）を分析することで，検討を加える。ここでは特に2つの「変化」に着目する。

1つ目は，2009年総選挙における投票行動の変化である。自民党結党以来初めて，総選挙の結果として明確に示される民意に基づく政権交代が実現する可能性が高まる中で，自民党を中心とする政権の枠組みが総選挙後も持続することを願うものの麻生太郎政権は評価できないと考える有権者は，どう行動したのであろうか。取った行動の候補として，次の3つが挙げられる。第1に，これまでの総選挙で見られたと想定される行動パターン，すなわち現政権に対する低評価を棄権の形で表明するという行動を，2009年総選挙で

も取り続けたということが考えられる。第 2 に，たとえ現政権は評価できないと考えたとしても，これまでの総選挙のように棄権でその意思表示をするのではなく，現政権への不満には目を瞑ってあえて自民党候補に投票するというように，政権交代が現実味を帯びる中で，現政権に対する評価を投票行動に反映させない形に行動を変化させた可能性もある。そして第 3 に，麻生政権の業績や麻生首相個人の資質は評価できないと考える有権者が，これまでの総選挙のように棄権するのではもはや飽き足りないと考え，あえて野党候補に投票することで明確にその意思表示を行ったということも考えうる。このうち前二者の行動を取る傾向があったのであれば，これは反・政権交代の行動であるため，2009年総選挙における政権交代の実現に自民党政権の継続を望む有権者は全く影響を及ぼさなかったことになる。これに対し，第 3 の行動を取る傾向があったことが確認された場合，自民党政権の継続を望む有権者が見せたこの行動の変化は，2009年総選挙における政権交代の実現に寄与した一因として捉えることができる。そこで，3 つの想定のうちいずれがデータ上支持されるのか，分析を通じて明らかにしたい。

　2 つ目は，どの政権の形態を望ましいと考えるかに関する，2007年から2009年にかけての変化である。表 2 は，本稿の分析で用いる，1996年以降の国政選挙時に行われた意識調査で尋ねられた，望ましい政権形態に関する質問に対する回答の分布をまとめたものである。表の下に（参考）として付した情報からも明らかなように，調査ごとに質問文や選択肢が異なるため，数字の比較に際しては注意を払う必要があるが，この表からは少なくとも次の 2 つの点が読み取れる。55年体制の崩壊後も，2007年参院選時までは，現政権の枠組み，すなわち自民党（を中心とする）政権の継続が望ましいと考える有権者が30〜40％程度と，相対的に多数を占めてきたことと，2007年から2009年にかけて，自民党政権の継続を望む有権者が12.06％減少し，逆に民主党（を中心とする）政権への交代を望む有権者が17.34％増加した結果，2009年総選挙時には，民主党政権への交代が望ましいと考える有権者が相対多数を占めるようになったことである[9]。

　このうち，2007年から2009年にかけて生じた変化が政権交代をもたらした要因として非常に重要な意味を持つことは言を俟たない[10]。分析に用いるWaseda-CASI&PAPI2007・2009調査によれば，自民党政権の継続を望む有権者の（小）選挙区における投票行動は，2007年が自民党51.89％，民主党28.06％，棄権20.04％，2009年が自民党67.90％，民主党22.47％，棄権9.63％と，2009年総選挙でも自民党候補への投票が 3 分の 2 強を占める。これに対し，民主

表2 「望ましい政権形態」に関する意見の分布

	1996年 N=1452	2000年 N=799	2001年 N=2061	2003年 N=2162	2004年 N=2115	2005年 N=1504	2007年 N=1553	2009年 N=1603
①自民党単独／連立政権	30.23%	53.94%	32.22%	35.34%	31.82%	40.96%	46.62%	34.56%
②民主党単独／連立政権	17.36%	38.30%	7.18%	14.71%	14.99%	19.95%	24.21%	41.55%
③「大連立」	5.79%	・・・	32.12%	27.38%	28.32%	21.21%	・・・	・・・
④その他／DK／NA	46.63%	7.76%	28.48%	22.57%	24.87%	17.89%	29.17%	23.89%

■ データの概要については注12・15参照。
■ (参考) 各調査における質問文及び選択肢，それに基づくコード化の方法は以下の通り。

【JEDS】 Q11
政権の形態には単独政権と連立政権がありますが，あなたが望ましいと思う選挙後の政権はどちらですか。
　　1. 単独政権　　2. 連立政権
SQ 1 (「1. 単独政権」を選んだ方に) では，どの政党の政権が望ましいですか。(O.A.)
SQ 2 (「2. 連立政権」を選んだ方に) どの政党を中心とする連立政権が望ましいですか。(O.A. - M.A.)
① = Q11で「単独政権」を選び，SQ 1で「自民党」と答えた
　　Q11で「連立政権」を選び，SQ 2で「自民党」と答えたが，「民主党」と「新進党」はいずれも挙げなかった
② = Q11で「単独政権」を選び，SQ 1で「新進党」もしくは「民主党」と答えた
　　Q11で「連立政権」を選び，SQ 1で「新進党」と「民主党」のいずれかもしくは両方を挙げたが，「自民党」とは答えなかった
③ = Q11で「連立政権」を選び，SQ 2で「自民党」と答え，かつ「民主党」と「新進党」のいずれかもしくは両方を挙げた
④ = 上記①〜③に該当しないケース

【JES II 第8波】 問5
あなたは，次の中でどの政権の形態が最も望ましいと思いますか。
1. 自民党の単独政権：①　　　　　　2. 民主党の単独政権：②
3. 自民党を中心とする連立政権：①　　4. 民主党を中心とする連立政権：②　　5. その他：④

【JES III】 2001年事前調査Q23，2003年事前調査Q24，2004年事前調査Q26，2005年事前調査Q31
あなたは，今度の○○選挙の後，どのような政権ができることを望みますか。
(2001年参院選・2003年総選挙・2004年参院選)
1. 自民党単独政権：①　　　　2. 民主党を除いた，自民党と他の政党の連立政権：①
3. 自民党と民主党を含めた連立政権：③　　4. 自民党を除いた他の政党の連立政権：②
5. その他：④
(2005年総選挙)
1. 自民党単独政権：①　　　　2. 民主党を除いた，自民党と他の政党の連立政権：①
3. 自民党と民主党を含めた連立政権：③　　4. 民主党単独政権：②
5. 自民党を除いた他の政党の連立政権：②　　6. その他：④

【Waseda-CASI & PAPI2007・2009】 2007年事前調査問27，2009年事前調査問24
あなたが望ましいと考える政権の形や，衆議院・参議院における勢力分布について，おうかがいします。まず，あなたが望ましいと考える政権は，次のうちどれですか
1. 自民党単独政権：①　　2. 自民党を中心とする連立政権：①
3. 民主党単独政権：②　　4. 民主党を中心とする連立政権：②　　5. その他：④

党への政権交代を望む有権者の場合，自民党候補に投票したのは2007年が5.26%，2009年が12.16%，民主党候補に投票したのは順に84.21%と80.82%，棄権したのは10.53%と7.01%と，いずれの選挙でも民主党候補への投票が圧倒的に多い[11]。このように，2007年から2009年にかけての自民党政権を望む有権者の減少と民主党政権を望む有権者の増加は，2009年総選挙における民主党候補への投票率の上昇と密接にリンクしているのである。ここで研究上

求められるのは，なぜ2009年総選挙時に自民党政権の継続を望む有権者が減少し，逆に民主党政権への交代を望む有権者が増加したのか，その要因を解明することである。そこで本稿では，この点について帰納的な分析を通じて明らかにし，これを論点の後半部に関する1つの解として提示する。

3. 分析手法

3.1. 仮説1・仮説2の検証方法

前節で提示した2つの仮説を検証するために，自民党政権の継続を望む有権者の，総選挙・参院選の（小）選挙区における投票行動を比較分析する。対象とするのは，表1に示した1996年から2007年までの8回の国政選挙のうち，分析の鍵変数を含む調査データが存在しない1998年参院選を除く，計7回の選挙である。

分析には，鍵を握る変数である「望ましい政権形態」及び「現政権に対する評価」（「内閣業績評価」と「首相感情温度」のいずれかもしくは両方）を尋ねた質問項目が含まれるデータを用いる。具体的には，1996年総選挙に関してはJEDS，2000年総選挙に関してはJES II（第8波郵送調査），2001年参院選・2003年総選挙・2004年参院選・2005年総選挙に関してはJES III，2007年参院選に関してはWaseda-CASI&PAPI2007の各データを用いて分析を行う[12]。従属変数は，1996年総選挙が「自民党候補に投票したか（0），新進党／民主党候補に投票したか（1），棄権したか（2）」，2000年総選挙と2001年参院選が「自民党候補に投票したか（0），民主党／自由党候補に投票したか（1），棄権したか（2）」，他の4回の選挙が「自民党候補に投票したか（0），民主党候補に投票したか（1），棄権したか（2）」である[13]。独立変数については，調査ごとに質問項目が異なるため全く同一とすることは残念ながらできないが，基本的には，鍵変数として内閣業績評価（と首相感情温度），統制変数として政党感情温度，候補者要因（認知の有無，感情温度，イメージ量），政治関心度，投票義務感，政治的有効性感覚，被投票依頼経験，選挙運動接触を投入する[14]。従属変数が3つのカテゴリ間の選択であるため，分析手法としては「自民党候補への投票」を基準カテゴリとする多項ロジットモデル（multinomial logit model）を採用する。内閣業績評価や首相感情温度の低い人ほど自民党候補への投票ではなく棄権を選択する確率が高くなる傾向があるが，自民党候補に投票するか民主党候補に投票するかの選択に対するこれら変数の影響は統計的に有意ではないということが，2005年以前の総選

挙に関する分析でのみ確認された場合，仮説1は支持されたと言える。また，内閣業績評価や首相感情温度の低い人ほど自民党候補ではなく民主党候補に投票する確率が有意に高いという傾向が，参院選に関する分析でのみ確認された場合，仮説2は支持されたことになる。

3．2．2009年総選挙における2つの「変化」に関する分析の方法

　自民党政権の継続を望む有権者の2009年総選挙における投票行動に関する分析の方法は，仮説1・仮説2の検証方法と大枠において同一である。すなわち，従属変数に「自民党候補に投票したか（0），民主党候補に投票したか（1），棄権したか（2）」，独立変数に内閣業績評価，首相感情温度，政党感情温度，政治関心度，投票義務感，政治的有効性感覚，被投票依頼経験，選挙運動接触を取る，多項ロジット分析を行う。この分析に用いるデータは，Waseda-CASI&PAPI2009である[15]。内閣業績評価や首相感情温度の影響が，自民党候補に投票するか民主党候補に投票するかの選択に関しては有意ではないが，自民党候補に投票するか棄権するかの選択に関しては負で有意であるという場合は1つ目の想定が，いずれの選択に関しても有意ではないという場合は2つ目の想定が，自民党候補に投票するか民主党候補に投票するかの選択に関しては負で有意である一方で，自民党候補に投票するか棄権するかの選択に関しては非有意ということが確認された場合は3つ目の想定が，妥当ということになる。

　自民党政権の継続を望む有権者が減少する一方で民主党への政権交代を望む有権者が増加した要因を解明する分析は，厳密には，パネル調査のデータを用いて行う必要がある。だが，2007年参院選・2009年総選挙時に行われたパネル調査のデータで一般公開されているものは，少なくとも本稿執筆の時点では存在しない。そこで次善の策として，2007年参院選・2009年総選挙時にクロスセクション調査として行われた2つの調査（Waseda-CASI&PAPI2007・2009）のデータを用いて検討する。

　異なる時点間で従属変数の分布に変化を生じさせる原因を考える上では，従属変数の規定要因の分布と，その要因の従属変数に対する規定力の2つに着目する必要がある。この2つに次のような形で変化が生じた場合，それに付随して従属変数の分布にも変化が生じると考えられる。第1に，従属変数の規定要因の分布自体には変化が見られないが，要因の規定力が変化したという場合である。たとえば，相対的に値の大きい方向に偏った分布を示す要因Aが，t−1時点では従属変数に対し負の有意な影響を及ぼしていたが，t

時点ではその影響力を弱めるか失った場合，従属変数の分布は相対的により値が大きい方向に変化するものと想定される。また，相対的に値の小さい方向に偏った分布を示す要因Bが，t－1時点では従属変数に対し有意な影響を及ぼしていなかったが，t時点では有意な負の影響を示すようになった場合も，従属変数の分布は相対的により値が大きい方向に変化するものと考えられる。第2に，要因の持つ規定力には変化がないが，その要因の分布自体が変化するという場合である。ある要因Cが，t－1時点でもt時点でも従属変数に対し負の有意な影響を及ぼしているという状況において，この要因Cの分布がt－1時点からt時点にかけて相対的に値の小さい方向に移動すれば，それに伴って従属変数の分布は相対的により値が大きい方向に変化することになるだろう。そして第3に，従属変数の規定要因の分布も，要因の規定力も，両方変化したという場合である。先の例に即して言えば，t－1時点では，相対的に値の小さい方向に偏った分布を示し，かつ従属変数に対し有意な影響を及ぼしていなかった要因Dが，t時点において，その分布の偏りの度合いを強めるとともに，従属変数に対する有意な負の影響を示すようになった場合，従属変数の分布は相対的により値が大きい方向への大きな変化を見せるものと考えられる。

　以上を踏まえ，望ましい政権形態に関する意見の分布に見られる2007年から2009年にかけての変化の要因を探るために，本稿では次のような分析を行う。すなわち，「自民党政権の継続を望むか（0），民主党への政権交代を望むか（1）」を従属変数，内閣業績評価，政治満足度，自民党感情温度，民主党感情温度，内閣支持ダミー，与党支持ダミー，野党支持ダミーを独立変数に取ったロジット分析を，2007年参院選と2009年総選挙について個別に行う。そして，各独立変数の分布は2007年から2009年にかけて変化したのか，変化した場合はどのような方向への変化を示したのか，各独立変数の従属変数に対する規定力はどのように変化したのかを見ることで，2007年から2009年にかけて自民党政権の継続を望む有権者が減少し民主党への政権交代を望む有権者が増加した背景を明らかにすることを試みる。

4．分析結果

4．1．仮説1・仮説2の検証

　仮説1・仮説2を検証するために行った多項ロジット分析の結果は表3のとおりである。結論を先取りすれば，いずれの仮説も概ね支持されたと言え

表3　多項ロジット分析結果

	1996年総選挙				2000年総選挙			
	野党候補への投票		棄権		野党候補への投票		棄権	
	Coef.	Std. Err.	Coef.	Std. Err.	Coef.	Std. Err.	Coef.	Std. Err.
内閣業績評価	−0.391	1.110	−2.636*	1.200	0.187	0.852	−0.988	1.301
首相感情温度					1.153	1.213	−3.635†	1.926
政党感情温度：自民党	−3.387*	1.374	−4.492**	1.607	−5.304**	1.642	−0.992	2.480
政党感情温度：公明党					−3.878***	1.101	1.127	1.782
政党感情温度：野党	5.604***	1.509	3.363*	1.693	6.804***	1.609	2.093	2.444
候補者認知：自民党	1.278	0.946	−0.758	1.164				
候補者感情温度：自民党	−5.948***	1.644	−1.066	1.899				
候補者認知：野党	−1.646	1.012	−1.390	1.416				
候補者感情温度：野党	5.122**	1.723	2.594	2.480				
候補者イメージ量：自民党					−2.899***	0.761	−3.985**	1.542
候補者イメージ量：野党					8.946***	1.698	5.870†	3.304
政治関心度					−0.814	0.800	−1.284	1.199
投票義務感	−0.536	0.799	−1.746*	0.724	1.103	0.794	−1.788†	0.976
有効性感覚	−1.053	0.863	−1.811†	1.072	0.312	0.702	−1.653	1.368
投票依頼：自民党	−0.288	0.511	−1.189	0.799				
投票依頼：野党	0.367	0.435	−0.308	0.588				
選挙運動接触：自民党	−0.029	0.434	0.065	0.493				
選挙運動接触：野党	0.525	0.414	−0.250	0.494				
(定数項)	−0.390	1.247	4.026**	1.357	−1.179	1.186	1.645	1.818
Number of obs		299				331		
LR χ^2		(26) = 143.17				(20) = 155.88		
Pseudo R^2		0.291				0.366		

†p < .10　*p < .05　**p < .01　***p < .001

表3　多項ロジット分析結果（つづき）

	2001年参院選				2003年総選挙			
	野党候補への投票		棄権		野党候補への投票		棄権	
	Coef.	Std. Err.	Coef.	Std. Err.	Coef.	Std. Err.	Coef.	Std. Err.
内閣業績評価	0.411	1.225	0.123	1.430	−0.511	0.815	−3.077**	1.077
首相感情温度	−0.399	1.344	0.192	1.591	−0.008	1.166	0.650	1.677
政党感情温度：自民党	−4.439***	1.240	−4.550**	1.428	−4.622***	1.173	−3.583*	1.600
政党感情温度：公明党	−3.316**	1.044	0.664	1.087	−2.464***	0.667	−1.743†	1.018
政党感情温度：野党	4.389***	1.309	−0.837	1.553	3.518***	1.059	0.760	1.320
候補者認知：自民党	0.666	0.974	−0.018	1.211	2.275***	0.658	1.369	0.944
候補者感情温度：自民党	−3.659*	1.683	−2.021	2.078	−5.655***	1.029	−4.996**	1.561
候補者認知：野党	−1.731	1.202	−1.196	1.563	−1.102	0.678	0.457	1.010
候補者感情温度：野党	5.410*	2.246	2.958	3.151	4.666***	1.170	−0.355	1.928
政治関心度	0.349	0.709	−2.288**	0.775	−0.879	0.640	−0.159	0.867
投票義務感	−0.691	0.769	−2.153**	0.729	0.716	0.569	−1.473*	0.615
有効性感覚	−0.288	0.749	0.946	0.841	1.295*	0.565	−0.295	0.896
投票依頼：自民党	−0.969	0.677	−0.049	0.697	−0.712	0.438	1.026*	0.511
投票依頼：野党					0.895†	0.474	−0.454	0.918
選挙運動接触：自民党	0.346	0.452	−0.201	0.522	−0.539	0.330	−1.608**	0.504
選挙運動接触：野党	−0.004	0.482	−0.621	0.657	0.085	0.347	−0.685	0.602
(定数項)	1.003	1.371	4.153**	1.445	0.590	0.956	4.107**	1.347
Number of obs		312				558		
LR χ^2		(30) = 144.24				(32) = 252.77		
Pseudo R^2		0.296				0.347		

†p < .10　*p < .05　**p < .01　***p < .001

表3　多項ロジット分析結果（つづき）

	2004年参院選				2005年総選挙			
	野党候補への投票		棄権		野党候補への投票		棄権	
	Coef.	Std. Err.	Coef.	Std. Err.	Coef.	Std. Err.	Coef.	Std. Err.
内閣業績評価	−1.540†	0.871	−0.574	0.986	0.647	0.959	−0.147	1.481
首相感情温度	−0.399	1.197	−0.094	1.269	−0.509	1.245	−1.612	2.020
政党感情温度：自民党	−2.753*	1.111	−1.000	1.246	−3.790**	1.393	−0.961	2.083
政党感情温度：公明党	−2.234**	0.717	−0.806	0.794	−2.467**	0.891	−2.267†	1.270
政党感情温度：野党	5.627***	1.119	1.783	1.197	2.873*	1.424	0.242	1.867
候補者認知：自民党	0.630	0.668	1.692*	0.736	1.875*	0.800	1.986	1.241
候補者感情温度：自民党	−3.419**	1.168	−4.614**	1.394	−5.495***	1.276	−3.591†	1.893
候補者認知：野党	0.682	0.814	0.270	1.057	−1.790*	0.910	−2.409†	1.319
候補者感情温度：野党	0.880	1.532	−1.042	2.224	5.240***	1.552	4.495†	2.467
争点態度（郵政民営化）	——	——	——	——	2.204*	0.863	−0.119	1.449
政治関心度	−0.083	0.603	−1.777**	0.662	0.433	0.756	−2.215†	1.256
投票義務感	0.405	0.552	−1.781***	0.513	0.988	0.837	−1.916*	0.819
有効性感覚	0.169	0.574	0.869	0.690	−0.277	0.717	−1.050	1.252
投票依頼：自民党	−0.859*	0.429	−1.552**	0.598	0.301	0.451	0.502	0.681
投票依頼：野党	1.383***	0.406	−0.623	0.808	——	——	——	——
選挙運動接触：自民党	−0.145	0.367	0.011	0.415	−0.637	0.438	−1.933**	0.692
選挙運動接触：野党	−0.235	0.372	−0.867†	0.514	0.538	0.419	0.512	0.643
（定数項）	−0.563	0.900	1.595†	0.926	−1.273	1.388	3.281	2.016
Number of obs		499				459		
LR χ^2		(32) = 210.68				(32) = 183.40		
Pseudo R^2		0.271				0.373		

†p < .10 *p < .05 **p < .01 ***p < .001

表3　多項ロジット分析結果（つづき）

	2007年参院選				2009年総選挙			
	野党候補への投票		棄権		野党候補への投票		棄権	
	Coef.	Std. Err.	Coef.	Std. Err.	Coef.	Std. Err.	Coef.	Std. Err.
内閣業績評価	−1.453**	0.466	−0.901†	0.488	0.114	0.515	−0.231	0.702
首相感情温度	——	——	——	——	−1.440†	0.839	−1.120	1.164
政党感情温度：自民党	−5.155***	0.862	−2.835**	0.865	−0.896	0.910	1.552	1.238
政党感情温度：公明党	−2.725***	0.712	−0.192	0.695	−1.765**	0.621	−2.340**	0.850
政党感情温度：野党	5.914***	0.899	1.920*	0.839	4.283***	0.839	0.228	0.986
政治関心度	0.255	0.555	−1.436**	0.529	0.510	0.584	−1.915*	0.777
投票義務感	0.438	0.489	−1.301**	0.423	−0.086	0.493	−0.420	0.632
有効性感覚	−0.428	0.548	−1.258*	0.620	−0.275	0.596	−0.854	0.905
投票依頼：自民党	−0.452	0.366	−0.603	0.434	−1.162*	0.461	−1.970†	1.087
投票依頼：野党	1.297**	0.437	−0.403	0.692	1.246**	0.452	−0.733	1.125
選挙運動接触：自民党	——	——	——	——	−0.610	0.374	−0.743	0.560
選挙運動接触：野党	——	——	——	——	0.104	0.396	0.152	0.574
（定数項）	0.998	0.695	2.885***	0.666	−1.119†	0.664	0.755	0.799
Number of obs		449				405		
LR χ^2		(18) = 199.00				(24) = 115.45		
Pseudo R^2		0.217				0.173		

†p < .10 *p < .05 **p < .01 ***p < .001

る。

　まず仮説1から検証していこう。1996年・2000年・2003年・2005年のいずれの総選挙に関しても，内閣業績評価と首相感情温度は，自民党候補に投票するか民主党候補に投票するかの選択に対して統計的に有意な影響を及ぼしていない。他方，自民党候補に投票するか棄権するかの選択に対しては，他の変数の影響を統制してもなお，1996年総選挙と2003年総選挙では内閣業績評価が，2000年総選挙では首相感情温度が，それぞれ有意な負の影響を及ぼしている。すなわち，橋本龍太郎内閣（1996年），小泉純一郎内閣（2003年）の業績に対する評価が低いほど，自民党候補への投票ではなく棄権を選択する確率が高くなっている。また，森喜朗首相が失言を連発し，内閣支持率を大きく低下させる中で行われた2000年総選挙では，内閣の仕事ぶりに対する評価ではなく，首相個人に対する好感度が低いほど，棄権という形での自民党からの離反を招く確率が高くなるという傾向が見られた[16]。現政権の枠組みを支持する以上，政権選択選挙である総選挙では，たとえ内閣の業績に対する評価や首相に対する好感度が低くても，それを野党候補への投票に結び付けるわけにもいかず，棄権という形で消極的に意思表示をするにとどめていたという様子が，この分析結果からはうかがえる。このように，2005年総選挙を除き，仮説1を支持する結果が得られたのである。

　次に仮説2に関しては，2001年参院選の分析結果はこれを支持するものではなかった。内閣業績評価と首相感情温度は，自民党候補に投票するか民主党候補に投票するか，自民党候補に投票するか棄権するかといういずれの選択にも，有意な影響を及ぼしていなかったのである[17]。これに対し2004年参院選では，10%水準ではあるものの，自民党候補に投票するか民主党候補に投票するかの選択に対する内閣業績評価の負の影響が確認できる。また2007年参院選の分析結果を見ると，内閣業績評価の係数は負で，しかも2つの選択のいずれに対してもその影響は有意である。総選挙とは対照的に参院選では，たとえ自民党（を中心とする）政権の継続を望んでいようと，時の政権を評価できないと思えば，野党候補への投票という形でその思いを率直に表明していることが示唆される。仮説2に関しても，2001年参院選を除き，これを支持する結果が得られたのである。

　こうした，現政権に対する評価の投票行動に対する影響のあり方に関する，総選挙と参院選の間の相違について，変数の定義が全く同一である2003年総選挙・2004年参院選の分析結果に基づくシミュレーションを行うことで再確認する。具体的には，表3に示した2003年総選挙・2004年参院選に関する分

析結果に基づき，ある特定の条件[18]の下で内閣業績評価を「かなりよい」から「かなり悪い」に変化させた場合の従属変数の予測値の変化が，総選挙と参院選でどのように異なるのか計算してみた。その結果，総選挙では，野党候補に投票する確率は10.76%から13.40%への2.64%の上昇にとどまる一方で，棄権する確率は1.29%から20.92%へと大きく上昇するのに対し，参院選では，野党候補に投票する確率が15.86%上昇して21.63%になる一方で，棄権する確率は4.37%からわずか1.86%上昇するに過ぎないことが判明した。

　以上見てきたとおり，仮説1・2に関しては，自民党が大勝した2001年参院選・2005年総選挙を除き，これを支持する分析結果が得られたと言える。少なくとも2003年総選挙・2007年参院選までは，自民党政権の継続を望む有権者が，現政権を評価できないと考えた場合，総選挙では棄権するが参院選では野党候補に投票するという形で，業績評価投票の使い分けを行っていたことが示唆されるのである[19]。

4．2．2009年総選挙における2つの「変化」に関する分析

　それでは，1996年・2000年・2003年総選挙について見られたこのような傾向は，2009年総選挙では変化したのであろうか。まず，選挙後も自民党政権が継続することを望んでいた有権者の2009年総選挙における投票行動から確認する。分析結果は仮説1・2の検証結果と並べて表3に提示してある。現政権に対する評価を示す変数として内閣業績評価と首相感情温度を投入したが，このうち前者に関しては，自民党候補に投票するか民主党候補に投票するかの選択にも，自民党候補に投票するか棄権するかの選択にも，有意な影響を及ぼしていなかった。これに対し首相感情温度に関しては，投票先として自民党候補を選ぶか民主党候補を選ぶかの選択に対する，10%水準ではあるが有意な負の影響が見られる。たとえ自民党政権が続くことを望んでいたとしても，麻生首相に対する好感度が低ければ，自民党候補ではなく民主党候補への投票を選択するという傾向が，2009年総選挙では弱いながらも生じていた。第2節で提示した3つの想定のうち，3番目の想定を支持する分析結果が得られたのである。

　先に仮説1の検証結果について述べた際，2000年総選挙において，森首相に対する感情温度が低い人ほど自民党候補に投票するのではなく棄権する傾向があったことを紹介した。舌禍によって支持率を大きく下落させた森首相であったが，2000年総選挙時の首相個人に対する好感度の低さは，自民党政権の継続を望む有権者が棄権を選択する要因とはなっても，小選挙区で民主

党候補に投票するという行動に結び付くことはなかった。麻生首相も同様に首相としての資質を問われ，低支持率に喘いでいたが，2009年総選挙では，2000年総選挙とは対照的に，この首相に対する厳しい評価が，自民党政権の継続を望む有権者の一部を民主党に向けさせる要因となっていたのである。

続いて，2007年から2009年にかけて自民党政権の継続を望む有権者が減少し民主党政権の誕生を望む有権者が増加した要因について考察する。まず，独立変数のうち内閣業績評価・政治満足度・自民党感情温度・民主党感情温度について，2007年と2009年とで平均値の差を検定してみた[20]。その結果，2007年から2009年にかけて，内閣業績評価と政治満足度の平均値は0.1％水準で有意に低下し，民主党感情温度の平均値は0.1％水準で有意に上昇していることが判明した（結果の詳細は省略）。これを踏まえて，表4に示したロジット分析の結果を検討する。2007年参院選時には，自民党政権の継続と民主党政権への交代のいずれを望むかの選択に対して，内閣業績評価や政治満足度は有意な影響を及ぼしていなかった。これに対し2009年総選挙時には，内閣業績評価が低い人，政治に不満を抱いている人ほど民主党への政権交代を望む確率が高いという有意な関係が生じている。2007年から2009年にかけて，従属変数に対する内閣業績評価と政治満足度の規定力が大きく変化したのである。

この分析結果について，さらに探索的に検討を加えたところ，内閣業績評価や政治満足度の影響の度合いは政党支持のあり方によって異なることが明らかとなった。具体的には，与党支持者と政党支持なし層において，より大きな影響が確認されたのである。この点を，シミュレーションの手法を用いて説明する。ある特定の条件[21]の下で，政治満足度を「満足している」から「不

表4 「望ましい政権形態」に関する意見の規定要因

	2007年		2009年	
	Coef.	Std. Err.	Coef.	Std. Err.
内閣業績評価	−0.359	0.395	−1.329***	0.350
政治満足度	−0.563	0.473	−1.303**	0.464
政党感情温度：自民党	−4.204***	0.605	−5.021***	0.628
政党感情温度：民主党	3.724***	0.564	5.301***	0.596
内閣支持	−0.905***	0.239	−0.996***	0.239
与党支持	−0.912***	0.253	−1.016***	0.207
野党支持	1.766***	0.228	1.450***	0.279
（定数項）	−0.203	0.311	1.121***	0.330
Number of obs	1100		1220	
LR χ^2 (7)	700.53		921.62	
Pseudo R^2	0.496		0.548	

** $p < .01$ *** $p < .001$

満である」まで変化させた場合の予測確率の変化を，与党支持者・野党支持者・支持なし層の3つに分けて，2007年参院選・2009年総選挙の分析モデルに基づいて算出した[22]。まず野党支持者に関しては，2007年・2009年のいずれの選挙においても，政治満足度の影響はあまり見られなかった。民主党への政権交代を望む予測確率は，2007年参院選に関しては「満足している」の場合が67.20%，「不満である」の場合が78.24%，2009年総選挙に関しては「満足している」の場合が71.92%，「不満である」の場合が90.41%と，いずれの選挙においても政治満足度にかかわらず民主党への政権交代を望むことが予測された。これと対照的なのが，与党支持者と支持なし層に関するシミュレーション結果である。与党支持者に関する結果をまとめた図1，支持なし層に関する結果をまとめた図2を見ると，これら2つのグループでは，2007年参院選と2009年総選挙とで，政治満足度の従属変数に対する影響の度合いが大きく異なることがわかる。「満足している」場合と「不満である」場合の間での予測確率の差は，与党支持者に関しては，2007年参院選時には7.47%で

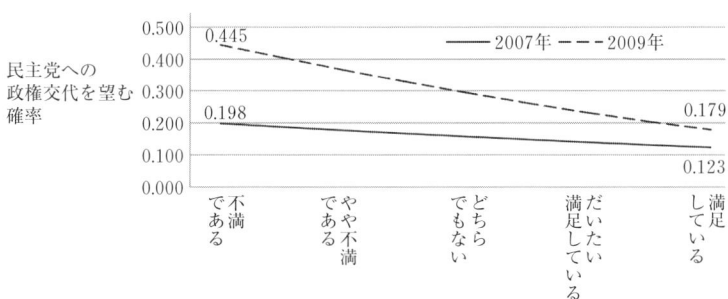

図1　シミュレーション結果（政治満足度・与党支持者）

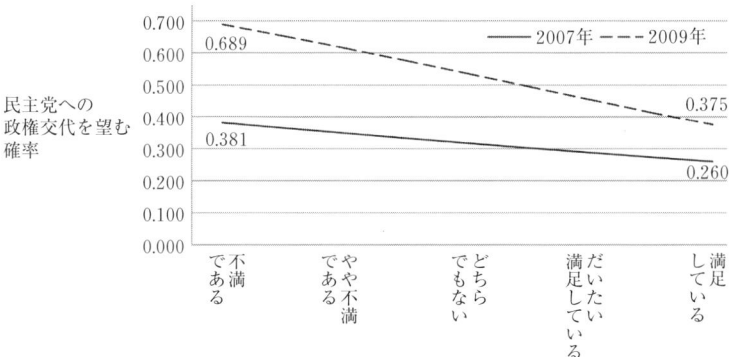

図2　シミュレーション結果（政治満足度・政党支持なし層）

あったのが，2009年総選挙時には26.59%にも上っている。同様に，支持なし層に関しては，2007年参院選時の12.14%から2009年総選挙時の31.33%へと，差が19.19%拡大しているのである。つまり，2009年総選挙時に自民党政権の継続を望む有権者が減少し民主党政権への交代を望む有権者が増加した背景には，与党支持者や政党支持なし層，特に後者の間で生じた，政治に対する不満や内閣業績に対する低評価を政権交代願望に結び付けるという意識の変化があったのである。

5. 結論

総選挙の結果衆議院の第1党が入れ替わり，それを受けて政権担当政党が交代するという，民意に基づく政権交代が実現したのは，55年体制成立以降の半世紀以上に亘る日本政治史の中で，2009年総選挙が初めてであった。ただ，その一方で，国政選挙で自民党以外の政党が第1党となること自体は，これまでに全く経験がなかったわけではない。近年では2004年・2007年という2回の参院選で，民主党の獲得議席数が自民党のそれを上回っているのである。

「なぜ与党・自民党は，参院選では改選第1党の座を明け渡すことがあっても，総選挙で敗北を喫することはなかったのか，なぜこの傾向が2009年総選挙で崩れ，政権交代が実現したのか」——本稿では，2009年という1回の選挙に着目するのではなく，政権交代に至るまでの数回の国政選挙のサイクルの中に2009年総選挙を位置付けることで，このような論点を設定した。そして，その解明を通じて，有権者の意識と行動の変化という観点から，歴史的意義を持ちうる2009年総選挙に関する理解を深めることを目指した。

特に本稿では，選挙が政権選択の側面を持ち合わせているか否かという，制度に由来する総選挙と参院選の性格の相違に焦点を当てた。自民党（を中心とする）政権という枠組みが持続することを望む一方で，現政権自体は評価できないと考える有権者が，政権に対する不満を表明するに当たり，政権選択選挙である総選挙では棄権，政権選択選挙ではない参院選では野党候補への投票という形で，選挙の性格に応じて総選挙と参院選とで投票行動を使い分けてきたことが理論的に想定され，そのことが論点の前半部を解明する上で1つの鍵を握っていると考えたためである。

1996年以降の7回の国政選挙における，自民党政権の継続を望む有権者の投票行動について，調査によって質問項目が異なるという制約がある中で，可能な限り同一のフレームワークを適用して，通時的に分析した。その結果，

次の 2 点が明らかとなった。
  （ 1 ） 分析した 4 回の総選挙のうち2005年を除く 3 回の選挙において，現政権に対する評価を表す内閣業績評価もしくは首相感情温度の，自民党候補に投票するか棄権するかの選択に対する，負の有意な影響が確認された。すなわち，自民党（を中心とする）政権という枠組みは持続して欲しいと望むものの，現政権自体は評価できないと考える有権者には,「政権選択選挙」である総選挙では，棄権という形の業績評価投票を選択する傾向があった。
  （ 2 ） 分析した 3 回の参院選のうち2001年を除く 2 回の選挙において，内閣業績評価の，自民党候補に投票するか野党候補に投票するかの選択に対する，負の有意な影響が確認された。すなわち，自民党（を中心とする）政権という枠組みは持続して欲しいと望むものの，現政権自体は評価できないと考える有権者には,「政権選択選挙」ではない参院選では，野党候補への投票という形の業績評価投票を選択する傾向があった。

つまり，55年体制崩壊後も2007年参院選時まで相対多数を占めてきた，自民党（を中心とする）政権の持続を望む有権者が，現政権をネガティヴに評価した場合，参院選では野党候補への投票という形で現政権への不満を表明するのに対し，総選挙では棄権という形の消極的な意思表示にとどめていたことが，これまでの国政選挙に関して,「与党・自民党は，参院選では改選第 1 党の座を明け渡すことがあっても，総選挙で敗北を喫することはなかった」という傾向を生じさせた 1 つの要因であると推察されるのである。

業績評価投票を巡るこれまでの研究では，分析対象とする選挙が政権選択選挙か否か，分析対象者は現政権の枠組みの持続を望んでいるのか政権交代を望んでいるのか，という 2 つの点が，明示的に考慮に入れられることはなかった。これに対し本稿では，自民党政権の継続を望む有権者に意図的に対象を絞った分析を行うことで，これら 2 つの要因の交互作用によって現政権に対する評価が投票行動に及ぼす影響のあり方が変わってくるという，先行研究にはない新しい視点を提示することに成功した。

こうした分析結果は,「無知で非合理的な有権者」という一般的な有権者像とは相容れない。というのも，政権選択選挙か否かという点で総選挙と参院選とが性格的に異なることを認識した上で，現在の政権の枠組みを維持させつつ他方で現政権に対する不満を表明するための最適な行動を，少なくとも結果的には有権者が選択してきたことを，分析結果は示唆しているからであ

る。55年体制下のいわゆるバッファー・プレイヤー（蒲島，1988，第9章）に通じる，目的合理的な投票行動を選択する者が，自民党政権の継続を望む有権者の中には含まれるのであろう。

　一方，論点の後半部，すなわち「なぜこの傾向が2009年総選挙で崩れ，政権交代が実現したのか」に関しても，同じ「望ましい政権形態」に関する有権者の意識を切り口に，帰納的に検討を加えた。まず，自民党（を中心とする）政権という枠組みが選挙後も持続することを望む有権者の2009年総選挙における投票行動について，1996年以降の7回の国政選挙を対象とした分析と同じモデルを適用した分析を行い，次のような結果を得た。

（3）　2009年総選挙では，首相に対する好感度という形で測定された現政権に対する評価の低い人ほど，棄権するのではなく，民主党候補に投票する傾向があった。先に確認した，現政権に対する評価の低い人ほど野党候補への投票ではなく棄権を選択する確率が高いという，これまでの総選挙で見られていた傾向が2009年総選挙では消滅し，むしろこれまでの参院選で見られていたのと同様の関係性が生じていた。

　次に，2007年から2009年にかけて，自民党政権の継続を望む有権者が減少し，逆に民主党政権の誕生を望む有権者が増加した要因を探究した。この分析を通じて明らかとなったのは以下の点である。

（4）　与党支持者と政党支持なし層の間での内閣業績評価や政治満足度の低さは，2007年参院選時には，民主党への政権交代願望に結び付いていなかった。ところが2009年総選挙時には，与党支持者と支持なし層において，内閣の業績に対する評価が低いほど，また政治に不満を抱くほど，民主党への政権交代を望む確率が高くなるという連関が生じていた。

　つまり，自民党政権の継続を望む有権者も遂に堪忍袋の緒を切らし，現政権，特に麻生首相個人に対する不満を，棄権という消極的な形ではなく野党候補への投票というより明確な形で表明したこと，及び2007年から2009年にかけて，内閣の業績に対する低評価や政治に対する不満が政権交代願望に結び付くようになるという変化が生じ，それによって自民党政権の継続を望む有権者が減少する一方で民主党への政権交代を望む有権者が増加したことが，2009年総選挙で政権交代を実現させた一因であると考えられるのである。

　もっとも，本稿の分析結果に基づく以上の議論は，あくまでも「試論」の域を出ない。日本において民意に基づく文字通りの政権交代が実現したこと

は2009年のただ1度しかなく，本稿の議論はその1度きりのケースを対象とした分析に基づいて構成されているからである．次の政権交代が実現するまでの数回の国政選挙について，本稿の分析結果を踏まえて観察することで，「我が国ではなぜ，どのような場合に政権交代が生じるのか」に関する理解が一層深まることを期待したい．

補遺　変数の定義

JEDS96

【従属変数】　選挙後調査 Q2，Q2 SQ1
0 = 自民党の公認候補，自民党の推薦／支持候補への投票
1 = 新進党／民主党の公認候補，新進党／民主党の推薦／支持候補への投票
2 = 棄権，小選挙区では投票せず
- さきがけが推薦／支持した民主党公認候補に投票した回答者は分析から除外した．
- 民主党公認候補をさきがけが推薦／支持した選挙区で，新進党公認候補が出馬していない3選挙区は分析から除外した．
- 民主党公認候補を自民党が推薦／支持した3選挙区は分析から除外した．
- 自民党公認候補を民主党が推薦／支持した1選挙区は分析から除外した．
- 新進党が公認／推薦／支持した候補者，民主党が公認／推薦／支持した候補者がいずれもいなかった21選挙区は分析から除外した．
- さきがけ公認候補を自民・民主両党が推薦／支持した1選挙区は分析から除外した．

【内閣業績評価】　選挙前調査 Q21
「一般的にいって，これまでの橋本内閣の仕事ぶりをどうお考えですか」という質問に対する回答．
1 = 全くよくない　　2 = あまりよくない　　3 = ふつう／DK／NA
4 = まあよい　　　　5 = 非常によい

【政党感情温度】（自民党，野党）　選挙前調査 Q3 SQ2
- 「政党感情温度：野党」に関しては，新進党の公認／推薦／支持候補と民主党の公認／推薦／支持候補の両方が立候補している選挙区では新進党感情温度と民主党感情温度の相対的に高い方を，前者のみが立候補している選挙区では新進党感情温度を，後者のみが立候補している選挙区では民主党感情温度を，それぞれとった．
- DK／NA は50度とした（他のデータに関しても同様）．

【候補者認知】（自民党，野党）　選挙前調査 Q1 SQ1
- 従属変数として対象となっている候補者について，「よく知っている」「ある程

度知っている」「名前だけ知っている」とし，かつ感情温度形式による好感度を答えた場合1，それ以外を0とする．
- □ 「候補者認知：野党」に関しては，新進党の公認／推薦／支持候補と民主党の公認／推薦／支持候補の両方が立候補している選挙区では，いずれか一方もしくは両方の候補者を認知している場合1，両方とも知らない場合0とした．

【候補者感情温度（自民党，野党）】 選挙前調査 Q1 SQ2
- □ 「候補者感情温度：野党」に関しては，新進党の公認／推薦／支持候補と民主党の公認／推薦／支持候補の両方が立候補している選挙区で，かつ両方の候補者を認知している場合には，新進党候補に対する感情温度と民主党候補に対する感情温度の相対的に高い方をとった．
- □ 上記「候補者認知」が0の場合は0度とした．

【投票義務感】 選挙前調査 Q30(2)
「選挙では大勢の人々が投票するのだから，自分一人位投票しても，しなくても，どちらでもかまわない」という意見に対する考え方．「1＝賛成，2＝どちらかといえば賛成，3＝どちらともいえない／DK／NA，4＝どちらかといえば反対，5＝反対」．

【有効性感覚】 選挙後調査 Q20 (1)(2)
「自分は政府のすることに対して，それを左右する力はない」，「政治とか政府とかは，あまりに複雑なので，自分には何をやっているのかよく理解できないことがある」という2つの意見に対する考え方を，「1＝賛成，2＝どちらかといえば賛成，3＝どちらともいえない／DK／NA，4＝どちらかといえば反対，5＝反対」として，和をとった．

【投票依頼（自民党，野党）】 選挙後調査 Q8 SQ2
「それでは，反対に，どなたか知り合いや家族・親せきなどから，ある候補者や政党に投票してほしい，というような働きかけを受けましたか」という質問に対する回答．
- □ 「投票依頼：自民党」に関しては，「自民党」，「社民党」／「さきがけ」（該当選挙区のみ）についての働きかけを受けた場合1，それ以外を0とした．
- □ 「投票依頼：野党」に関しては，「新進党」，「民主党」，「民改連」／「無所属」（該当選挙区のみ）についての働きかけを受けた場合1，それ以外を0とした．

【選挙運動接触（自民党，野党）】 選挙後調査 Q9_2 (ｱ)(ｲ)(ｳ)
「今年の9月以降，あなたは，選挙運動に関することで，ここにあげるようなことに参加したり，働きかけを受けましたか．それは，どの候補者や政党でしたか．思いつく方からお答えください」という質問の，(ｱ)選挙運動のハガキを受け取った，(ｲ)選挙運動の新聞・ビラを受け取った，(ｳ)選挙運動の電話を受けた，という3項目に対する回答．
- □ 「選挙運動接触：自民党」に関しては，「自民党」，「社民党」／「さきがけ」（該当選挙区のみ）から，(ｱ)～(ｳ)のいずれか1つ以上について受けた場合1，それ以外を0とした．
- □ 「選挙運動接触：野党」に関しては，「新進党」，「民主党」，「民改連」／「無所属」（該当選挙区のみ）から，(ｱ)～(ｳ)のいずれか1つ以上について受けた場合1，

それ以外を0とした．

JES II 第8波郵送調査

【従属変数】 問1
0＝自民党の公認候補，公明党／保守党公認で自民党の推薦／支持を受けた候補への投票
1＝民主党／自由党の公認候補，民主党／自由党の推薦／支持候補への投票
2＝棄権
- [ ] 自民党が公認／推薦／支持した候補者がいなかった4選挙区は分析から除外した．
- [ ] 民主党が公認／推薦／支持した候補者，自由党が公認／推薦／支持した候補者がいずれもいなかった34選挙区は分析から除外した．

【内閣業績評価】 問15(1)
「あなたは小渕・森内閣の実績全般をどう評価しますか」という質問に対する回答．
1＝全く評価しない　　2＝あまり評価しない　　3＝DK／NA
4＝ある程度評価する　　5＝大いに評価する

【首相感情温度】 問14
- [ ] DK／NAは50度とした（他のデータに関しても同様）．

【政党感情温度】（自民党，公明党，野党）　問14
- [ ] 「政党感情温度：野党」に関しては，民主党の公認／推薦／支持候補と自由党の公認／推薦／支持候補の両方が立候補している選挙区では民主党感情温度と自由党感情温度の相対的に高い方を，前者のみが立候補している選挙区では民主党感情温度を，後者のみが立候補している選挙区では自由党感情温度を，それぞれとった．

【候補者イメージ量】（自民党，野党）　問16
「あなたの選挙区から出馬した立候補者についてお聞きします．次のことがらにあてはまる候補者がいれば，それぞれ○をつけてください」という質問の，(1) この選挙区の人々のためにふだんから道路の整備とか，補助金の獲得などで尽くす候補者，(2) この地域の出身であるなど，特にかかわりの深い候補者，(3) あなたが後援会に加入している候補者，(4) 国のリーダーとして立派な資質を備えている候補者（選択肢はいずれも「自民党の候補者」「民主党の候補者」「公明党の候補者」「共産党の候補者」「自由党の候補者」の5つ），という4項目に対する回答．
- [ ] 「候補者イメージ量：自民党」に関しては，「自民党の候補者」，「公明党の候補者」（該当選挙区のみ）が挙げられた個数を足し合わせた．
- [ ] 「候補者イメージ量：野党」に関しては，民主党の公認／推薦／支持候補と自由党の公認／推薦／支持候補の両方が立候補している選挙区では民主党候補に対する言及数と自由党候補に対する言及数の相対的に多い方を，前者のみが立候補している選挙区では民主党候補に対する言及数を，後者のみが立候補している選挙区では自由党候補に対する言及数を，それぞれとった．

【政治関心度】 問9

「あなたは政治上のできごとに，どれくらい注意をはらっていますか．1つ選んで○をつけてください」という質問に対する回答．「1＝全く注意を払っていない／DK／NA，2＝たまにしか注意を払っていない，3＝時々注意を払っている，4＝いつも注意を払っている」．

【投票義務感】【有効性感覚】 問20(2)(3)(4)
- □ 選択肢やワーディングが一部異なるが，基本的にはJEDS96と同様の形で変数化した．

JES III

【従属変数】
(2001年参院選　事後電話調査問1・問2)
0＝自民党の公認候補，自民党の推薦／支持候補への投票
1＝民主党／自由党の公認候補，民主党／自由党の推薦／支持候補への投票
2＝棄権
(2003年総選挙　事後調査 Q1, Q1 SQ1, Q1 SQ2)
0＝自民党の公認候補，公明党／保守党公認で自民党の推薦／支持を受けた候補への投票
1＝民主党の公認／推薦／支持候補への投票
2＝棄権，小選挙区では投票せず，小選挙区では白票
- □ 自民党が公認／推薦／支持した候補者がいなかった3選挙区は分析から除外した．
- □ 民主党が公認／推薦／支持した候補者がいなかった14選挙区は分析から除外した．

(2004年参院選　事後調査 Q1, Q1 SQ1, Q1 SQ2)
0＝自民党の公認候補，自民党の推薦／支持候補への投票
1＝民主党の公認／推薦／支持候補への投票
2＝棄権，選挙区では投票せず，選挙区では白票
- □ 民主党が公認／推薦／支持した候補者がいなかった1選挙区は分析から除外した．

(2005年総選挙　事後調査 Q1, Q1 SQ1, Q1 SQ2)
0＝自民党の公認候補，公明党公認で自民党の推薦／支持を受けた候補への投票
1＝民主党の公認候補への投票
2＝棄権，小選挙区では投票せず，小選挙区では白票
- □ 自民党が公認／推薦／支持した候補者がいなかった1選挙区は分析から除外した．
- □ 民主党が公認／推薦／支持した候補者がいなかった11選挙区は分析から除外した．

【内閣業績評価】
- □ 2001年事前調査 Q 6 (4)，2003年事前調査 Q 7 (4)，2004年事前調査 Q 7 (4)，2005年事前調査 Q 9 (4)．

「全体としての小泉内閣のこれまでの実績ではいかがですか」という質問に対する回答.
1 = かなり悪い　　2 = やや悪い　　3 = どちらともいえない／DK／NA
4 = やや良い　　　5 = かなり良い

【首相感情温度】
- 2001年事前調査 Q 5 (1), 2003年事前調査 Q 6 (1), 2004年事前調査 Q 6 (1), 2005年事前調査 Q 8 (1).

【政党感情温度】（自民党，公明党，野党）
- 2001年事前調査 Q5, 2003年事前調査 Q6, 2004年事前調査 Q6, 2005年事前調査 Q8.
- 2001年参院選の「政党感情温度：野党」に関しては，民主党の公認／推薦／支持候補と自由党の公認／推薦／支持候補の両方が立候補している選挙区では民主党感情温度と自由党感情温度の相対的に高い方を，前者のみが立候補している選挙区では民主党感情温度を，後者のみが立候補している選挙区では自由党感情温度を，それぞれとった．
- 2003年総選挙の「政党感情温度：自民党」に関しては，保守新党公認候補を自民党が推薦／支持している場合，自民党感情温度と保守新党感情温度の相対的に高い方をとった．
- 2003年総選挙の「政党感情温度：野党」に関しては，社民党公認候補を民主党が推薦／支持している場合，社民党感情温度と民主党感情温度の相対的に高い方をとった．
- 2004年参院選・2005年総選挙の「政党感情温度：野党」は，民主党感情温度である．

【候補者認知】（自民党，野党）
- 2001年事前調査・2003年事前調査・2004年事前調査・2005年事前調査 Q1.
- 従属変数として対象となっている候補者について，「よく知っている」「少し知っている」とし，かつ感情温度形式による好感度を答えた場合1，それ以外を0とするダミー変数．
- 2001年参院選の「候補者認知：野党」に関しては，民主党の公認／推薦／支持候補と自由党の公認／推薦／支持候補の両方が立候補している選挙区では，いずれか一方もしくは両方の候補者を認知している場合1，両方とも知らない場合0とした．

【候補者感情温度】（自民党，野党）
- 2001年事前調査・2003年事前調査・2004年事前調査・2005年事前調査 Q1.
- 2001年参院選の「候補者感情温度：野党」に関しては，民主党の公認／推薦／支持候補と自由党の公認／推薦／支持候補の両方が立候補している選挙区で，かつ両方の候補者を認知している場合には，民主党候補に対する感情温度と自由党候補に対する感情温度の相対的に高い方をとった．
- 上記「候補者認知」が0の場合は0度とした．

【争点態度】（郵政民営化）　2005年のみ（事前調査 Q28）

「A：郵政事業の効率を良くしてコストを下げるためには，郵政民営化に賛成である，B：郵政事業が撤退して困る地域が出てくるので，郵政民営化には反対である」という2つの意見に対する考え方．「Aに近い」を－2，「どちらかといえばA」を－1，「DK／NA」を0，「どちらかといえばB」を＋1，「Bに近い」を＋2とし，この問題を「かなり重要である」と考えている人は×3，「やや重要である」と考えている人は×2，「あまり重要ではない」と考えている人は×1．「ほとんど重要ではない」と考えている人及びDK／NAの人は×0，という形で重み付けした．

【政治関心度】
- 2001年事前調査 Q24, 2003年事前調査 Q25, 2004年事前調査 Q27, 2005年事前調査 Q32.
- 質問文・選択肢のワーディングが一部異なるが，基本的にはJES II 第8波郵送調査と同様の形で変数化した．

【投票義務感・有効性感覚】
- 2001年事前調査 Q32, 2003年事前調査 Q32, 2004年事前調査 Q34, 2005年事前調査 Q39.
- 質問文・選択肢のワーディングが一部異なるが，基本的にはJEDS96，JES II 第8波郵送調査と同様の形で変数化した．

【投票依頼（自民党，野党）】
- 2001年事後調査問15, 2003年事後調査 Q6, 2004年事後調査 Q11, 2005年事後調査 Q6.
- 質問の形式がJEDS96とほぼ同様のため，基本的にはJEDS96と同様の形で変数化した．
- 「投票依頼：自民党」に関しては，自民党公認候補，自民党が推薦／支持している他党公認候補が出馬している選挙区において，「自民党」，「公明党」（2003年総選挙・2005年総選挙のみ），「保守新党」（2003年総選挙のみ）についての働きかけを受けた場合1，それ以外を0とした．
- 「投票依頼：野党」に関しては，民主党公認候補，民主党が推薦／支持している他党公認候補が出馬している選挙区において，「民主党」，「自由党」（2001年参院選のみ），「社民党」（2003年総選挙のみ）についての働きかけを受けた場合1，それ以外を0とした．

【選挙運動接触（自民党，野党）】
- 2001年事後調査問16, 2003年事後調査 Q7, 2004年事後調査 Q12, 2005年事後調査 Q7.
- 質問の形式がJEDS96とほぼ同様のため，基本的にはJEDS96と同様の形で変数化した．
- 「選挙運動接触：自民党」に関しては，自民党公認候補，自民党が推薦／支持している他党公認候補が出馬している選挙区において，「自民党」，「公明党」（2003年総選挙・2005年総選挙のみ），「保守新党」（2003年総選挙のみ）から，㈠～㈢のいずれか1つ以上について受けた場合1，それ以外を0とした．
- 「選挙運動接触：野党」に関しては，民主党公認候補，民主党が推薦／支持し

ている他党公認候補が出馬している選挙区において,「民主党」,「自由党」(2001年参院選のみ),「社民党」(2003年総選挙のみ)から,(ア)～(ウ)のいずれか1つ以上について受けた場合1,それ以外を0とした.

Waseda-CASI&PAPI2007・2009

【従属変数】 2007年事後調査問3,問3SQ5,2009年事後調査問3,問3SQ1
0＝自民党の公認候補,自民党の推薦／支持候補への投票
1＝民主党の公認／推薦／支持候補への投票
2＝棄権,(小)選挙区では投票せず,(小)選挙区では白票
□ 2009年に自民党が公認／推薦／支持した候補者がいなかった3選挙区は分析から除外した.
□ 2009年に民主党が公認／推薦／支持した候補者がいなかった4選挙区は分析から除外した.

【内閣業績評価】 2007年事前調査問30,2009年事前調査問27
「今までうかがってきたような,政策上のさまざまな問題を考えたとき,全体として○○内閣はよくやってきたと思いますか.それとも,よくやってこなかったと思いますか」という質問に対する回答.
1＝よくやってこなかった　2＝あまりよくやってこなかった　3＝DK／NA
4＝まあよくやってきた　　5＝よくやってきた

【首相感情温度】 2009年のみ（事前調査問8SQ1）

【政党感情温度】（自民党,公明党,野党）】 2007年事前調査問5,2009年事前調査問4SQ1
□ 2007年参院選の「政党感情温度：野党」は,民主党感情温度である.
□ 2009年総選挙の「政党感情温度：野党」に関しては,社民党公認候補,国民新党公認候補を民主党が推薦／支持している場合,民主党感情温度と社民党感情温度,国民新党感情温度の相対的に高い方をとった.

【政治関心度・投票義務感・有効性感覚】
□ 2007年事前調査問3,問33 (イ)(エ)(オ), 2009年事前調査問3,問34 (イ)(エ)(オ)
□ 質問文・選択肢のワーディングが一部異なるが,基本的にはJEDS96,JESⅡ第8波郵送調査,JESⅢと同様の形で変数化した.

【投票依頼】（自民党,野党）】 2007年事後調査問4,問4SQ1,2009年事後調査問12,問12SQ1
□ 2007年参院選に関しては,質問の形式がJEDS96,JESⅢとほぼ同様のため,基本的にはJESⅢ（2004年参院選）と同様の形で変数化した.
□ 2009年総選挙に関しては,「今回の選挙期間中,ここに挙げている団体からある候補者や政党に投票してほしいと働きかけを受けましたか」という質問を用いて,計13の団体からの働きかけの有無を変数化した.
□ 2009年総選挙の「投票依頼：自民党」に関しては,自民党公認候補,自民党が推薦／支持している公明党公認候補が出馬している選挙区において,いずれかの団体から「自民党」,「公明党」についての働きかけを受けた場合1,それ以

外を0とした．
- □ 2009年総選挙の「投票依頼：野党」に関しては，民主党公認候補，民主党が推薦／支持している他党公認候補が出馬している選挙区において，いずれかの団体から「民主党」，「社民党」，「国民新党」についての働きかけを受けた場合1，それ以外を0とした．

【選挙運動接触】（自民党，野党）　2009年のみ（事後調査問4，問4 SQ1）
「あなたは今回の衆議院選挙で，候補者や政党の事務所からハガキや電話やビラで，候補者に投票してほしい，というような働きかけを受けましたか」という質問に対する回答．
- □ 「選挙運動接触：自民党」に関しては，自民党公認候補，自民党が推薦／支持している公明党公認候補が出馬している選挙区において，「自民党」，「公明党」を挙げた場合1，それ以外を0とした．
- □ 「選挙運動接触：野党」に関しては，民主党公認候補，民主党が推薦／支持している他党公認候補が出馬している選挙区において，「民主党」，「社民党」，「国民新党」を挙げた場合1，それ以外を0とした．

【政治満足度】　2007年事前調査問17，2009年事前調査問10
「あなたは，現在の政治にどの程度満足していますか」という質問に対する回答．
1＝不満である　　　　2＝やや不満である　3＝どちらでもない／DK／NA
4＝だいたい満足している　5＝満足している

【内閣支持】　2007年事前調査問11，2009年事前調査問9
「あなたは，○○内閣を支持しますか，それとも支持しませんか」という質問に対する回答．
0＝支持しない／DK／NA　　1＝支持する
※　独立変数は全て，最小値0，最大値1となるようリスケールを施した．

(1) 小林（2009）はこの視点に基づく研究の1つとして捉えることもできるが，2009年総選挙のわずか1ヶ月半後に発表されたということもあって，同選挙時に行われた意識調査データの分析が残念ながら含まれていない。

(2) ここでは「改選過半数議席の確保」に注目して分類を行った。すなわち，自民党単独でも与党全体でも獲得議席数が改選過半数に届かなかった場合「敗北／惨敗」，自民党単独では過半数に届かなかったが，与党全体では過半数議席を確保できた場合「負けず」，自民党の獲得議席数が改選過半数を超えた場合「勝利／大勝」とした。

(3) 本稿で焦点を当てるのは，自民党単独政権もしくは自民党を中心とする連立政権が望ましいと考える有権者であるため，厳密には，「自民党（を中心とする）政権」と表記せねばならない。ただ，これを繰り返すのはあまりに煩瑣であるため，以下では単に「自民党政権」と表記する場合がある。

(4) 2009年総選挙に関しては，衆議院議員の任期満了が目前に迫る中での麻生太郎首相による「追い込まれ解散」に基づく総選挙であったことから，「逆風」が

吹き荒れる中で参院選を実施せざるを得ないというケースと近い状況が生じていたと言えよう。
（5）　もっともこの点に関しては，データに基づく実証を行ったわけではなく，あくまでも可能性を示唆したにとどまる。
（6）　衆議院の選挙制度改革以降，総選挙でも参院選でも候補者重視の投票者は徐々に減少してきているが，総選挙と参院選とを比較した場合に確認されるこの傾向自体は，少なくとも2007年参院選までは持続していた。
（7）　ここで言う「政権の枠組み」は，「自民党（を中心とする）政権」もしくは「民主党（を中心とする）政権」という漠然とした枠組みを指すのであり，連立政権を構成する「与党の組み合わせ」を意味するわけではない。
（8）　政権選択選挙か否かによって有権者が投票行動（業績評価投票）を使い分けているという点に関しては，欧州に豊富な研究の蓄積がある。「二次的選挙（second-order election)」を巡る議論がそれである。各政党への議席配分を通じてどの政党が政権を担うかを決めることになる，議院内閣制を採用する国の国政選挙（第一院の選挙）（＝"first-order election"）に比べ，その他の選挙（補欠選挙，地方選挙，第二院の選挙，欧州議会議員選挙）（＝"second-order election"）は相対的に重要性が低い。この二次的選挙では，政権政党が敗北したところで政権交代は生じないということを見越した上で，その時点までの政府の業績への不満を投票行動で示し（ただし，政党支持は不変），政府にプレッシャーをかけようとする有権者が存在するというのである（Reif and Schmitt 1980）。二次的選挙を巡る研究は，理論の精緻化（Eijk, Franklin, and Marsh 1996），欧州議会議員選挙を題材とした実証研究（e.g. Reif 1984; Marsh 1998; Carrubba and Timpone 2005），地方選挙を題材とした実証研究（e.g. Heath et al. 1999; Cutler 2008）など，多様な方向に発展している。
（9）　Waseda-CASI&PAPI2007調査とWaseda-CASI&PAPI2009調査は全く同一の質問を採用しているため，2007年と2009年の間で分布を単純に比較しても差し支えない。
（10）　本稿とは変数の操作化の方法が異なるものの，山田（2010）では，「民主党政権志向」が2009年総選挙におけるスウィング・ヴォーティングに有意な影響を及ぼしていたことが示されている。
（11）　ここでは，分析の従属変数に合わせるため，民主党の公認／推薦／支持を受けていない野党候補への投票は除外して計算した数字が挙げてある。
（12）　各調査の概要は次のとおりである。

　　JEDS調査は，「JEDS研究会」（Bradley Richardson, Susan Pharr, Dennis Patterson, 内田満，林文，谷藤悦史，田中愛治，池田謙一，西澤由隆，川上和久の各先生）が第41回総選挙（1996年10月20日投票）の前後に実施した2波のパネル調査である。分析に当たり，東京大学社会科学研究所附属社会調査・データアーカイブ研究センターSSJデータアーカイブから，「衆議院選挙に関する世論調査（1996年総選挙前後調査），1996」（寄託者：JEDS研究会）の個票データの提供を

受けた。
　JES II 調査（第8波郵送調査）は，「日本人の投票行動研究会」（JES II，蒲島郁夫，綿貫譲治，三宅一郎，小林良彰，池田謙一の各先生）が実施した7波のパネル調査の回答者のうち，強い拒否を示した方等を除く2682名を対象に，蒲島研究室が第42回総選挙（2000年6月25日投票）後に郵送で実施した調査である。799名（29.79%）から有効回答を得た。
　JES III 調査は，2001年度〜2005年度科学研究費特別推進研究「21世紀初頭の投票行動の全国的・時系列的調査研究」に基づき，「JES III 研究会」（池田謙一，小林良彰，平野浩の各先生）が実施した調査である。分析に当たり，東京大学社会科学研究所附属社会調査・データアーカイブ研究センター SSJ データアーカイブから，「21世紀初頭の投票行動の全国的・時系列的調査研究（JES III　SSJDA版），2001 - 2005」（寄託者：JES III 研究会）の個票データの提供を受けた。
　2007年参院選前後に実施された Waseda-CASI&PAPI2007 は，コンピュータを用いた調査（CASI: Computer Assisted Self-Administered Interview, Waseda-CASI 2007）と，一般的な紙の調査票による調査（PAPI: Paper-and-Pencil Interview, Waseda-PAPI2007）の2つによって構成される。両調査は，田中愛治（PI），河野勝，西澤由隆，福元健太郎，船木由喜彦，堀内勇作，今井耕介，久米郁男，栗山浩一，清水和巳，品田裕，渡部幹，山田真裕，日野愛郎，飯田健，森本裕子の各先生（及び今井亮佑）によって，荒井紀一郎，三村憲弘，大石昇平，山本鉄平，山崎新の各氏の助力を得て実施された。特に，CASI のプログラムの設計に関して，栗山，渡部，森本の各先生に負うところが大きいことを付記しておく。Waseda-CASI2007 の実施に当たっては，文部科学省科学研究費補助金・基盤研究（A）「政治変動と日本人の意思決定のメカニズム—心理学・経済学実験と全国世論調査の統合—」（研究課題番号：18203008，2006〜2008年度，代表・田中愛治早稲田大学政治経済学術院教授）の補助を受けた。一方，Waseda-PAPI2007 は，文部科学省私立大学学術研究高度化推進事業（オープン・リサーチ・センター整備事業）「政治経済制度・価値理念の比較研究プロジェクト」（代表・須賀晃一早稲田大学政治経済学術院教授）の一環として実施された。なお，これらデータはミシガン大学 ICPSR（http://www.icpsr.umich.edu/）と東京大学社会科学研究所附属社会調査・データアーカイブ研究センター SSJ データアーカイブを通じて公開される運びとなっている。公開前のデータ利用を許可して下さった関係各位に記して謝意を表する。

(13)　ここで言う「自民党候補」「新進党／民主党／自由党候補」には，公認候補だけでなく推薦／支持を受けた候補者も含まれる。なお，従属変数の分布は下記の通りである。

	1996年 N=299	2000年 N=331	2001年 N=312	2003年 N=558	2004年 N=499	2005年 N=459	2007年 N=449	2009年 N=405
自民党	69.23%	77.34%	72.12%	78.14%	72.14%	83.66%	51.89%	67.90%
野党	19.06%	18.43%	16.03%	15.95%	17.03%	12.42%	28.06%	22.47%
棄権	11.71%	4.23%	11.86%	5.91%	10.82%	3.92%	20.04%	9.63%

(14) 具体的な変数の定義については補遺を参照されたい。
(15) 2009年総選挙前後に実施されたWseda-CASI&PAPI2009も，CASIとPAPIの2つによって構成される。両調査は，グローバルCOEプログラム「制度構築の政治経済学－期待実現社会に向けて－」（拠点リーダー：田中愛治早稲田大学政治経済学術院教授）の「世論調査プロジェクト」の一環として実施された。公開前のデータ利用を許可して下さった関係各位に記して謝意を表する。
(16) 内閣業績評価の影響が見られなかったのは，質問文が「あなたは小渕・森内閣の実績全般をどう評価しますか」と，森内閣の業績を純粋に問うものではなかったことに起因する可能性もある。
(17) 小泉内閣発足の約3ヶ月後に実施された参院選であることから，内閣業績評価の代わりに内閣期待度を分析に投入してみたが，結果は変わらなかった。
(18) 首相感情温度，政党感情温度，政治関心度，投票義務感，政治的有効性感覚には2003年総選挙に関する分析対象者の平均値を，候補者認知には自民党・民主党ともに「1」（知っている）を，候補者感情温度には知っている人の間での平均値を，被投票依頼経験と選挙運動接触には「0」（経験なし）を，それぞれ代入した。
(19) 自民党政権の継続を望む有権者以外を対象に，同じ分析を行ってみた。首相感情温度に関しては，民主党／自由党候補への投票，棄権の双方に対する5％水準で有意な負の影響が2001年参院選で，民主党候補への投票に対する10％水準で有意な負の影響が2005年総選挙で，それぞれ確認された。一方，内閣業績評価に関しては，棄権に対する負の影響が2004年参院選で見られた（$p < .10$）。また，自民党候補に投票するか棄権するかの選択だけでなく，自民党候補に投票するか野党候補に投票するかの選択に対しても，内閣業績評価は10％以上の水準で有意な負の影響を及ぼしていることが，2000年を除く4回（1996年・2003年・2005年・2009年）の総選挙で確認された。この補足的な分析を通じて，自民党政権の継続を望む有権者による，政権選択選挙である総選挙における棄権という形での業績評価投票の特殊性が，より明瞭になったと言えよう。
(20) 望ましい政権形態に関する質問で「その他」と回答した人及び「DK／NA」の人は分析から除外してある。
(21) 自民党感情温度・民主党感情温度・内閣業績評価には2007年と2009年の分析対象者全体の平均値を，内閣支持には「0」（不支持）を代入した。
(22) 紙幅の関係から，ここでは政治満足度に関する分析結果のみ報告するが，内閣業績評価についても同様の傾向が生じている（結果の詳細は省略）。

引用文献（アルファベット順）

Carrubba, Cliff, and Richard J. Timpone. 2005. "Explaining Vote Switching Across First- and Second-Order Elections: Evidence from Europe." *Comparative Political Studies* 38: 260-81.

Cutler, Fred. 2008. "One Voter, Two First-Order Elections?" *Electoral Studies* 27: 492-

504.
Eijk, Cees van der, Mark Franklin, and Michael Marsh. 1996. "What Voters Teach Us About Europe-Wide Elections: What Europe-Wide Elections Teach Us About Voters." *Electoral Studies* 15: 149-66.
Heath, Anthony, Iain McLean, Bridget Taylor, and John Curtis. 1999. "Between First and Second Order: A Comparison of Voting Behaviour in European and Local Elections in Britain." *European Journal of Political Research* 35: 389-414.
日野愛郎．2009．「政権交代は一日にして成らず：有権者意識に見る2009年総選挙」田中愛治・河野勝・日野愛郎・飯田健・読売新聞世論調査部．『2009年，なぜ政権交代だったのか―読売・早稲田の共同調査で読みとく日本政治の転換』勁草書房，103－29頁．
平野浩．1998．「選挙研究における『業績評価・経済状況』の現状と課題」『日本選挙学会年報　選挙研究』第13号，28－38頁．
平野浩．2007．『変容する日本の社会と投票行動』木鐸社．
飯田健．2009．「『失望』と『期待』が生む政権交代：有権者の感情と投票行動」田中愛治・河野勝・日野愛郎・飯田健・読売新聞世論調査部．『2009年，なぜ政権交代だったのか―読売・早稲田の共同調査で読みとく日本政治の転換』勁草書房，131－52頁．
池田謙一．2000．「98年参議院選挙における投票行動の分析：業績評価変数をめぐって」『日本選挙学会年報　選挙研究』第15号，109－21頁．
池田謙一．2007．『政治のリアリティと社会心理　平成小泉政治のダイナミックス』木鐸社．
今井亮佑．2008．「総選挙に吹く『風』を弱める『候補者重視』の有権者」『中央公論』11月号，92－100頁．
蒲島郁夫．1988．『政治参加』東京大学出版会．
小林良彰．2008．『制度改革以降の日本型民主主義　選挙行動における連続と変化』木鐸社．
小林良彰．2009．「内閣業績評価と投票行動」2009年度日本政治学会総会・研究会（分科会Ａ２　内閣支持と投票行動）報告論文．
Marsh, Michael. 1998. "Testing the Second-Order Election Model After Four European Elections." *British Journal of Political Science* 28: 591-607.
Reif, Karlheinz. 1984. "National Electoral Cycles and European Elections 1979 and 1984." *Electoral Studies* 3: 244-55.
Reif, Karlheinz, and Hermann Schmitt. 1980. "Nine Second-Order National Elections - A Conceptual Framework for the Analysis of European Election Results." *European Journal of Political Research* 8: 3-44.
田中愛治・河野勝・日野愛郎・飯田健・読売新聞世論調査部．2009．『2009年，なぜ政権交代だったのか―読売・早稲田の共同調査で読みとく日本政治の転換』勁草書房．
谷口尚子．2010．「2009年総選挙及び政権交代の長期的背景」2010年度日本選挙学

会総会・研究会（共通論題　2009年総選挙の分析）報告論文。
山田真裕．2010．「2009年総選挙におけるスウィング・ヴォーティング」2010年度日本選挙学会総会・研究会（共通論題　2009年総選挙の分析）報告論文。

■特集　選挙サイクルと政権交代　2

アメリカにおける政権交代と立法的成功

待鳥聡史

要旨：アメリカにおける政権交代は頻繁に起こるが，多くの場合に議会多数党の交代を伴っていない。その原因は，大統領制の下で議会と大統領の選挙サイクルが常に一致するわけではなく，結果の独立性も高いという制度構造に求められる。では，その政策的帰結は何だろうか。この点について本稿では，新任大統領の初年度における立法的成功を，計量分析と事例分析の双方から検討した。分析の結果，大統領の変革志向と世論の変革期待の程度が整合する場合に，成功を収めやすいことが明らかになった。

はじめに

　政権交代を選挙による執政長官およびその所属政党の入れ替わりと定義すれば，アメリカは戦後最も頻繁に政権交代の起こった先進民主主義国の一つである。具体的には，1945年8月から2009年末までの期間に，表1に示した8回の政権交代が生じている[1]。同じ期間に，同じように二大政党の構成が変化しなかった他の諸国の場合，イギリスでは6回，ドイツでは4回の交代であり，アメリカの8回はやはり多いといえるだろう。しかも，政権交代が最大でも12年の間隔で起こってきたこともあり，アメリカは定期的に二大政

表1　戦後アメリカの政権交代

交代年	前任大統領（所属政党）	新任大統領（所属政党）
1953	ハリー・トルーマン（民主党）	ドワイト・アイゼンハウアー（共和党）
1961	ドワイト・アイゼンハウアー（共和党）	ジョン・ケネディ（民主党）
1969	リンドン・ジョンソン（民主党）	リチャード・ニクソン（共和党）
1977	ジェラルド・フォード（共和党）	ジミー・カーター（民主党）
1981	ジミー・カーター（民主党）	ロナルド・レーガン（共和党）
1993	ジョージ・H・W・ブッシュ（共和党）	ビル・クリントン（民主党）
2001	ビル・クリントン（民主党）	ジョージ・W・ブッシュ（共和党）
2009	ジョージ・W・ブッシュ（共和党）	バラク・オバマ（民主党）

（出典）　筆者作成。

党間の政権交代が生じる，安定した民主主義体制の典型例だと考えられてきた。

その一方で，アメリカの政権交代は多くの場合，議会多数党の交代を伴ってはいなかった。8回の政権交代のうち，議会多数党が同時に入れ替わった例は，1953年のアイゼンハウアー政権が登場したときのみであった[2]。ほとんどの新大統領は，既に自らの所属政党が連邦議会に過半数の議席を持つ状態を継承するか，あるいは政権党が少数党である状態から，政権を発足させてきた。選挙ないしは離党者が出たために在任中に少数党となり，そこから再び多数党に復帰した例は，48年選挙でのトルーマンと2002年中間選挙でのG・W・ブッシュしかない。つまり，議会多数党の交代なき政権交代こそが，戦後アメリカ政治の大きな特徴であった。

その大きな理由は次の点に求められよう。アメリカは大統領制を採用しており，大統領と連邦議会の議員が別個に公選される。政権交代と議会多数党の交代が同時に生じるというパターンが確立されるには，2つの選挙結果が同じ政党を勝たせる形で連動せねばならない。しかし，アメリカの場合には大統領と議会が別個の選出基盤を持ち，異なった利益を表出することで相互の抑制を図るために大統領制が採用されている。しかも，大統領の任期は4年，下院議員は任期2年で全員改選，上院議員は6年で選挙ごとに3分の1ずつの改選と，選挙サイクルの合致も部分的にしか生じない。これらから考えると，選挙結果の連動はそもそも期待されていないと見るべきである（待鳥 2009a）。

その具体的な表れとして，定期的な政権交代の一方で，戦後の連邦議会では長らく民主党の優位が続いた。民主党は1955年から95年まで一貫して下院多数党であり，さらに期間を拡大しても，ニューディール政策を掲げたF・ローズヴェルトが大統領に就任した33年以降，今日までに下院多数党を失った期間は16年間に過ぎない（Ornstein, Mann and Malbin 2008）。とりわけ戦後に関しては，政権交代をもたらす大統領選挙と連邦議会選挙の間には，明確なリンケージが存在しないのである。それどころか，議会のみが改選される中間選挙では政権党が議席を減らすことが多く，1994年や2006年のように政権党が議会少数党に転落することもある。

政権交代が民主主義体制下における最も大きな政治変動の1つであることは確かである。また，クリントンやオバマに代表されるように，近年の大統領は「変革」を新政権のキャッチフレーズにすることが少なくない。有権者，さらにときには外国の人々にまで，新政権の発足が大きな政策変化をもたら

すと期待されている。しかし，アメリカの政権交代が議会多数党の交代を伴わないという事実は，政権交代と政策変化の関係に疑問を生じさせる。アメリカの大統領制は議会が政策過程において多くの権限を持ち，議会で多数派をいかに形成するかが鍵を握ることから，この疑問はさらに強まらざるを得ない（待鳥 2005；松本 2009）。すなわち，アメリカにおける政権交代がどの程度の政策変化をもたらしているのか，またそれはなぜか，という点については，改めて検討されねばならない。これこそが本稿の問いである。

この問いに答えるため，本稿では，新政権の発足後1年間に大統領が連邦議会からどれだけの支持を集め，自らの意向を受け入れさせてきたか，すなわち立法的成功について把握を試みる。具体的には，次の2つの作業を行う。1つは計量分析であり，カーターからオバマまでの各政権を対象に，大統領が賛否を表明した議案について連邦議会ではどれだけの議員が同じ態度を取ったのかを集計したデータを用いて，政権初期に大統領のイニシアティヴが議会にどれだけ受け入れられてきたかを明らかにしたい。その上で，これらの指標を何が規定するのかについて，先行研究において指摘されてきた諸要因の効果を検討することにしよう。もう1つは質的分析であり，大統領の持つ変革志向がどのような場合に受け入れられるのかについて，事例の叙述を通じて確認していくことにしたい。

1　新政権と立法過程：理論的検討

大統領・議会関係への注目

アメリカ合衆国憲法は1788年に制定された。そこでの政治制度の基本設計は，植民地時代のイギリス本国および独立直後の各邦の憲法によって強く影響を受けていた。すなわち，一方では政策決定は有権者によって公選された議会が中心となって行われるべきであるという基本理念があり，他方にはそれによる多数派の専制を抑止する必要があるという現実であった。18世紀のイギリス本国では，国王とその代理人たる内閣が議会に対峙する構図があったが，独立直後のアメリカ各邦では議会を抑止する仕組みは十分に整っていなかったため，邦内の社会経済秩序は混乱し，ひいてはアメリカ全体に悪影響を与えていた。マディソンらが『ザ・フェデラリスト』で明確に論じたように，合衆国憲法においては，このような問題を解消するため，中央政府たる連邦政府の権限を強化するとともに，連邦政府内部の権力分立を徹底することで議会の暴走を抑止しようとした。大統領は，連邦議会を抑止する存在

だったのである（待鳥 2009a）。

　政策過程における権限配分を定めた合衆国憲法の規定は，その後200年以上にわたってほとんど変わっていない[3]。外交など一部を除き，政策決定についての権限は，依然として連邦議会がほぼ独占している。しかしその一方で，とりわけ20世紀以降，国際社会におけるアメリカの地位および内政上の課題の困難さや複雑さは大きく変化した。複雑で困難な課題について，迅速な意思決定を行う必要が生じたことに対し，アメリカが採用したのは大統領の役割の実質的な強化であった。大統領は多くのホワイトハウス・スタッフを抱えるようになり，メディアにも積極的に露出することによって世論の支持を動員した。専門知識と世論を背景に，議会を従属させようとしたのである。これは一般に「現代大統領制（modern presidency）」の登場と呼ばれる（Neustadt 1990）。だが，20世紀以降に大統領制を採用した諸国が近似した問題に直面して，制度設計の段階から大統領に強大な権限を与えるようになったこととは異なった対応であった。

　制度的権限を持たないにもかかわらず，国内外からの世論の期待を担うことで，アメリカの大統領は権限と期待のギャップに悩むことになる。このギャップを解消する方策として最も重要になるのが，連邦議会との協調関係を構築することであった（Jones 2005）。政策決定の権限を持つ議会が，政権側の提案を受け入れてくれるのであれば，大統領は望ましいと考える政策を実現できる。しかし，それを逆にいえば，議会に政権支持の多数派が形成できない限りは，大統領は望ましいと考える政策を実現できないことを意味する。ここに，アメリカにおける大統領の成功は，議会からの支持をどれだけ調達できるかに大きく依存することになる[4]。本稿の関心に引きつければ，議会からの支持をどれだけ得られるかによって，政権交代の意義は変化することになる。

政党の役割

　連邦議会において大統領を支持する可能性が最も高いのは，どのような属性を持った議員だろうか。この点については，既に膨大な研究蓄積がある。従来の諸研究が明らかにしてきたのは，政権側を支持する可能性が高いのは，大統領と所属政党が同じである議員，イデオロギー的立場が近い議員，当選回数が多く議院や所属政党の執行部に入っている議員，さらには再選のための基盤が弱い議員などである。これらの属性は互いに排他的ではない。たとえば，所属政党が同じであればイデオロギー的立場は相対的に近いと考えら

れる。大統領は，できるだけ多くの議員が支持しやすいようなアジェンダとして提起した上で，議員が持つとされる諸目標，すなわち再選，昇進，政策のいずれかに役立つことを示して支持を獲得していくのである。

近年とりわけ注目されるようになっているのが，大統領やその所属政党指導部によるアジェンダ設定の効果と，連邦議会内での政党執行部による所属議員のコントロールの効果である。アジェンダ設定は大統領にとって最も直接的な働きかけの1つだが，そのタイミングや政策課題としての規模を読み間違えると十分な効果を得られない（Light 1999）。この見解を敷衍すると，大統領によるアジェンダ設定が議会における成功を導くか否かは，適切な補佐官や議会との橋渡し役を務めるリエゾン・スタッフを得て，適切なタイミングと形式で当該政策課題を提示できるかどうかという，極めて属人的な能力や技術に依存することになる[5]。

しかし，計量的な実証研究の知見は，属人的な要因を重視することにはおおむね否定的である（Bond and Fleisher 1990; 松本 2009）。むしろ，大統領が提起したアジェンダを立法化する上で大きな意味を持つのは，議会内政党，とりわけその執行部の影響力行使だという見解が，今日では通説的な位置を占めている（Cox and McCubbins 2005, 2006）。アジェンダ設定に関するキングダンの古典的研究は，統治アジェンダと決定アジェンダを区別していた。統治アジェンダとは，政策を展開していく上での基本的な方向性の提起のことであり，決定アジェンダとはそれに基づいて具体的に示される選択肢のことである。連邦議会への法案提出権を持たないアメリカの大統領の場合，決定アジェンダを設定する作業は議会に任せざるを得ない（Kingdon 1995; Jones 2005）。そして，議会での立法過程においては，具体的にどのような規定を含んだ法案として，どのような代替案との関係で提示されるかが，当該法案の成否に死活的な影響を与える。だとすれば，大統領による統治アジェンダの設定と同等かそれ以上に，議会内での決定アジェンダの設定が，大統領の成功を規定することになる。

この見解に立てば，連邦議会内での決定アジェンダ設定を誰が行っているのか，という議会研究にとってなじみ深い問いに，結局は戻ってくることになる。つまり，大統領の立法の成功を検討することは議会内過程の分析になるという「議会中心アプローチ」である（松本 2009）。議会内過程に関して，かつては委員会がほぼすべての法案の生殺与奪の権を握っており，本会議では委員会相互間の取引によって多数派形成がなされることが強調されていた（Weingast and Marshall 1988）。しかし，1990年代以降になると，政党や本会

議の役割が重視されるようになった。そのうちの一つとして，多数党執行部が各委員会への所属議員の配属決定，委員会への法案付託，そして本会議での法案処理手順を実質的に決定していることから，多数党執行部が議会の最重要アクターであるという主張が登場した（Kiewiet and McCubbins 1991; Aldrich 1995; Cox and McCubbins 2006）。この主張は，二大政党間のイデオロギー的懸隔が拡大し，それにあわせて二大政党内部のイデオロギー的均質性が高まったため，議会内では政党を単位とした投票が増大していたという実態の変化とも整合性があった（Rohde 1991）。議会中心アプローチからは，議会における政党の役割拡大が，執行部による決定アジェンダ設定などを介して，所属政党やイデオロギー的距離による大統領の立場への賛否を規定するという構図が導かれる。

変革志向の意味

大統領の立法における成功が連邦議会内部の政党執行部に依存していることは，基本的な政策の方向性すなわち統治アジェンダを大統領が設定する意義を，完全に失わせてしまうわけではない。大統領の個人的な技量が決定的要因ではないにしても，とりわけ大統領本人が持つ変革志向や世論の変革期待が存在する場合には，統治アジェンダの設定が大きな意味を持つことがある。アジェンダ設定によって立法上の成功を収めた最も顕著な例としてしばしば挙げられるF・ローズヴェルトの場合にも，世論の変革期待に適合的な統治アジェンダの設定に成功したことが大きな意味を持っていたと考えられる。このように，大統領による統治アジェンダ設定を重視するのが「大統領中心アプローチ」である。

そのなかで，大統領が変革志向であるかどうか，かつそれが既存の制度配置と適合的であるかどうかを重要な要因として取り上げたのは，スコウロネクであった（Skowronek 1993, 2008）。表2にあるように，彼は4つの類型を提示した。第1が，既存の制度配置の基礎をなす理念や利益の構造が脆弱化しており，かつ大統領自身もそれにコミットせずに変革志向が強い場合である。第2は制度配置が脆弱化しているのに大統領の変革志向は弱い場合，第

表2 スコウロネクによる大統領政治の位置づけ

		大統領の政治理念	
		現状変革的	現状追随的
現行の制度配置に体現された理念や利益	脆弱である場合	再建の政治	分離の政治
	弾力性を保っている場合	先取りの政治	部分修正の政治

（出典）　Skowronek (1993: table 1).

3は制度配置はなお命脈を保っているのに大統領の変革志向は強い場合，これらはいずれもミスマッチを生み出す。そして第4が，制度配置が決定的危機ではなく，かつ大統領の変革志向も弱い場合である。当然のことながら，変革志向を持つ大統領は立法を積極的に行うが，成功の可能性が高いのは第1の場合だけで，第3の場合には大きな挫折を経験することになるであろう。

関連性を持つ議論として，ケインズ＝ローンは，世論の支持が高いときほど大統領のアジェンダ設定が成功することを計量分析によって明らかにした（Canes-Wrone 2006）。世論にアピールすることによる統治アジェンダの設定に注目した嚆矢は，カーネルであった（Kernell 1997）。しかし，カーネルの研究ではどのような場合に大統領が世論へのアピールを用いるのか，またそれが成功するのかが，必ずしも体系的に明らかにはなっていなかった。ケインズ＝ローンはその点について，TVが広く普及した戦後の大統領に関する包括的なデータセットを作成して検討を加えたのである。彼女によると，とくに内政において大統領は，自らの政策選好と有権者の選好が近似している場合にのみTV演説や教書での積極的な言及など有権者へのアピールを行う。そして，そのような場合における立法の成功可能性は有意に高まるという[6]。

最近になって，社会運動の高まりや世論におけるリベラルなムードの存在が大統領にとって有利に作用することを見出す研究も登場している（Cameron and Park 2008; Epstein, Kristensen, and O'Halloran 2008）。これらはいずれも，積極的な政府の役割が求められる時期には，有権者からの期待は大統領に集中するために，連邦議会も大統領のイニシアティヴを受け入れやすくなることを明らかにしている。ただし，先にふれたケインズ＝ローンの研究にも共通して言えることだが，大統領そのもののリーダーシップ・スタイルとの結びつきは示されておらず，スコウロネクが追求しようとした方向性とはやや乖離していると考えられよう。

ハネムーン期間の効果

政党の役割や大統領の変革志向に注目した見解は，議論の射程を政権交代に限定したものではなく，一般的に大統領が立法的成功を収める要因を明らかにしようとするものであった。たとえば，大統領の連邦議会における成功について近年では最も包括的な検討を行っているケインズ＝ローンの場合にも，大統領の支持率は変数に取り入れられているものの，就任後の時間的な変遷は扱われていない（Canes-Wrone 2006）。数少ない例外として，ライトは就任1年目を3カ月ごとに区切って政策提案を行った比率を算出しているが，

これも提案についての検討にとどまっており，実際の成否については論じられていない（Light 1999）。

その一方で，大統領の就任直後には「最初の100日間（first one hundred days）」あるいは「ハネムーン期間（honeymoon period）」と呼ばれる時期があることは広く知られており，その期間が実際に大統領にとって有利であるかどうかについての研究も行われている（Frendreis, Tatalovich and Schaff 2001; Buchler and Dominguez 2005; Dominguez 2005; Beckmann and Godfrey 2007）。これらの研究はいずれも，ハネムーン期間の効果が実際に存在しており，大統領の立法過程における成功可能性が高まっていることを計量分析から見出している。就任直後に新政権が総じて有利であるというのは，通説的な理解だということができるだろう。なお，就任後100日という短期間で成果が挙げられるのは例外的な現象であり，200日を基準として考えるべきだという議論も一部には見られる（砂田 2009）。

だが最近になって，政党の役割，とりわけ政党間関係のイデオロギー的分極化を考慮に入れると，ハネムーン期間の効果は見いだせないという研究も登場している[7]。松本（2010）は，就任直後の大統領によるイニシアティヴを連邦議会が受け入れるというのは単なる慣例ないしは紳士協定に過ぎないのであり，大統領が過度に党派的に行動していると議会側が判断する場合には，非政権党の離反によってハネムーン期間においても大統領の支持基盤は政権党に限定されるようになると論じる。その傾向は政党間関係の分極化が強まった今日において，とくに妥当する。たとえばオバマ政権の場合，就任直後の100日だけではなく200日というより長いスパンを取ってみても，大統領が重視する主要アジェンダについて成果を収めたとはいえ，議会での多数派形成に成功している場合にも超党派的な支持は得られていない，という。

2 立法的成功の計量分析

先行研究への評価と本稿の仮説

前節において取り上げてきた先行研究から，アメリカの大統領が立法的成功を収める要因についてまとめると，次のようになるだろう。すなわち，大統領の権限が乏しいアメリカの政治制度の下において，内政面での政策展開は連邦議会の立法を通じて行うしかないにも拘わらず，大統領にとって議会多数派を形成することは容易ではない。その中心的な方法はアジェンダ設定だと考えられているが，具体的な選択肢の提示すなわち決定アジェンダの設

定は議会内部で行われ，現在では多数党執行部に依存せざるを得ない。政策の基本的な方向性すなわち統治アジェンダについては，世論へのアピールなどを通じて行うことができる。しかし，その成否は大統領のリーダーシップ・スタイルや世論の動向に左右される。政権交代直後に議会などが大統領の意向をほぼ受け入れてくれる「ハネムーン期間」が存在しているかどうかについては，多くの研究は肯定的である。だが，近年では政党間関係の分極化によって存在しなくなったという見解も出されている。

　これらの議論はそれぞれ実証分析の知見に基づいて提示されているが，相互に必ずしも整合性があるわけではない。たとえば，連邦議会の多数党執行部がアジェンダ設定で果たす役割が決定的なのだとすれば，大統領の変革志向は立法的成功にはつながらないであろう。ハネムーン期間が存在しているのであれば，新政権の発足当初には多数党執行部の意向に左右されることなく，大統領は立法的成功を収められることになるだろう。また，スコウロネクや多くの大統領リーダーシップ研究者が重視してきた，大統領の持つ変革志向やリーダーシップ・スタイルの差異については，十分に変数として扱われてきたとは言い難い。比較的近い関心を持つと思われる最近の一部の研究でも，大統領自身の志向よりもリベラルなムードや社会運動の高まりの効果を見出すにとどまっている。

　そこで本稿では，大統領が就任直後に立法過程でどの程度の成功を収めているのかについて，従来の研究で提示されてきた諸要因のうち，何が最も大きな意味を持っているのかについて，包括的に検討を行うことにしたい。具体的には，以下の諸仮説について成立するかどうかを確かめることにする。

＜仮説1＞　政党仮説
　　　　　　政権交代直後の大統領の立法的成功を規定するのは，議会内政党の動向である。政権党が多くの議席を獲得している場合に，大統領は立法的成功を収めやすい。
＜仮説1′＞　分極化仮説
　　　　　　政党間関係の分極化に伴って，政権交代直後の大統領を支持する議員は，政権党所属議員がほとんどになる。
＜仮説2＞　ハネムーン仮説
　　　　　　政権交代直後の大統領の立法的成功を規定するのは，ハネムーン期間であるかどうかである。大統領就任から100日，あるいは200日以内である方が，立法的成功を収めやすい。

＜仮説3＞　　変革志向仮説
　　　　　　政権交代直後の大統領の立法的成功を規定するのは，統治アジェンダ設定の成否である。大統領本人と世論の変革志向がともに強いか，あるいはともに弱いときほど，就任直後の大統領は立法的成功を収めやすい。

　これらのうち，分極化仮説のみはやや異質である。政党間関係の分極化の進展が大統領の立法的成功に影響を及ぼすであろうことは，十分に想定されうる。具体的には，次の2つの形を取るだろう。1つは，松本（2010）が主張するように，大統領を支持する議員に占める政権党所属議員の割合が増大することである。これは，立法的成功の質的変化と考えることができる[8]。もう1つは，政権党が議会で過半数の議席を占める統一政府であるかどうかによって，立法的成功の程度に大きな差異が生じることであり，立法的成功の量的変化とでも呼ぶことができる。このうち後者については，やや異なった文脈において，かつ政権交代直後に限定しない形ではあるが，筆者は別稿において若干の検討を加え，近年では分割政府であることの影響が大きくなっているという結論を得た（待鳥 2009b）。そこで本稿では前者について検討を加える。ただし，分極化仮説から想定されるのは，大統領支持派に占める政権党所属議員の割合が増大するという，立法的成功の質的変化あるいは内実の変化であるため，ほかの仮説とは別の分析として行うことにしよう。

データの概要

　仮説を検証するために，本稿では2つの作業に取り組む。1つはデータセットを用いた計量分析であり，もう1つは具体的事例を取り上げての叙述による質的分析である。ここではまず，計量分析について概要を述べよう。計量分析は，大統領の立法的成功についての＜仮説1＞から＜仮説3＞を検証する第1モデルと，＜仮説1´＞として提起した分極化の影響を検討する第2モデルに分かれる。

　いずれのモデルでも，分析の対象は大統領が賛否を明らかにしている採決の点呼投票記録である。採決において，連邦議会で過半数が大統領の立場を支持した場合には「勝利」，しなかった場合を「敗北」とすると，「大統領勝敗」が導かれる[9]。ここから，大統領が賛否を明確にした採決に占める勝利を収めた採決の比率を「大統領勝率」として，個々の採決において賛成した議員数を「大統領支持議員比率」として，それぞれ求められる。大統領支持議

員比率は政党別にも算出できる。

　これらの指標を，カーター，レーガン，クリントン，G・W・ブッシュ，オバマの5人の大統領について，採決が行われた月ごとに，就任（政権交代）から12ヶ月間にわたって求めた。採決数にばらつきがあるためか，月ごとの大統領勝敗および勝率データは，従来の研究ではあまり用いられてこなかった。それを示したのが表3である。なお，大統領・議会・政党・有権者という主要アクター間の関係や相互作用のあり方は，1970年代以降に大きく変化した。そのため今回は，70年代における最初の政権交代であるカーター以降の5人の大統領に限定して検討を行う。分析に当たっては，5人の大統領の就任年12月末までのデータをすべてプールして分析に用いた[10]。

　第1モデルにおける独立変数としては，ハネムーン期間の効果を測定するために，政権発足から100日目ないし200日目までであるかどうかのダミー変数（変数名「100日ダミー」「200日ダミー」），大統領の所属政党が連邦議会下院が有する議席率（変数名「政権政党議席率」），大統領と世論の変革志向がマッチしているかどうかを示すダミー変数（変数名「志向性整合ダミー」）を投入した。さらに，コントロール変数として2つの変数を投入した。1つは，ギャラップの世論調査データによる大統領支持率（変数名「大統領支持率」）である[11]。もう1つは，外交・安全保障分野での採決かどうかを示すダミー変数（変数名「外交・安全保障ダミー」）である[12]。第2モデルでは，下院における二大政党所属議員のDW-NOMINATEスコア第1次元の政党別中央値の差を絶対値にして投入した（変数名「NOMINATE差」）。ただし，オバマ政権の2009年については2年1会期の終了後に算出されるNOMINATEスコアが得られないため，すべての政権について1会期前のスコアを用いた。分析対象期間において会期t−1と会期tのNOMINATEスコアの相関係数は0.989と高く，全く問題なく代替指標とすることができよう[13]。

表3　月別の大統領勝敗と勝率

	1月	2月	3月	4月	5月	6月	7月	8月	9月	10月	11月	12月	計
カーター		2	14(4)	8(1)	6(1)	11(5)	7(2)	12(2)	11(4)	4	1	3(1)	79(20)
レーガン		1	1		9(2)	15(7)	12	1	5	16(10)	8(1)	8(1)	76(21)
クリントン		5	12	3	9	12(4)	4	5	17(2)	9(3)	26(2)		102(11)
G・W・ブッシュ			3	2	8(1)	3(2)	11(3)	4	2	4(1)	2	4	43(7)
オバマ	3(1)	1	2	1	8	16(1)	25(2)		2	7	3	4	72(4)
計	3(1)	9	32(4)	14(1)	40(4)	57(19)	59(7)	22(2)	37(6)	40(14)	40(3)	19(2)	372(63)
大統領勝率(%)	66.67	100	87.50	92.86	90.00	66.67	88.14	90.91	83.78	65.00	92.50	89.47	83.0

（註）　大統領勝率以外の数字は大統領が態度を表明した採決数。うちカッコ内は大統領が敗北した採決数。
（出典）　筆者作成。

変革志向の変数化

変革志向については，その測定方法をもう少し説明しておくべきだろう。政権交代によって新たに就任する大統領であれば，誰でも多かれ少なかれ変革志向は持っている。しかも，その変革の対象もさまざまであり，操作的な定義を得ることは容易ではない。先に挙げたスコウロネクの研究でも，歴代大統領の分類は基本的に彼独特のものである（Skowronek 1993, 2008）。そこで本稿では，大統領が唱える変革志向とは政府の能力に対する基本的信頼を前提にしたもの，すなわちリベラリズムであると限定的に捉えて，民主党所属の大統領であることを代理指標として用いることにした。したがって，カーター，クリントン，オバマの3人が「リベラル志向」，レーガンとG・W・ブッシュの2人が「保守志向」となる。

同じく測定が難しい世論の変革志向については，筆者がかつて分析に用いた，政府の規模と信頼度の差異に注目することにしたい（待鳥 2003）。ただし，以前に用いた政府の規模についての選好データは最新版が公開されていないので，今回はより一般的な「公共政策のムード（public policy mood）」の数値を規模選好の代替指標として用いる[14]。1999年までのデータでは，両者の相関は0.872と非常に高いので，互換的だと考えて差し支えない。ムード指標の数値が高いほど，リベラル志向が強く，政府への積極的な活動が期待されていることになる。政府への信頼度の指標は，2004年まではミシガン大学のAmerican National Election Study（ANES）が2年おきに行っている調査結果，2006年以降はCBSニュースの調査により，政府が「ほぼ常に（Just about always）」あるいは「ほとんどの場合に（Most of the time）」正しいことをしていると回答した有権者の比率である。CBSの場合だけだが，年間複数回の調査を行っている年にはその平均値を用いた[15]。

公共政策ムードについては2年間ごとの集計も公開されているので，その値から信頼度データの値を引き，世論の変革志向の程度とした[16]。積極的な政府への役割が期待されているのに，実際の政府への信頼度が低い状態では，公共政策ムードと信頼度のギャップが大きくなる。この場合に，世論は変革志向を強めると考えるのである。分析対象となった期間の平均値を上回る変革志向を示したのは，レーガン，クリントン，オバマの就任時点であった。ここから，先ほど述べた大統領自身のリベラル／保守志向とあわせ，クリントン，G・W・ブッシュ，オバマの3人が整合性の高い大統領だと考えられる。

計量分析の結果

分析の結果は表4から表6に示した。表4は第1モデルで，大統領が態度を表明した議案における大統領支持議員比率を従属変数とする最小二乗法（OLS）回帰による分析結果である。表5は同じく第1モデルだが，従属変数に大統領の勝敗をダミー変数として置いたロジスティック回帰分析の結果である。表6は第2モデルで，大統領支持議員に占める政権党所属議員の比率を従属変数とするOLS回帰の結果である。いずれのモデルについても，5人の大統領のデータをプールして分析しているが，個々の大統領ごとの差異はほとんどないことが分かっているので，大統領ダミーや年次ダミーは投入していない。第2モデルについては，独立変数である「NOMINATE差」が「志向性整合ダミー」との相関が高く，多重共線性の問題が懸念されるため，検証に際して「志向性整合ダミー」は外している[17]。また，ハネムーン期間の効果については，各表の表側に「100日ダミー」のみを投入したもの，右側

表4　大統領支持議員比率についての回帰分析

	モデルa（100日ダミーのみ）				モデルb（200日ダミーも投入）			
	係数	標準誤差	t値	有意確率	係数	標準誤差	t値	有意確率
100日ダミー	0.012	0.169	0.071	0.943	0.070	0.175	0.399	0.690
200日ダミー					−0.160	0.129	−1.242	0.215
政権政党議席率	0.005	0.008	0.665	0.506	0.006	0.008	0.741	0.459
志向性整合ダミー	0.352	0.126	2.797	0.005	0.359	0.126	2.852	0.005
大統領支持率	0.002	0.007	0.237	0.813	0.003	0.007	0.416	0.678
外交・安全保障ダミー	−0.004	0.130	−0.033	0.974	−0.020	0.130	−0.152	0.880
定数項	−0.157	0.591	−0.266	0.790	−0.169	0.591	−0.286	0.775
決定係数	0.025				0.029			
N	370				370			

（註）　従属変数はロジット変換した値。
（出典）　筆者作成。

表5　大統領勝敗についての回帰分析

	モデルa（100日ダミーのみ）				モデルb（200日ダミーも投入）			
	係数	標準誤差	Wald統計量	有意確率	係数	標準誤差	Wald統計量	有意確率
100日ダミー	0.700	0.496	1.991	0.158	0.702	0.506	1.927	0.165
200日ダミー					−0.007	0.316	0.000	0.983
政権政党議席率	0.004	0.016	0.075	0.785	0.004	0.016	0.075	0.784
志向性整合ダミー	1.166	0.313	13.888	0.000	1.166	0.314	13.810	0.000
大統領支持率	−0.003	0.018	0.029	0.865	−0.003	0.018	0.026	0.873
外交・安全保障ダミー	−0.385	0.304	1.605	0.205	−0.385	0.306	1.588	0.208
定数項	0.973	1.343	0.525	0.469	0.970	1.351	0.515	0.473
疑似決定係数	0.094				0.094			
N	372				372			

（註）　従属変数は大統領勝敗のダミー変数（勝利＝1，敗北＝0）。
（出典）　筆者作成。

表6　大統領支持議員に占める政権党所属議員比率についての回帰分析

	モデルa（100日ダミーのみ）				モデルb（200日ダミーも投入）			
	係数	標準誤差	t値	有意確率	係数	標準誤差	t値	有意確率
100日ダミー	0.312	0.208	1.500	0.134	0.277	0.217	1.280	0.201
200日ダミー					0.089	0.159	0.561	0.575
政権政党議席率	0.042	0.009	4.527	0.000	0.041	0.009	4.468	0.000
NOMINATE差	2.866	0.466	6.154	0.000	2.822	0.473	5.972	0.000
大統領支持率	−0.008	0.008	−1.038	0.300	−0.009	0.008	−1.100	0.272
外交・安全保障ダミー	−0.452	0.158	−2.860	0.004	−0.442	0.159	−2.781	0.006
定数項	−2.378	0.756	−3.145	0.002	−2.348	0.759	−3.094	0.002
決定係数	0.168				0.169			
N	363				363			

（註）従属変数はロジット変換した値。
（出典）筆者作成。

の列に「200日ダミー」もあわせて投入したものを，それぞれモデルaとモデルbとして提示した。なお，表4と表6のOLS回帰において，従属変数の元数値が百分率であるためロジット変換を行っている。

　まず，大統領の立法的成功の要因を検討する第1モデルにおいて，表4と表5を通じて有意な独立変数は「志向性整合ダミー」のみとなり，＜仮説3＞が支持される。ただし，表5のロジスティック回帰では，従来の研究でしばしば重要性が指摘されてきた「ハネムーンダミー」も，10％に近い有意確率であった。＜仮説2＞が想定するように，ハネムーン期間であることは，大統領の勝敗に限っていえば多少の影響を及ぼしているのかもしれない。しかし，その効果は「志向性整合ダミー」には及ばないし，統計的には偶然である可能性を排除できなかった。また，分極化の影響を検討する第2モデルにおいては，表6に示したように，政党間関係の分極化に伴って，他の条件をコントロールした場合にも，大統領支持議員に占める政権政党所属議員の割合が有意に増大していることが明らかになった。これは＜仮説1′＞の予測に適合する。

　いずれのモデルでも，採決時における議員の投票行動は，たとえば議員自身の政策選好など政権側以外の要因によって規定される部分が大きいと考えられるため，回帰式の決定係数は小さい。したがって不十分な推計であると言わざるを得ないが，大統領のリベラル志向と世論の変革志向がマッチしている場合に，連邦議会における大統領の支持基盤が拡大する傾向にあることは分かる。先行研究は大統領の勝敗そのものに注目してきたため，ハネムーン期間であることを重視していたが，少なくとも現代の大統領については，それは過大評価と言わざるを得ない。また，第1モデルと第2モデルを考え

合わせると，近年ではハネムーン期間であっても政権党所属議員のみの支持によって薄氷の勝利を収めている例が少なくないことが示唆されよう。政権交代直後であることは大統領の立法的成功を常に約束するわけではなく，世論が求める方向での政策選択を行う限りにおいてのみ，連邦議会は大統領の意向に従う可能性が高まるのである。

なお，従属変数の選択に関して，少しだけ付言しておきたい。一部の先行研究では大統領の立法的成功を字義通り「法案の成立件数」として分析を行っている (Frendreis, Tatalovich and Schaff 2001)。ハネムーン期間が広く注目されるようになったのは，1933年のF・ローズヴェルト政権成立直後に多くのニューディール立法がなされたことに起因することを考えると，この選択には一定の意義が認められる。しかし，連邦議会内部での複雑な修正を経てある立法が成立する場合に，それが大統領の意向通りであるかどうかは判断が極めて難しい。また，大統領の立法的成功を検討する際に最も一般的な尺度は，態度表明した点呼投票の結果に注目することである[18]。そこで本稿では，点呼投票結果から従属変数を導くことにした。

3 事例からの検討

事例の選択

前節の計量分析から，大統領がリベラル志向で世論の変革志向が強い，あるいは大統領が保守志向で世論の変革志向が弱い場合には，連邦議会において大統領の立場を支持する議員の比率が増大することが明らかになった。政権交代直後のハネムーン期間が持つ意味は，どの大統領にとっても等しいのではなく，新政権が置かれた状況的要因によって変わってくるのである。しかし，計量分析における従属変数は「大統領が態度を表明した採決」であって，政権にとっての重要性は考慮されていないという難点があった。そこで本節では，政権にとっての重要課題における議会との関係を，具体的な事例の叙述を通じて確認することにしよう。

対象となる事例は，カーター政権とクリントン政権である。2人の大統領はいずれも若くして南部の州知事を務め，首都ワシントン政界や既得権益とは無縁の存在として自らを売り出すことにより，ダークホース的存在から一気に大統領選挙の勝利まで駆け上がった。その清新さは変革志向と強く結びついており，たとえばカーターの場合には，1976年大統領選挙を前にした民主党大会での候補指名受諾演説において，次のように述べている (*Acceptance*

Speech: Our Nation's Past and Future, August 15, 1976)。

　　アメリカには新しいムードが生まれている。われわれは海外での悲劇的な戦争や国内での破られた約束によって動揺させられてきた。わが国の人々は，新しい声，新しいアイディア，そして新しいリーダーを求めているのだ。

　カーターよりさらに明確に変革を唱えたのはクリントンであった。同じく民主党大会での候補指名受諾演説から，最も端的に変革志向を語った一節を引用しておこう（*Address Accepting the Presidential Nomination at the Democratic National Convention in New York*, July 16, 1992)。

　　今やわれわれは世界を変えた。今度はアメリカが変わる番だ。

　その一方で，2人の大統領が向き合った世論の変革志向には，大きな差異があった。前節での分析に用いた，公共政策ムードと信頼度を見よう。カーターが大統領に当選した1976年において，公共政策ムードは52.643ポイント，信頼度は33ポイントで，いずれも本稿が対象とする1970年代半ば以降の平均値を下回っていた。つまり当時の世論は，政府を信頼せず，かつ積極的役割も期待しないという状態であった。クリントンの場合，大統領選挙が行われた1992年には，公共政策ムードが59.377ポイント，信頼度は29ポイントで，前者は平均以上だが後者は平均以下という状況であった。政府の現状には不満を抱きつつ，より積極的な役割を果たすべきだと考える有権者が，カーター政権発足時よりも明らかに多かったのである。

　このように，ともに大統領個人としては変革志向を持ちつつも，世論の変革志向には差異があったカーターとクリントンを事例として取り上げることによって，変革志向と立法的成功の関係についての知見を深めることができるであろう。なお，両政権とも議会多数党は民主党であり，政権政党と議会多数党が一致する統一政府の状態にあった。政権発足直後の議会開会日時点における民主党の下院議席数は，1977年が292議席，1993年が258議席で，カーターの方がやや多かった。上院も同様で，77年が61議席，93年が57議席であった。

カーター

カーター政権にとっての最重要アジェンダの一つは，エネルギー政策であった（砂田 1999：235）。1973年の第一次石油危機以降，アメリカはエネルギー価格の上昇と，それに起因する不況下でのインフレ，すなわちスタグフレーションとそれによる国際政治経済上の立場の脆弱化に悩まされていた。政権では，石油への野放図な依存がアメリカの脆弱性を高めているという判断から，国内的には石油を中心としたエネルギー消費の抑制，国際的には中東産油国との相互依存関係の強化に乗り出した。より具体的にいえば，国内での消費抑制は燃料課税によって行うことを目指しており，消費抑制は「道徳的戦争」だと捉えられていた（中村 2002）。それは，ヴェトナム戦争やウォーターゲイト事件によって頂点に達した連邦政府権力の驕りを戒め，国民にも自省と自己変革を求めたカーター政権らしい方針ではあった。

　1977年4月に明らかになったカーター政権のエネルギー政策に対して，連邦議会の応答は必ずしも積極的ではなかった。反対派からは，消費抑制の効果を過大に見積もっているのではないか，国内の資源開発に負のインセンティヴを与えるのではないか，失業者が増えるのではないか，といった疑問が提起された。カーターはこれらの批判に対して，政権のエネルギー政策を破壊し，アメリカ全体のエネルギー政策を失わせてしまう利益集団の動きであるという反批判を行った（*1977 CQ Almanac*: 13）。議会を舞台とした利益集団政治を批判しながら，自らを改革者として位置づけるという手法はカーターがしばしば依拠するものであった（待鳥 2006）。しかし，それは議会内部からの反発と民主党の分裂を生み出してしまう。エネルギー政策に関していえば，政権側の方針に沿った法案を成立させようとする下院と，独自の代案を作成した上院の懸隔は埋めることができないまま，年内成立を断念せざるを得なかった（*1977 CQ Almanac*: 13）。

　このほかにも，治水計画事業への連邦支出削減を突然に発表したり，自らが提起して議会民主党も賛成していた戻し減税を撤回するなど，政権初年度におけるカーター政権は議会との信頼関係を構築することができなかった（砂田 1999：235-237）。カーターが自らの変革志向に忠実であろうとするあまり，既得権益に固執する存在として議会を敵視しすぎたことが大きな理由である。しかし，当時のアメリカ政治をより広い文脈から捉えるならば，大統領の下で一致団結しながら政府主導で大きな変革を実現する状態にはなかったということができる。カーターが就任した時点で既に，大企業や大規模労組よりも「大きな政府」が将来のアメリカにとって最大の脅威だと考える有権者が多かったが，その割合は1年後にむしろ増える傾向にあった（*Gal-*

lup Poll 1972-77: 965; *Gallup Poll 1978*: 252)。議会も国民も，大統領のイニシアティヴによって政府が積極的役割を果たすことには期待しておらず，むしろそれに幻滅し嫌悪していた。カーターを無名の新人から大統領の座に押し上げ，彼が大統領としてアメリカ全体に求めた自省の気運は，大統領権力の積極的行使への嫌悪感として，政権発足直後からカーター自身にも跳ね返っていたのである。

クリントン

　就任後1年間のクリントン政権の立法的成功はめざましいものであった。民主党の新政権としては20世紀以降で最低の政権政党議席率でありながら，大統領勝率は戦後最高の水準を達成し，かつ一度も拒否権を行使しなかったことは，政権側が発足直後から連邦議会での多数派形成に卓越した能力を持っていたことを意味する。その大きな鍵となったのは，法案ごとに多数派形成のパターンを変えるという大胆な戦術であった。とりわけ大きな成功とされるのが，1993年8月の包括予算調整法（OBRA93）成立と，11月の北米自由貿易協定（NAFTA）実施法案である（*1993 CQ Almanac*: 30）。

　これらのうち，包括予算調整法はG・H・W・ブッシュ政権が1990年に成立させた立法の延長線上にあるもので，クリントン政権の積極的イニシアティヴによる成果とまでは言い難い（待鳥 2003）。カナダ，メキシコとの自由貿易協定締結の協議も前政権下で始まったものとはいえ，実施法案の成立にはクリントン政権が決定的な役割を果たしており，クリントン政権初期の代表的な成果だとされている。そこで以下では，NAFTAの実施法案について簡単に見ていくことにしよう。

　NAFTAに対しては，とりわけ安価な労働力が豊富に存在するメキシコが相手国の一つであったことから，国内産業の空洞化を招くという批判が労働組合などから出されていた。また，環境保護について十分な配慮が払われていないという環境保護団体の懸念も存在した。労組や環境保護団体は民主党の有力支持基盤であるため，ゲッパート下院院内総務をはじめ議会民主党の有力議員は反対の姿勢を示した（*1993 CQ Almanac*: 36）。ギャラップ社の世論調査からは，有権者は秋に至ってもなお協定支持が不支持が上回る状態であった。しかし，クリントンや副大統領のゴアは自由貿易による経済成長の可能性を積極的に語り続けることで，共和党や産業界だけではなく，有権者の支持も徐々にではあるが拡大していった（*Gallup Poll 1993*: 202）。最終的には議会において，共和党の4分の3，民主党の5分の2の議員が実施法案に

賛成するという超党派の支持連合形成に成功した。当初は微温的な支持にとどまっていたフォーリー下院議長も,「過去30年のいかなる大統領よりも猛烈な働きかけ」の成果だと認めざるを得なかった(砂田 1994：126-134)。

アジェンダとなった当初には懐疑的な雰囲気が強かったNAFTA実施法案について,クリントンがこれほどまでの巻き返しに成功した大きな理由は,有権者の間に存在した変革への期待感を活かしつつ超党派の支持連合を形成した,政権としての技量に求められよう。実際のところ,NAFTA実施法案成立直後の93年12月には,クリントンに対するここまでの印象を「なすべきことをできる人物」だと思うかどうかを尋ねたタイムズ・ミラー・センターの世論調査において,「なすべきことをできる人物」だという回答者が63%にのぼった(Times Miller Center 1993)。この数値は,同年8月段階の36%に比べて大幅な上昇であった。少なくとも政権発足直後についていえば,クリントンの唱えた「変革」に対して有権者が期待したものは,「なすべきものをできる」こと,すなわち積極的な立法による改革だったのである。

おわりに

本稿では,選挙の結果として執政長官とその所属政党がともに変化することを政権交代として定義し,それに該当する1970年代以降の5人の大統領を対象に,新政権発足と立法的成功の関係について検討を加えてきた。ここでいう立法的成功とは,連邦議会での採決に当たって,大統領が立場を表明した場合に,その立場に基づいた多数派が形成できることを指す。多数派の規模と大統領の勝利のそれぞれを従属変数として行った多変量解析と,カーターとクリントンが主要アジェンダについて議会の支持を得られたかどうかについての事例分析から,以下のことが明らかになった。一つは,政権交代直後にしばしば重視されるハネムーン期間については,ほかの要因をコントロールした場合には,立法的成功を規定する要因とはいえないことである。もう一つには,政府による変革について大統領が持つ志向と世論が持つ志向が整合する場合に,立法的成功の可能性は明らかに高まることである。さらに,近年の政党間関係の分極化によって,大統領を支持する議員に占める政権党所属議員の割合は有意に上昇していることも確認された。

ここから,今日のアメリカ大統領にとっては,ハネムーン期間だからといって自動的に成果を得られるとは考えられず,世論の期待する方向性に沿った政策を,主として自らの所属政党の議員に依拠しながら立法化することが必要だということが分かる。この知見は,政党や政治家は有権者の意向に即

して政策を形成するというスティムソンらの「動態的代表」論と，二大政党のイデオロギー的距離の拡大を重視するロードらの「条件付き政党政府」論のいずれにも適合的である（Rohde 1991; Erikson, MacKuen and Stimson 2002; 大村 近刊）。別の言い方をすれば，就任直後の大統領が自らのアイディアによって鮮やかな政策転換を進めるという構図は，現代アメリカ政治にはもはや成立が困難になったと考えるべきなのだろう。

　2009年に発足したオバマ政権についても，この知見はまさに当てはまる。オバマは世論の変革志向と整合性の高い状態で政権をスタートさせた。その意味では立法的成功の可能性は高く，それが政策転換への期待を強めていたと思われる。しかし実際には，確かに立法的成功の水準は極めて高いものの，主要アジェンダの立法化は初期の大規模景気対策のみにとどまったまま，就任1年目は終わった。2年目に入ってから成立させた医療保険改革は確かに大きな政策転換だが，立法過程での多数派形成が困難を極めたことにも疑問の余地はない。立法的成功が政策転換に直結しない大きな理由は，松本（2010）が指摘するように，大統領を支持する連邦議会内の多数派がほぼ民主党のみによって構成される傾向が強く，それでいて民主党の議席数が不足しているからであろう。共和党の賛成を期待できない現状では，民主党の一部でも離反する可能性がある大胆な政策は常に薄氷を踏むような立法過程を覚悟せねばならず，限られた課題についてしか取ることができない。ニューディールや「偉大な社会」プログラムのような，広範で大規模な政策刷新は極めて困難である。

　とはいえ，アメリカにおける政権交代がいかに政策転換と関係するかについては，なお十分に解明されていない論点も多く残されている。とくに分極化の影響については，今後より立ち入った議論が必要であろう。計量分析において少し述べたように，本稿が対象とした1970年代以降，大統領と世論の間での変革志向の整合性の高まりと政党間関係の分極化は，同時的に生じている。したがって，計量分析を行えば，分極化と大統領支持議員比率や大統領勝利の間には正に有意な関係が見出される。だが，分極化は議会内における超党派の大統領支持連合を困難にするため，大統領の支持基盤は縮小するはずである。理論的には大統領の立法的成功にとって分極化は負の影響があると考える方が自然であり，経験的にも統一政府か分割政府かをコントロールすれば年単位の大統領勝率に対して有意な効果はない[19]。そのこともあり，今回は分極化を独立変数とする議論は立法的成功と切り離して行った。しかし，現代アメリカ政治に分極化が与える影響は広く及んでおり，筆者が現時

点では想定していない因果関係があるのかもしれない。この点は試論的要素が強いことを明記しておくべきであろう[20]。

> 付記　本稿は，日本学術振興会科学研究費補助金に基づく成果の一部である。松本俊太氏からは，執筆段階で数多くの有益なご教示を賜った。また，久保浩樹氏には分析に使用したデータセットの作成を一部お手伝いいただいた。記して御礼申し上げたい。

（1）　本稿では多国間比較が可能な形で政権交代を定義するため，同一政党内での大統領の交代は政権交代に含めない。これに該当するのは，1963年のケネディからジョンソンへの交代，74年のニクソンからフォードへの交代，および89年のレーガンからG・H・W・ブッシュへの交代である。うち前二者は選挙によっていない。

（2）　このほか，1981年のレーガン政権は上院のみ多数党を獲得して発足したが，アメリカ政治の分析では両院多数党であることをもって議会多数党と定義するのが通例なので，本稿もそれに従う。

（3）　合衆国憲法の修正条項は，その大部分が権利章典の追加と，大統領選挙や議会選挙の方法に関する変更である。

（4）　この点についての文献リヴューとして，松本（2009：179-182）参照。

（5）　より研究史に即した言い方をすれば，ニュースタッドらによる属人的側面に注目した大統領研究が先行し，それを集約的に表現したのがライトの分析であった。

（6）　本稿の関心からはやや離れるが，上に述べたようなカーネルやケインズ＝ローンの見解を敷衍して考えれば，大統領が有権者を説得して自らの支持に導くこと，さらにはそれによって統治アジェンダ設定の効果を強めることも十分予測されるだろう。この点を実験サーヴェイによって検討したのが松本（2006）である。

（7）　なお，現代アメリカ政治の分極化に関する包括的な研究として，五十嵐・久保（2009）を参照。

（8）　この場合には，政権党の議席率と大統領支持議員比率の相関が高くなるため，非政権党の離反があったとしても，政権党が多くの議席を持っていれば大統領の立法的成功の可能性が大きくなる。

（9）　大統領はすべての採決について賛否を明らかにしているわけではない。本稿では，Congress Quarterly 社の刊行する『連邦議会年鑑（*CQ Almanac*）』における点呼投票の総覧データに依拠してデータセットを作成した。なお，オバマに関しては本稿執筆時点で2009年版の『連邦議会年鑑』が未刊行であるため，同社の刊行する『連邦議会週報（*CQ Weekly*）』によった。

（10）　就任後丸1年のデータをとっても，対象投票数は全く同じである。

（11）　支持率データは対象となる採決が行われた時点での直近の世論調査結果

による。ただし，就任直後で調査が行われていなかった時点での採決があったカーターのみ，2回の採決について就任後第1回の世論調査結果を代替的に用いた。データはコネティカット大学ローパーセンターの世論調査アーカイヴスに存在する。ただし，オバマについてのみ，ギャラップ社が新たに開始した毎日調査の結果が得られる世論調査リポート社のサイトを利用した。2010年5月9日最終アクセス。http://www.ropercenter.uconn.edu/index.html; http://www.pollingreport.com/obama_job.htm#Gallup

(12) 内政に比べて外交・安全保障政策において大統領が立法的成功を収めやすいという「2つの大統領職 (the two presidencies)」論については，最近ではCanes-Wrone (2006) など，依然として肯定的な見解も多い。しかし，Bond and Fleisher (1990) など，必ずしも決定的な差異があるとは認めがたいという立場も存在する。

(13) なお，本稿を執筆している2010年3月12日時点では，NOMINATE 開発者であるプールが運営しているサイト (http://voteview.ucsd.edu/) にて，第111会期 (2009〜11年) のデータを含む DW-NOMINATE スコアが公表されている。しかし，これは当然ながら第111会期については2009年分の点呼投票しか含まれていない暫定版であるため，経時的比較には必ずしも適当ではない。そこで今回はすべて，2009年1月に入手した，第110会期終了時までのスコアを使って分析を行った。

(14) データは Stimson (1999) のアップデイト版で，スティムソンによって一般に公開されている。2010年5月9日最終アクセス。http://www.unc.edu/~jstimson/index.html

(15) データソースを変更したのは，ANES の2006年以降分について，筆者の扱いうる形式でのデータ公表がなされていないためである。両者の質問文は全く同じだが，調査時期の関係か，CBS は ANES より若干低めの数値が出ている。数値は ANES 分については ANES のサイトで，CBS 分については世論調査リポート社のサイトに，それぞれ公開されている。ただし，公開されているデータでは小数点以下は不明である。いずれも2010年5月9日最終アクセス。http://www.electionstudies.org/nesguide/toptable/tab5a_1.htm; http://www.pollingreport.com/institut.htm

(16) 1960年代までのように政府への信頼度が極めて高い場合には，公共政策ムードから信頼度を引くとマイナスになる場合がある。しかし，本稿が対象とするカーター政権以降においてはそのような例はなく，公共政策ムードから信頼度を引いた値を変革志向の指標と一応考えて良いだろう。なお，公共政策ムードのような複合指標から世論調査の単一指標を引いてある数値を出しても，それ自体は方法的な根拠を持ったものではなく，あくまで時系列で相対的な意味があるにとどまる。そのため，後で行う計量分析では，個々の年次の数値が全体の平均値を上回るかどうかに注目し，ダミー変数化して投入している。

(17) この点の実質的意味については，本稿の末尾で多少詳しく述べることにしたい．
(18) 各種統計集にもその集計値が収められている．Ornstein, Mann and Malbin (2008); Stanley and Niemi (2008).
(19) なお，政権交代直後については分割政府である事例が少なく，戦後はニクソンとレーガンを除いてすべて統一政府である．そのため，疑似相関が生じて分極化が大統領の立法的成功に有利に作用しているように見えるのかもしれない．この点を十分コントロールできれば，分極化がもたらす正の影響は消える可能性がある．
(20) Bond and Fleisher (2000: 151) は，大統領の立法的成功に対する分極化の影響は全体的にはなく，望ましくない立法の阻止に見られる程度だと述べるが，筆者と同じく試論的であるとしている．

引用文献

五十嵐武士・久保文明（編）．2009．『アメリカ現代政治の構図』東京大学出版会．
大村華子．近刊．「代表制をめぐる実証分析の現状と課題」『法学論叢』掲載予定．
砂田一郎．1994．『現代アメリカの政治変動』勁草書房．
——．1999．『新版　現代アメリカ政治』芦書房．
——．2009．『オバマは何を変えるか』岩波書店．
中村裕司．2002．「エネルギー政策から見た米国の国家戦略について」『IIPS Research Paper』286J．
待鳥聡史．2003．『財政再建と民主主義』有斐閣．
——．2005．「連邦議会における大統領支持連合の形成」『レヴァイアサン』第36号．
——．2006．「カーター政権の登場と混迷」アメリカ学会（編）『原典アメリカ史　第8巻　衰退論の登場』岩波書店．
——．2009a．『＜代表＞と＜統治＞のアメリカ政治』講談社．
——．2009b．「分割政府の比較政治学」『年報政治学』2009年度1号．
松本俊太．2006．「アメリカ大統領による一般国民への説得活動の実証分析」『名城法学』第56巻1号．
——．2009．「アメリカ連邦議会における二大政党の分極化と大統領の立法活動（1）」『名城法学』第58巻4号。
——．2010．「オバマ政権と連邦議会」吉野孝・前嶋和弘（編著）『オバマ政権はアメリカをどのように変えたのか』東信堂．

Aldrich, John H. 1995. *Why Parties?* Chicago: University of Chicago Press.
Beckmann, Matthew N. and Joseph Godfrey. 2007. "The Policy Opportunities in Presidential Honeymoons." *Political Research Quarterly* 60: 250-262.
Bond, Jon R. and Richard Fleisher. 1990. *The President in the Legislative Arena*.

Chicago: University of Chicago Press.

―. 2000. *Polarized Politics*. Washington, D.C.: CQ Press.

Buchler, Justin and Casey B. K. Dominguez. 2005. "The Honeymoon Effect: Investigating Individual Members' Propensities to Support the President." Paper Delivered at the 2005 Annual Meeting of the American Political Science Association.

Cameron, Charles M. and Jee-Kwang Park. 2008. "A Premier on the President's Legislative Program." In Bert A. Rockman and Richard W. Waterman, eds., *Presidential Leadership: The Vortex of Power*. New York: Oxford University Press.

Canes-Wrone, Brandice. 2006. *Who Leads Whom?* Chicago: University of Chicago Press.

Cox, Gary W. and Mathew D. McCubbins. 2005. *Setting the Agenda*. New York: Cambridge University Press.

―. 2006. *Legislative Leviathan* (second edition). Berkeley: University of California Press.

Dominguez, Casey Byrne Knudsen. 2005. "Is It a Honeymoon?" *Congress & the Presidency* 32: 63-78.

Epstein, David, Ida Pagter Kristensen and Sharyn O'Halloran. 2008. "Conditional Presidential Leadership." In Bert A. Rockman and Richard W. Waterman, eds., *Presidential Leadership: The Vortex of Power*. New York: Oxford University Press.

Erikson, Robert S., Michael B. MacKuen and James A. Stimson 2002. *The Macro Polity*. New York: Cambridge University Press.

Frendreis, John, Raymond Tatalovich and Jon Schaff. 2001. "Legislative Output in the First One-Hundred Days." *Political Research Quarterly* 54: 853-870.

Jones, Charles O. 2005. *The Presidency in a Separated System* (second edition). Washington, D.C.: Brookings Institution.

Kernell, Samuel. 2006. *Going Public* (third edition). Washington, D.C.: CQ Press.

Kiewiet D. Roderick and Mathew D. McCubbins. 1991. *The Logic of Delegation*. Chicago: University of Chicago Press.

Kingdon, John W. 1995. *Agendas, Alternatives, and Public Policies* (second edition). Boston: Little, Brown.

Light, Paul C. 1999. *The President's Agenda: Domestic Policy Choice from Kennedy and Clinton*. Baltimore: Johns Hopkins University Press.

Neustadt, Richard. 1990. *Presidential Power and the Modern Presidents*. New York: Free Press.

Ornstein, Norman J., Thomas E. Mann and Michael J. Malbin. 2008. *Vital Statistics on Congress 2008*. Washington, D.C.: Brookings Institution.

Rohde, David W. 1991. *Parties and Leaders in the Postreform House*. Chicago: University of Chicago Press.

Skowronek, Stephen. 1993. *The Politics President Make*. Cambridge: The Belknap Press of Harvard University Press.

———. 2008. *Presidential Leadership in Political Time*. Lawrence: University of Kansas Press.

Stanley, Harold W. and Richard G. Niemi. 2008. *Vital Statistics on American Politics, 2007-2008*. Washington, D.C.: CQ Press.

Stimson, James A. 1999. *Public Opinion in America* (second edition). Boulder: Westview.

Times Miller Center for The People & The Press. 1993. "As Year Ends ... Clinton Successes Repair Image." Paper Released on December 9, 1993.

Weingast, Barry R. and William Marshall. 1988. "The Industrial Organization of Congress." *Journal of Political Economy* 96: 132-63.

■特集　選挙サイクルと政権交代　3

韓国における選挙サイクル不一致の政党政治への影響[1]

浅羽祐樹
大西　裕
春木育美[2]

> 要旨：本稿は，二元代表制のもとで立法府と執政府の選挙サイクルが異なることが政府形成にいかなる影響を与えるのか，2008年の韓国における李明博政権を事例に検討する。本稿によると，2つの選挙の間隔が大統領の与党への交渉力に大きな影響を与える。大統領選挙の4ヶ月後に国会議員総選挙を控えた李明博大統領は強力で，政権引き継ぎ，国会議員候補公認において非大統領派を排除，無力化することに成功したのである。

1. はじめに

　本稿は，2007年12月に第17代大統領に当選した李明博（イ・ミョンバク）が，新しい与党ハンナラ党の中でも親李派と呼ばれる自派中心の政府を形成し，翌年4月に行われた第18代国会議員選挙（以下，総選挙）でも自派中心に候補者を公認した理由を考察する。ハンナラ党内において，李明博は元来非主流派であり，主流派であった朴槿惠（パク・クネ）ら親朴派と呼ばれるグループの協力が政権運営上必要であると一般的に考えられていたが，李明博はそうした行動をとらなかった。なぜであろうか。これに対し，本稿は，直後に控える総選挙の近さが李明博をして強引ともいえる政府形成を決意させたと主張する。李明博にとって，親朴派を処遇しないことがその後の政権運営上妥当な戦略であったからである。

　本稿は，以上の問いに答えることによって，大統領制下での政府形成の説明を試みる。議院内閣制下における政権交代と新しい与党による政府形成は，比較政治学の領域において比較的蓄積のある分野である。与党の構成，閣僚構成の様態は，古くから政党論と密接に関係しながら行われてきている（Shofield and Sened, 2006; Laver and Shepsle, 1996）。

　他方，大統領制下における政府形成に関する議論は，これまでも存在しなかったわけではないが，議院内閣制に比して不足していると言わざるをえな

い。与党については議会における多数政府を構成するかどうかが最大の焦点であった。しかも，多数政府の場合多数をどのように構成するのかは，執政府と立法府が制度的に切り離されているが故に議論がなされず，少数政府の場合は政策の主導権を議会と大統領の誰が握るかに関心が寄せられてきた。これは，我々が，大統領制においては少数政府が不安定化し，他方多数政府においても政府役職が執政長官による議会統制の重要な手段とならないという，リンス的な見解を受け入れてきたためである（Cheibub, 2007, 7）。

しかし，こうした前提は必ず成り立つとはいえない。米国のように議会における政党規律が弱く，兼職禁止などの形で立法府と執政府が截然と分かれている場合とは異なり，多くの大統領制民主主義国家では政党規律が存在し，議員が閣僚を構成することも多々ある。大統領制下での政府形成は，いまだ十分論じられていない領域と考えねばならないであろう。

本稿は，李明博政権の誕生という事例を用いて，政府形成について一つの説明を試みる。事例が限られており，説明に一般性を持たせるには限界があるが，探索的研究として許されると考える。本稿の作業を通じて，韓国政治の研究が比較政治学上重要な貢献をなし得ることを確認したい。

2. 問題の所在

李明博が政府形成上非妥協的で強硬な姿勢をとった理由は何なのであろうか。まず，李明博が非妥協的であったことを他のケースと比較しつつ確認しよう。本稿で李明博が非妥協的であったというのは，次の2点においてである。第1に，政権継承プロセスである。通常，政権交代時に，大統領当選人は政権継承にあたって二つの政治勢力からの協力を必要とする。一つは，前政権であり，もう一つは自らを大統領に当選させた新しい大統領与党である（Campbell, 1986; Neustadt, 1990; Pfiffner, 1988）。とりわけ本稿で重視するのは後者である。米国のように執政府と立法府が切り離され兼職があり得ない大統領制とは異なり，国会議員の兼職が可能で，大統領府スタッフが国会議員に立候補することもしばしばある韓国では，与党政治家が大統領選挙において実質的な役割を果たし，その後の政権運営においても重要な位置を占める。また，大統領は選挙において国民に約束した公約を果たすために，議会の協力，とりわけ与党議員の協力が必要である。ところが，李明博は自らが所属するハンナラ党の大統領予備選挙において候補者の地位を争った朴槿惠を中心とする勢力（親朴派）を継承プロセスにおいて処遇せず，大統領職引き受け委員会（以下，引き受け委員会）を中心にもっぱら自派によって政権

継承を行った。

　第2に，総選挙におけるハンナラ党内の公認プロセスである。一般的に，国会議員選挙立候補予定者にとって，政党の公認を獲得できるかどうかは当落に決定的な影響を及ぼすが，とりわけ韓国においては主要な政党から公認を獲得できるかどうかが重要で，公認をとれず，無所属ないしは弱小政党からの立候補では当選が極めて困難である。この公認プロセスにおいて，李明博は親朴派の公認を極めて限定的な形でしか認めず，大半を自派で固めた。なお，朴槿恵は依然として国民から根強い人気を有しており，とりわけハンナラ党の地盤である嶺南地域でそうであり，公認プロセスでの親朴派の追い落としはハンナラ党の支持基盤にも影響を与えかねないものであった。

　このような李明博の非妥協的な政府形成は特異なものであったかどうか，確認してみよう。比較対象となるケースを確認する。民主化以降，韓国では，4度政権移行が行われた。第1に，1993年の盧泰愚政権から金泳三政権への移行である。第2に，1998年の金泳三政権から金大中政権への移行である。第3に，2003年の金大中政権から盧武鉉政権への移行で，第4に，今回の盧武鉉政権から李明博政権への移行である。

　まず，政権継承プロセスである。金泳三政府への交代期は，継承にあたって引き受け委員会と党組織，私的組織が活動した（柳，2004, 57）。与党民主自由党代表の金鍾泌は，引き受け委員会が突出した役割を担うことを嫌い，牽制した。独自の政策的立場が打ち出せないことを恐れた金泳三は，公式組織ではなく，私的な組織を活用して突破を図った。引き受け委員会は存在し，引き継ぎにおいて一定の役割を果たすが，その重要性は低かった。すなわち，金泳三は明らかに与党内他派に配慮して政権継承作業を行った。

　金大中政権は，継承にあたり引き受け委員会の他に労使政委員会など様々な公的組織を設けた（柳，2004, 79-83）。金大中政権が当初金鍾泌の政党である自由民主連合(以下，自民連)との連合政権として出発したこともあり，引き受け委員会は金大中の国民会議と自民連が双方ほぼ同数の委員を出して構成した（柳，2004, 60-61）。つまり，金大中政権においては連合与党である自民連へ配慮されたことが明らかである。

　他方，盧武鉉政権は，継承組織を基本的に引き受け委員会に一本化した。ここに参加したメンバーはほぼ全員既成政治家ではなく，大学教員などであり，しかも彼らは政権移行期終了後大統領府などに勤務して政権中枢を担うことになる（鄭，2006, 138）。盧武鉉政権はとりあえず民主党を与党として誕生したが，与党内の自派が極めて少数であった。彼は民主党政治家を政権

継承作業に登用することを排除した（鄭，2006，125 - 126）。その意味で，非妥協的であったということができる。

次に，総選挙における公認プロセスである。民主化以降，盧武鉉政権に至るまで，韓国の政党は特定の政党ボスに支配されており，ボスが党総裁として自党国会議員候補者の公認権を握る仕組みが制度化されていた。また，与党においては大統領がすなわち党総裁であったため，大統領が与党の公認権を握っていたのである。このため，2004年の第17代総選挙以前，大統領は当然に自派で与党候補者を固める傾向があった。

しかし，第17代以降，こうした与党総裁としての大統領権力は制約が加えられるようになった。そもそも，大統領が与党総裁ではなくなった上に，候補者の選出は形式的には大統領とは独立した審査機関が行うようになったのである。にもかかわらず，2008年の第18代総選挙における与党ハンナラ党での公認過程では李明博大統領派が大半の候補を占め，それまで有力であった親朴派現職議員の半数以上が公認を得られなかった。党内秩序に関する制度の変化は，従来のように大統領の非妥協的な公認を保証しなかったにもかかわらず，実際には非妥協的になったということができる。

3. 政府形成モデル

では李明博政権の非妥協性はどのように説明されるのか。これは言い換えれば，大統領のリーダーシップは何によって構成されるのかという問題に取り組むことである。大統領のリーダーシップについては，今日まで3つの要因が指摘されてきた。それは，第1に，大統領の個性や文化，心理的要因にその源泉を求めるもので，第2に大統領を取り巻く組織的要因に注目するもの，第3に大統領を取り巻く制度的要因を重視するものである。第1の要因は，米国の大統領研究ではバーバ（Barber 1977;1992）から始まりニュースタット（Neustadt, 1990）につながるもので，韓国においても安秉萬（1998）が本格的な分析を行っているように，人々の注目を常に受けてきた議論である[3]。この背景にあるのは，大統領のリーダーシップが大量現象でないことである。議員や官僚とは異なり，大統領は事例として極めて少なく，数量的分析は基本的にはなじまない。検討すべき要因も極めて多いうえ，大統領となる人物の性格が個性的で飛び抜けて魅力的なことが多いため，リーダーシップ研究は彼らの個性へのアプローチになりやすいのである[4]。組織的要因に注目するものは，大統領のリーダーシップを President(s) ではなく Presidency の側面で捉えようとするものである。大統領は個人で仕事をするわけ

ではなく，膨大な官僚機構に補佐されて政策を遂行する。官僚機構がどのように構成されているかは，リーダーシップのスタイルやその強さに影響を与えざるを得ない[5]。最後の制度的要因に注目するものは，具体的には憲法と対議会関係に焦点を当てる。大統領の権限は，憲法によって与えられるが，立法府によって制約されている。それゆえ，議会との関係，例えば大統領与党が議会の過半数を占める統合政府か，そうではない分割政府かなどの要因がリーダーシップの制約要因になる。

3つの要因は大統領のリーダーシップを一般的に規定するものとしていずれも重要である。しかし，本稿の問いに答える上で，第1番目と第2番目はいずれも主要な要因とは言えない。第1に，個性や文化を強調することは，大統領による政府形成が様々な政治アクターの相互作用の中でなされることの軽視につながる。バーバや安が行ったような，大統領の性格を幾つかのタイプに分類してその政府との関連を考えるのは面白い作業であるが，印象論に過ぎない。むしろ，ニュースタットの指摘を重視すべきであろう。彼は，大統領権力の源泉は説得力であるという。大統領は様々なアクターと共同して自分の政策を実現しようとするが，そのためにはこうしたアクターの説得が不可欠である。説得力は法的権限，議会での評判，有権者の評判からなる。つまり第1番目の要因は第2番目と第3番目の要因の背景としての重要性にとどまるのである。

第2に，大統領制の組織的要因は，政府形成後に重要性を有する議論であって，政府形成期を扱う本稿の問いを解くには時期的に適切ではない。もちろん，組織的要因には大統領の意思によって形成されない部分がある。大統領も法によって拘束されているため，議会が法を変えない限り，大統領はそれに従うしかない。しかしこのことは，第2番目の要因の重要性を主張するためには第3番目の要因を主張しなければならないことを示しているに過ぎないのである。

それゆえ，我々は3番目の制度的要因を重視する。この要因について韓国では重要な先行研究が存在する。それは，地域主義に関するものである（大西，2004；浅羽，2009）。すなわち，民主化後の韓国の大統領は与党総裁を兼ねていた。総裁は総選挙における候補者公認権を独占していた。選挙では，特定の政党が特定の地域で圧倒的に得票する地域主義が有権者の投票パターンとして定着していたため，政党公認が得られないことは，ほとんどの国会議員にとって落選を意味していた。それゆえ，与党議員は大統領に忠実にならざるを得なかった。こうした与党議員が国会の過半数を占める限り，国会

は大統領の言いなりである。地域主義と，地域主義政党におけるボス支配は韓国の政党・選挙研究における通説である。1987年の民主化時に，韓国の政党は，権威主義政権の流れをくむ盧泰愚の政党と，金泳三，金大中，金鍾泌（三金）をそれぞれボスとする政党に再編されたが，いずれも大統領候補となった政党ボスの出身地域を地盤とした。その後ボス同士の取引による合従連衡はあったが，基本的な構図はボスが政治から引退しても継続している。地域主義は選挙を通じて国会の議席に反映するため，大統領が非妥協的な政府形成を行っても不思議ではない。

しかし，地域主義仮説は次の点で本稿の説明に妥当でない。つまり，李明博は明らかに従来型の政党ボスではない。三金とは異なり，李明博は個人的に特定の地域で支持を独占的に受けるようなカリスマを持ち合わせていなかった。加えて，彼の所属するハンナラ党は李明博の政党ですらなかった。大統領に当選するまで，党を二分する勢力として朴槿惠の存在が極めて大きかったのである。地域主義仮説は，金大中政権までの政府形成を説明するかもしれない。もし地域主義仮説が正しいとするなら，李明博は特定地域を個人的に掌握しておらず，政党を掌握していないがゆえに，妥協的な政府形成を行ったとしなければならないはずであろう。それは明らかに事実と異なるのである。

このように，大統領のリーダーシップに関する既存の議論は本稿の問いを解く上で十分な解答を与えない。しかしそれを超えて，これらの仮説にはより根本的な問題がある。それは，大統領制下での政権の誕生が政府の形成であり，それにいかなる人々がいかなる資源と選好を持って関与するのかに関する洞察の不足である。また，この点は韓国大統領のリーダーシップに関するこれまでの議論というよりも，大統領制研究自体が十分論じてこなかったことであるといってもよいであろう。

本稿では，これらの問題を解決するために，合理的選択アプローチを採用し，分析モデルを提示する。モデルより，李明博の行動を説明する上で最も重要なのは総選挙までの期間の長さであることが仮説として導出される。

政府形成に関して我々が参考にすべきは，大統領制の問題を論じたリンスたちの議論と議院内閣制下における政府形成である。まず前者について説明しよう。リンスたちは，議院内閣制に比べて大統領制は民主政治を不安定化させやすいと論じた[6]。すなわち，大統領制は，立法府と執政府を有権者が別個に選択するため，二重の正統性問題をぬぐえず，有権者の信認をめぐって政府機関間の対立を招きやすい。また，有権者の信認を大統領という一個人

が受けるため権力の個人化が生じやすい。両者が相俟って，個人化した権力がデッドロックを解消するために手続的に非民主的な方法で解決を求める結果，民主主義体制そのものが不安定化する，というものである。議院内閣制と異なり，執政権力の分割が困難な大統領制では，権力の一部を与えることによって多数政府を構築することが難しい。野党もまた協力のインセンティブを持たず，与党内部の凝集性も低くなりがちである。

　他方，議院内閣制下での政府形成については，多党制を前提に次のようなモデルが提示されてきた。議院内閣制においては，執政府の形成は議会における過半数の支持を受けるかどうかが重要である。しかし，多党制においては単独で過半数の支持を得る政党が存在するとは限らない。その場合，執政府は複数の政党による連立政権とならざるを得ない。どのように連立政権が組まれるかは，政党が持つ二つの誘因によって決められる。一つは，大臣ポストなど政府の役職配分で，もう一つは，その政党が目指す良き公共政策の実現である。一般に前者を公職追求モデル，後者を政策追求モデルと呼ばれるが，いずれかではなく，双方を含んだ形で連立政権の形成がなされるというのが近年の研究動向である。

　大統領制は議院内閣制と政府形成原理が根本的に異なるため，議院内閣制下での政府形成に関する議論をそのまま適用することはできないが，政府形成に際し考慮すべき点を示している。以上の議論を踏まえて，大統領制下における政府形成ゲームを考察する。このゲームに登場するアクターは大統領と議会，とりわけその構成員である与党議員である。政府形成ゲーム自体には，前政権，官僚制，野党議員，有権者などのアクターも考慮する必要があるが，本稿の問いの根幹が大統領による非大統領派の包摂如何にあるので，大統領と非大統領派与党議員に絞って検討を進める。

　まず，モデルの前提条件を示す。アクターである大統領と議会，与党，与党議員はそれぞれ以下のような目標と制度的条件を有していると仮定する。第1に，大統領は良き公共政策（政策理想点）の実現を目指す。議院内閣制の類推から，大統領は同時に再選を追求すべきであるが，韓国では大統領の任期が5年単期で重任は認められないため，再選という目標は想定されない。また，議院内閣制と異なり，大統領は議会によって執政長官を辞めさせられない。つまり，任期に関する政治生命について大統領は他のアクターから脅威を受ける可能性はない。他方，公共政策の追求は無条件にはなされない。多くの場合大統領は与党と議会の協力を必要とする。

　第2に，与党や議会も良き公共政策の実現を目指す。与党や議会にとって

の良き公共政策は大統領と同じであるかもしれないが，同じでないかもしれない。与党や議会にとっての理想点は，これらを構成する国会議員の理想点の総計である。国会議員もまた良き公共政策の実現を目指すが，同時に彼らにとって重要な目標は再選である。大統領と異なり，国会議員は任期4年で再選が可能である。一般的に米国の議会研究において，議員は良き公共政策，院内での昇進，再選の基本的な目標を持つとされる（Fenno, 1974; Aldrich, 1995; Sinclair, 1985）が，韓国においてもほぼ同様の想定をすることが許される。ただし，後者二つについては留保が必要である。米国の連邦議会における院内での昇進インセンティブは，連邦議会内部にシニオリティ・ルールが存在することが前提になっているが，韓国の議会にはそうしたルールはなく，何が院内での昇進を決めるのかが明確ではない。再選については，再選のための政党公認の獲得が容易ではなく，有権者へのサービス提供が再選に貢献するとはいえないことなど，様々な障害が存在する。また，議員は，地方政府首長，閣僚，在外公館大使，公社公団等政府関係機関長への転出など他の形で政治的役職を獲得し再選を目指さないことも多く，他の政治的役職に対し閉鎖的な米国とは異なる。しかし，これらを含む何らかの政治的な社会的昇進を目指すという意味での「再選」を目指しているということはできる。

　こうした議員の協力を必要とする大統領にとっての下位の目標は，大統領与党で議会の過半数を形成することである。国会議員全員の政策理想点の総計よりも，大統領与党議員の政策理想点の総計の方が，大統領の理想点に近いためである。大統領にとってのもう一つの下位の目標は，大統領の政策理想点を大統領与党に押しつけることである。つまり，大統領が与党内を統制することである。

　しかし，もし米国のように議員の目標が，院内での評判（院内での昇進）や有権者へのサービス提供（再選）で達成可能であれば，大統領は議員の行動を意図した方向に制約することは難しい。与党が過半数を占めるかどうかは，有権者が政府に対して与える評価という点を除いて，議員の有権者へのサービス供給に大きく依存している（Aldrich, 1995）。与党を統制することはさらに困難である。しかし，韓国のように再選が個々の議員の有権者へのサービスに依存する程度が低く，政党内での評価に依存しており，広い意味での再選の一部としての社会的昇進に大統領が関与している場合，大統領は人事を通じて与党議員を統制し，その下での与党による議会支配を達成することが可能になる。すなわち，大統領は役職を供給する。その役職は，議員も受けることができるが，数に限界がある。

これより，大統領は，第1に，与党による過半数支配という目標を達成するために，総選挙で勝利しなければならない。言い換えれば勝利するような候補を公認する必要がある。第2に，大統領による与党統制という目標を達成するためには，大統領は何らかの見返りとして役職を与党議員に付与するか，将来付与する可能性を示さねばならない。それゆえ，大統領と議員（およびその志望者たち）の間には，役職と政策理想点をめぐるゲームが成立していると考えられる。

　大統領は数の上で限界がある役職を配分することで，政策理想点を大統領に合わせる（すなわち忠誠心を示す）議員を議会の過半数以上にしようとする。他方，議員は政策理想点での譲歩を極力少なくし，かつ役職を確保しようとするであろう。

　以上を勘案すると，大統領と与党議員はそれぞれ次のような戦略を持つことになる。大統領の戦略は，議員に役職を与えるか，与えないかである。役職は，国会議員選挙においては公認そのものとなり，それ以外の場合においては様々なケースが考えられる。ただし，後者においても議員は再選との関係において役職の価値を考慮すると仮定する。先述したように議員の社会的昇進には様々なルートがあるが，そこで配分される役職は再選可能性の強化に貢献するものであるので，再選との関係において捉えることで問題は生じない。

　他方，議員の戦略は，大統領の目標との関係から以下の三つである[7]。すなわち，忠誠（Loyality，つまり政策理想点を合わせる），発言（Voice，つまり政策理想点を合わせない），離脱（Exit，つまり政党から離脱する）である。議員は，これらの戦略が良き公共政策の実現と再選という目標に対し総合的にどう貢献するかで戦略を決定する。これらの戦略のうち，大統領にとって好ましい順位は，忠誠，発言，離脱である。すなわち，大統領はまず議会の過半数支配を目指し，次に与党内統制を目指す。

　焦点は，大統領と明らかに異なる理想点を持つ議員集団（非大統領派）にどう対処するかである。非大統領派が重要なのは，それに加わる議員がある程度の規模を有し結束を保つからである。もし非大統領派国会議員の結束がない場合，大統領は個別に議員を説得して与党内統制を達成することが可能になる。ある程度の規模がない場合，すなわち非大統領派を除いても国会の過半数を支配できる場合，彼らの意向は無視しても構わない。しかし結束が強く，一定の規模を有する場合，彼らは拒否権を有することになり大統領は譲歩せざるを得なくなる。譲歩の内容は，非大統領派へのポストの配分であ

り，あるいは彼らとの政策的妥協である。

　我々は，大統領と非大統領派との交渉に，選挙サイクルが影響していると考える（図1を参照）。既に指摘したように，韓国では大統領は5年任期で，国会議員は4年任期であるので，20年周期で2つの選挙間隔に変動が生じる。両者の間隔は，最短で4ヶ月であり，その次に最長の4年4ヶ月となった後，3年4ヶ月，2年4ヶ月，1年4ヶ月と規則的に縮まる。このような間隔の違いは，以下のように大統領の影響力資源に影響を与えると考えられる。第1に，ハネムーン効果とその衰退である。シュガート（Shugart, 1995）が明らかにしたように，総選挙は大統領選挙との間隔が近いほど大統領与党に有利に働くハネムーン効果が発生する。すなわち，大統領選挙から時間が立てば立つほど，大統領の人気の衰えなどから総選挙で大統領与党は勝ちにくくなり，分割政府が発生しやすくなる。この類推から，大統領与党内でも，大統領選挙から遠ざかれば遠ざかるほど，非大統領派は大統領に対し交渉上優位に立てると考えられる。また，選挙間隔が大きいほど，非大統領派は，彼らにとって最大の役職である議員ポストを剥奪される危険が減るので，大統領選挙直後でも強い立場で大統領と交渉できると考えられる。第2に，役職の価値である。国会議員にとって，長官などの役職は再選に貢献するので価

図1　政権ごとの選挙の時期

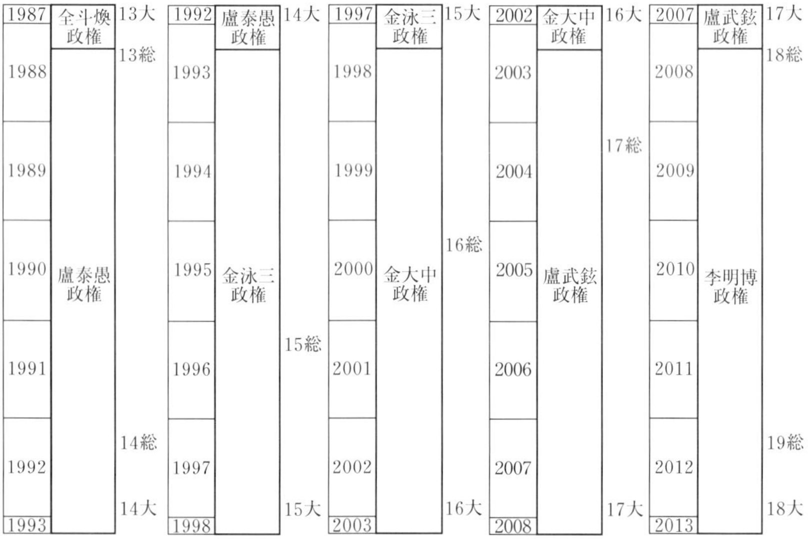

1987	全斗煥政権	13大	1992	盧泰愚政権	14大	1997	金泳三政権	15大	2002	金大中政権	16大	2007	盧武鉉政権	17大
1988		13総	1993			1998			2003			2008		18総
1989			1994			1999			2004		17総	2009		
1990	盧泰愚政権		1995	金泳三政権		2000	金大中政権	16総	2005	盧武鉉政権		2010	李明博政権	
1991			1996		15総	2001			2006			2011		
1992		14総	1997			2002			2007			2012		19総
1993		14大	1998		15大	2003		16大	2008		17大	2013		18大

13大は第13代大統領選挙，18総は第18代総選挙を表す　　（出所）筆者作成。

値があるが，それは，時間の経過とともに減少する。それゆえ，国会議員選挙まで時間があればあるほど，役職の価値は低くなる。以上により，大統領は大統領選挙と国会議員選挙の間隔が短いとき，非大統領派に対し強い交渉力を持ち，また非大統領派の結束は弱まる。しかし，間隔が大きいとき，交渉力は弱くなり，非大統領派への妥協を余儀なくされることになる（浅羽，2010：Asada, Onishi and Tatebayashi, 2010）。

このモデルをそれぞれの段階に当てはめると次のように説明できる。第1に，政権継承段階において，次期総選挙までの期間が短いとき，非大統領派は結束せず，大統領は非大統領派にポストを割り振る必要がない。他方，次期総選挙までの期間が十分にある場合，非大統領派は結束するため，大統領はポストを割り振ることになる。

第2に，総選挙における公認付与段階では，役職とは公認そのものである。また大統領にとっては，総選挙に勝つことが重要であるため，誰に公認を付与するかは，公認作業後に非大統領派がどのように行動するかに注目して決定されることになる。また，公認を付与されなかったからといって，非大統領派が全く当選できないわけではない。非大統領派が党を割って行動した場合，有権者の認知構造が変わり非大統領派が有意な議席数を占める可能性がある。

これより，表1のようなモデルが考えられる。議論を単純化するため，非大統領派は二人の議員で構成されるとしよう。まず，大統領は議員1に公認を与え，議員2に公認を与えない。公認を得た議員が当選する確率をpとし，無所属で当選する確率をp'，非大統領派が結束して党を割って当選する確率をp''とする。議員2には裏切りが支配戦略である。他方，議員1はp>p''の時大統領に忠誠を誓い，p<p''の時大統領を裏切って非大統領派としての結束を保つ。しかし，議員の地域への貢献が重視されるなど選挙区での投票行動が全国的な動向に影響されない，いわゆる地域化（localizing）効果（Shugart, 1995）が働かない限り，確率の順序は前者であり，非大統領派は結束を保てないはずである。

以上のモデルにより，我々は李明博の政府形成について次のような仮説を導くことができる。李明博は政府形成にあたって次期国会議員選挙までの期間の短さを考慮する必要があった。

表1

		P2	
		大統領への忠誠	大統領への裏切り
P1	大統領への忠誠	(p, 0)	(p, p')
	大統領への裏切り	(p', 0)	(p'', p'')

その結果，政権継承にあたっては自派のみで構成し，公認プロセスでは自派中心で公認を進めても非大統領派である親朴勢力が結束する可能性が低く，抵抗勢力とはなりにくいと考えられた。それゆえ，李明博は非妥協的な政府形成を行ったのである。この仮説は，李明博政権とは反対に，選挙までの期間が長かった金泳三政権でのプロセスと照らし合わせることでより明瞭に浮かび上がらせることができるであろう。

4. 政権継承

本節では，2007年12月より翌年2月まで行われた李明博大統領当選人による政権継承プロセスを分析する。本稿の仮説によると，次期総選挙が間近に迫った本稿のケースでは，大統領の提供する役職，この場合は引き受け委員会のポストの価値が重要になるため，非大統領派は結束しえず，ゆえに李明博は彼らにポストを提供しない。そのため，引き受け作業は大統領支持派である親李派のみで行われることになる。ただし，以上の含意は他の要因，例えば大統領の個性などによって説明される可能性がある。そこで，他のケース，とりわけ金泳三政権と比較しながら，本稿のモデルの妥当性を検証する。金泳三では政権継承作業時，次期選挙までの間隔が歴代政権で最も大きかったため，継承作業には非大統領派を無視できなかったはずで，李明博政権とは正反対の結果が予想される。

仮説を検証するにあたり，本節ではもう一つ検討すべき要素がある。それは，継承作業が個人ではなく組織で行われるということである。すなわち，仮説は政権継承作業の特徴から組織形態への翻訳が必要である。もう少し説明しよう。現職大統領から次期大統領への権力継承は，調和の難しい二つの局面を有する（朴，2002，1；咸，2003，238-252）。次期大統領は，選挙公約を掲げて大統領選挙を戦い，多数の有権者の支持を得ることによって大統領に当選する。それゆえ，次期大統領は大統領就任にあたって新たに自分が受けた民意を体現した政策を打ち出す必要がある。次期大統領の公約が前政権と同じでない限り，次期大統領は前政権とは異なる新しさを強調する「引き受け」が重要である。他方，次期大統領はそれまで大統領職になかったため，行政活動を行うためのノウハウを知らず，円滑な政権運営を行うために前政権までに培われてきた知恵と経験を吸収する必要がある。つまり，次期大統領の政権交代に当たってのもう一つの課題は政権の「引き継ぎ」である。

大統領制における理想的な政権交代は，引き受けと引き継ぎの両面がうまく調和することであるが，現実的にはロシアにおけるプーチンからメドヴェ

ージェフ大統領への交代のように，前政権の継承を全面的に打ち出すパターンを除いてなかなか困難である。前政権は自分たちの政策を次期政権に引き継いでもらいたいと当然考えるし，しかも行政活動を行うためのノウハウと政策とは截然と分けられるものではない。安定的な政権交代を行うためには「引き継ぎ」の要素が重要になるが，これを強調すると，新政権が打ち出すべき新しい政策が明確にできない。つまり，「引き受け」の側面が弱くなるのである。逆に，「引き受け」の側面を強調すると，「引き継ぎ」の要素が弱まり，安定的な政権交代が困難になる。

　調和が困難な政権継承の過程を円滑に行うために，韓国では米国の制度に倣って，政権移行期に「大統領職引き受け委員会」を設けており，これが政権継承の基本となるはずである。しかし，継承のスタイルは大統領によって異なる。引き受け委員会に一元的に引き継ぎ・引き受けの過程を管理するパターンもあれば，これ以外に様々な機関を設けて継承を図る大統領も存在する（朴，2002，ch. 2）。

　政権継承に係わるのは，次期大統領だけではない。むしろ，次期大統領は次期大統領になったことで発生する外交使節との面会などの公式行事で多くの関心と時間をとられ，継承過程に細かく関与できないのが通常である。それゆえ，継承には多くの場合，与党政治家や与党政治家候補者が重要な役割を果たす[8]。彼らは，次期大統領の代理人として現政権から政権を引き継ぐと同時に，引き受けのために，大統領が選挙公約で打ち出した政策を政権運営方針に織り込んでいく。しかし，彼らは単なる代理人ではない。彼らもまた政治家としての野心を持ち，引き受け委員会のメンバーとなった場合はその業績をアピールすることで，総選挙への立候補や大統領府への登用などの社会的昇進を果たすというインセンティブを持つと考えられる。彼らが欲するポストは限られているので，競争は激しいものとなることが予想される。

　こうした与党政治家の仕事は，引き受け組織の形態によって大きく影響を受けると考えられる。これまでも言及してきたように，引き受け組織の中心となるのは引き受け委員会であるが，引き受け委員会への集権化の度合いには差異が生じうる。引き受け委員会はアド・ホックな組織で，政権移行期が終了すると同時に解散する。次期大統領は，政権継承のすべての業務を引き受け委員会に行わせるべきであるということではなく，大統領の私的な組織や，党組織，引き受けのためのその他の公的組織など様々な機関に担わせることができる（柳，2006，76-84）。それゆえ，引き受け組織を引き受け委員会に委ねる集権化の程度には差が生じる。集権化の度合いが低い場合を多元

的引き受けとし，高い場合を集権的引き受けとしよう。

それでは次期大統領はなぜ引き受け組織を集権的にしたり，分権的にしたりするのか。本稿のモデルに従って検討しよう。与党内に非大統領派を抱える次期大統領は，非大統領派が結束を維持している場合，非大統領派に対しポストを提供し，政策的に歩み寄る必要がある。しかし，次期大統領としては可能な限り自己の政策理想点から離れない政策を展開できる体制を作りたいと考えるであろう。ここで，引き受け組織を集権的にした場合，その引き受け組織に非大統領派が加わるかどうかがその後の政治情勢に大きく影響することが容易に想像される。非大統領派が加わる場合，引き受け組織内に政策をめぐって大統領支持派と非大統領派の党内抗争が引き継がれ，次期大統領は円滑な政権継承ができなくなる。非大統領派は次期大統領に忠誠を尽くす必要はない。自派が離脱するという脅しをかけることでポストを獲得し，社会的昇進を遂げることができる。他方，非大統領派を排除した場合，次期大統領は選挙公約を政権運営に盛り込むという意味で「引き受け」実現がより容易になる。しかし，排除された非大統領派は反発し，政権からの離脱を含めた選択肢を考慮することになるであろう。それゆえ，次期大統領は非大統領派との共存を図るため，集権的な引き受けはせず，多元的な引き受けによりリスクを分散させるであろう。他方，総選挙が近いという理由でポストの価値が高い場合，非大統領派の行動を考慮からはずして行動する自由を得た次期大統領は，引き受け組織を集権化し，その構成を自派で固めることにより「引き受け」を実現するであろう。

以上をまとめると，次期大統領は，政権継承期から総選挙までの期間が短ければ，引き受け組織を集権化するが，その期間が長ければ，多元化すると考えられる。

次に，観察された現象がモデルに対応しているかどうか検討してみよう。李明博政権は継承組織を引き受け委員会に一本化した。他の引き受け組織として考えられ得るのは大統領当選者秘書室であるが，秘書室のメンバーは親李派の若手政治家と側近グループで構成されており（朝鮮日報，2007.12.31），引き受け委員会と同質的で緊密な協力がなされた。引き受け委員会には大学教員など非政治家も参加したが，新しい与党政治家たちも参加した。しかし彼らはいずれも李明博と親しく，与党政治家はもちろんのこと，非政治家も国会議員，大統領府など政界進出の道を目指すものが少なくなかった（表2を参照）。引き受け委員会でのプロセスでは盧武鉉政権との断絶を強調し，選挙公約を新しい政権運営に盛り込むことに腐心した。李明博政権における

表2　第17代引き受け委員会の構成

分科委員会	幹事	委員
	委員長；李慶淑（親李，院外） 副委員長；金炯昑（親李，議員） 代弁人；李東官（親李，院外）	行政室長；白成雲（親李，院外）
企画調整	孟亨奎（議員）	朴亨埈（親李，議員），郭承俊（親李，院外）
政務	陳壽姬（親李，議員）	南柱洪（親李，院外）
外交統一安保	朴振（親李，議員）	玄仁澤（親李，院外），洪ドゥスン（親李，院外）
法務行政	鄭東基（院外）	李達坤（親李，院外）
経済1	姜萬洙（親李，院外）	白ヨンホ（親李，院外），李チャンヨン（院外）
経済2	崔炅煥（親李，議員）	洪文杓（議員），崔ジェドク（院外）
社会教育文化	李周浩（親李，議員）	金大植（親李，院外），李ボンファ（親李，院外）
国民成功政策提案センター		李サンモク（院外）
国家競争力強化特別委員会	委員長；司空壹（親李，院外）， David Eldon（院外） 副委員長；金炯昑，尹鎮植	尹ジンシク（投資誘致，親李，院外）， 朴宰完（政府革新／規制改革，親李，議員），ホジュンス（気候変動／エネルギー対策，院外）， 張ソクヒョ（大運河，新李，院外），康ヒョンウク（セマングム，親李，院外），ミンドンピル（科学ビジネスベルト，親李，院外）

注）朝鮮日報，2007.12.27。親李派であるかどうかは以下の文献を参考にした。中央日報政治部，2008；週刊東亜，2008.1.1。

引き受け組織は集権的であった。

　他方，金泳三政権では，継承にあたって引き受け委員会と党組織，私的組織が活動した。すなわち，公式の引き受け委員会と，民主自由党政策委員会，東崇洞チームである（柳，2004，57）。大統領引き受け委員会は金泳三が民主勢力の勝利，民主化の完成を国民に印象づけ，同じ政党である盧泰愚大統領からの政権引き継ぎではなく引き受けであることを示す必要から，盧泰愚に強く働きかけて設置された（柳，2004，58）。しかし，その構成メンバーには李明博とは異なり彼の側近はほとんど入らなかった（表3を参照）。引き受け委員は全員政治家で構成されたが，その多くは2－4選の重鎮クラスで，地域的配分を重視した（柳，2004，59）。彼の側近で入ったのは，行政室長として党官僚出身の金ムソンのみであった（柳，2004，60）。

　実際に，金泳三は引き受け委員会に多くを期待しなかった。委員会に対し，金泳三は委員長を通じて指示する程度で，自らが出席することはなかった。公約・政策の検討は党政策委員会に委ねられていたため委員会の所管するところではなかった。人事問題も扱わず，当面の懸案を担当するも，党政策委員会と緊密な協議が必要とされた（柳，2004，130）。

　金泳三が設置には熱意を持って取り組んだものの，引き受け委員会が継承作業で主要な役割を果たさなかったのは，党代表の金鍾泌と政策委員会が，引き受け委員会が突出した役割を担うことを嫌い，牽制したためである。金

表3 第14代引き受け委員会の構成

分科委員会	幹事	委員	担当政府部処
統一/外交/安保	朴寛用（釜山）	鄭元植（委員長，前国務総理，選対委員長，以北），李桓儀（光州）	統一院，外務部，国防部，安企部
政務	崔秉烈（全国区）	李海龜（京畿），崔チャンユン（以北，総裁秘書室長）	青瓦台，総理室，内務部，法務部，総務処，公報処，政務1，政務2，法制処
経済1	李敏燮（江原）	張永喆（慶北），柳ギョンヒョン（全南）	経済企画院，財務部，商工部，動資部
経済2	梁昶植（全北）	徐廷和（仁川），辛卿植（忠北）	農林水産部，建設部，労働部，交通遞信部，科学技術処
社会/文化	南ジェヒ（ソウル，院外）	金漢圭（大邱），李在奐（大田）	教育部，文化部，体育青年部，보사부，環境処，国家報勲処

柳，2004，88，59，鄭，2006，122より筆者作成

　鍾泌は，与党民主自由党内において金泳三から独立した権力基盤を有しており，その牽制は大統領当選者とその側近への権力集中を抑制しようというものであった。こうした党内事情に配慮して，金泳三は自身のリーダーシップを発揮するための政権準備作業を止めてしまっていた。金泳三は，当選後新韓国委員会と不正防止委員会，中央人事委員会を構想した。新韓国委員会は，大学教授を中心とした大統領のシンクタンクで（柳，2004，78），第5共和国の国家保衛非常対策委員会のような役割を考えていたが，「新しい実勢集団が誕生することで発生する副作用を憂慮した」ため結局設置せずその役割を党に委ねた（朝鮮日報，1993.1.4政治部記者座談）。不正防止委員会，中央人事委員会は，前者は政府組織の浄化を，後者は政府に対する人事権のより明確な把握を目指すものであった。しかし，屋上屋との批判を受けて，前者は監査院下部機構に縮小し，後者は設置されなかった。つまり，金泳三政権における引き受け組織は多元的であった。このように，両政権を比較する限り，予想通りの結果が得られる。
　しかし，この違いは両大統領の個性や，両政権を取り巻く選挙以外の要因が作用したかもしれない。例えば，両政権の顕著な違いとして考えられるのは，大統領与党が前後で交代する，文字通りの政権交代か，あるいは同一政党内での政権交代かである。李明博は文字通りの政権交代なので集権的な対応をする必要があるのに対し，金泳三はそうでないので分権的な継承でよかったということもできるであろう。そこで，他の政権を検討して仮説の妥当性を示そう。
　文字通りの政権交替が行われたのは金大中政権である。同政権は，継承にあたり引き受け委員会の他に労使政委員会など様々な公的組織を設けた。経

済政策の重要な部分が労使政委員会で決まるなど，引き受けの要素は引き受け委員会以外の組織が担当することが多かった。金大中政権が当初金鍾泌の政党である自民連との連合政権として出発したこともあり，引き受け委員会は金大中の国民会議と自民連が双方ほぼ同数の委員を出して構成したが，それがゆえに引き受け委員会に政策に関する重要な役割を任せにくかった。つまり，金大中政権における引き受け組織は多元的であった。

他方，同一政党内での交代である盧武鉉政権は，継承組織を基本的に引き受け委員会に一本化した。引き受け委員会は行政各部局からヒアリングを通じて業務を掌握すると同時に，盧武鉉の選挙公約そのものを見直し，金大中政権との断絶を強調する政権課題をまとめていったのである。ここに参加したメンバーはほぼ全員政治家ではなく大学教員などであり，しかも彼らは政権移行期終了後大統領府などに勤務して政権中枢を担うことになる。盧武鉉政権における引き受け組織は集権的であった。

以上見てきたように，引き受け委員会の形態と引き継ぎと引き受けの関係には，事例が少ないので統計的に意味を持つとはいえないが，明白な関連性を見いだすことができる。金泳三，金大中政権よりも盧武鉉，李明博政権の方が引き受け組織は集権的であった。この類似性と違いを説明可能にする要因は，総選挙の近さのみである。金泳三，金大中は相対的に大統領選挙から総選挙までの間隔が広く，盧武鉉，李明博政権は逆であったのである。

5. 総選挙

次に，2008年4月9日に実施された第18代総選挙における与党ハンナラ党の公認過程を分析する。本稿で提示したモデルによると，大統領選挙の直後に実施される総選挙では，大統領の提供するポスト，すなわち与党の公認というラベルが有権者の認知構造と議員の再選可能性にとって重要であるため，公認を得た非大統領派議員は公認を得られなかった自派議員と結束することはない。そのことを見込んで，大統領はポスト配分を選択的に活用し，非大統領派議員の全てを排除するのではなくその一部をむしろ進んで包摂し公認することで，非大統領派が結束して自らに挑戦する可能性を事前に遮断し，与党の過半数議席獲得と大統領の与党統制の両方を同時に実現しようとするはずである。

ここで重要なのは，与党の公認というラベルが有権者の認知構造と議員の再選可能性において有する意味は，他の条件が同じであれば，大統領選挙と総選挙の選挙間隔という時間変数によって左右されるということである。一

一般に，大統領選挙と総選挙が同時に実施される場合，統合政府が生じやすい。与党の公認というラベルは総選挙において議員にとってそれだけ重要である。逆に，非同時選挙の場合，総選挙は大統領与党に対する中間評価の性格を帯び，分割政府が生じやすい。与党の公認というラベルは総選挙において議員にとって再選可能性を必ずしも高めないということである。先述したとおり，韓国では，大統領選挙と総選挙は非同時選挙で両選挙の間隔は1年ずつ近づいてくるのが特徴的である。第18代総選挙は第17代大統領選挙の4ヶ月後に行われたが，総選挙と大統領選挙の間隔がここまで近づいたのは20年ぶりである。同時選挙ではないもののハネムーン選挙に相当し，与党の公認を得られるかどうかは他の総選挙と比べて議員にとってそれだけ重要で，公認をあえて放棄する理由はまずなかった。

　もう一つ重要なのは，与党の公認というラベルが有権者の認知構造と議員の再選可能性において有する意味は，他の条件が同じであれば，公認過程が終了する時点と総選挙までの間隔という別の時間変数によっても左右されるということである。公認を得られなかった議員には，その結果を受け入れ引退に応じるか，それとも離党して新たに政党を結成したり無所属で立候補するという二つのオプションがある。一般に，新生政党の公認や無所属というラベルは有権者に認知されておらず，既存政党，特に与党と比べると，議員の再選可能性を低下させるが，総選挙まで十分な時間があれば，有権者の認知構造を変化させることが可能である。それゆえ，公認を得られなかった議員が粛々と引退するか別のオプションをとるかは公認過程がどの時点で終了するのかに左右される。大統領としては，公認で排除した議員を確実に引退に追い込むためには，できるだけ総選挙の直前まで公認過程を引き伸ばすのが得策となる。

　与党の公認権は従来，党総裁を兼任する大統領が完全に掌握していたが，盧武鉉大統領以来，大統領は党総裁を兼任しておらず，公認権も公式に掌握しているわけではない。ハンナラ党の場合，公認審査委員会という党内外の少数のメンバーが参加する組織が設置され，地域区と比例区の両方に対して，文字通り，公認審査を担当した。委員長には党外の元ソウル地検長が任命され，残る10名の委員は党外から5名の専門家，党内から5名の現職議員によって構成された。公認審査委員会の構成自体が大統領派（以下，親李派）と親朴派の間で対立の焦点になったが，結局，親李派5名，親朴派2名，中立派4名という比率になった[9]。李明博大統領は親李派という代理人を通じて影響力を行使し自らの意向を反映させることが可能であったが，親朴派は完

全に排除されていたわけではなく，まして，かつてのように自ら公認権を掌握していたわけでもない。同時に，かといって，親朴派に必要以上に譲歩したわけでもない。数の上では親李派は親朴派を上回っていて，主導権を掌握していた。大統領にとって，中立派だけでなく親朴派の一部を包摂することで公認審査の公正性が担保されていると主張できるだけでなく，親朴派の結束を不可能にしつつ，与党を自らに都合よく再編していく契機を確実にした。親朴派を完全に排除した場合，公認審査の公正性に疑義が呈されるだけでなく，入り口で排除されたとみなせば，親朴派全体が結束し早々と離党するなどして大統領を揺さぶる可能性はなかったとは言えない。

　出口にあたる公認審査委員会による公認審査の結果も全く同様であった。公認を得た候補者の顔ぶれとその比率が親李派と親朴派の間で対立の焦点になったが，両派とも大物現職議員が脱落し相打ちの様相を呈しつつも，結局，比率では，親李派が圧倒的な中，朴槿恵自身も含めて親朴派の一部も公認された。ある報道では，地域区245名のうち，親李派157名，親朴派44名，中立派44名と分類されている[10]。分類の仕方によって具体的な数値に多少差は生じるが，こうした評価自体では一致している。公認過程において「見えざる手の介入」があったのかどうかについては断定的なことは分からないが，少なくとも結果的には，李明博大統領にとって最善であったと言える。公認審査委員会の構成に引き続いて公認審査そのものにおいても，親朴派の一部を包摂することで公認審査の公正性がそれなりには担保されたと主張できるだけでなく，総選挙後を睨んで，与党を自派中心に確実に再編することにも成功した。

　さらに，公認過程は3月半ばまで遅れたため，公認を得られなかった議員には，公認の結果に抵抗しようとする場合，ほとんど時間が残されていなかった。仮に，離党して無所属あるいは新たに政党を結成して立候補したとしても，再選可能性はほとんど見込めず，有意な競争相手にならないと考えられていた。

　それでも，公認を得られなかった議員にとっては，とにかく立候補しないことには再選することはできないため，再選を望むのであれば，当選可能性はともかく，ハンナラ党を離党して無所属あるいは新たに政党を結成して立候補するしかない（$0<p'$, $0<p''$ゆえ，立候補は支配戦略）。事実，公認を得られなかった親朴派は立候補せず引退を受け入れることよりもハンナラ党から離党してでも立候補することを選択した。そのうちの一部は「親朴連帯」という新しい政党を結成してその公認で立候補し，また別の一部は無所属は無

所属であるものの,「親朴無所属連帯」という共通のラベルを自称した。

他方,公認を得た親朴派であるが,公認を得られなかった自派議員に同調して親朴連帯に加わったものは1名もおらず,親朴派としての結束よりもあくまでもハンナラ党の公認で自らの再選を目指すことを優先した。

このように,公認過程において,親朴派の全てを排除するのではなくその一部をむしろ進んで包摂し公認することで,親朴派が結束して自らに挑戦する可能性を事前に遮断し,与党の過半数議席獲得と与党統制の両方を同時に実現しようとした大統領の意向は貫徹された。つまり,親朴派の残存は,公認権を公式には掌握していない「見えない手の介入」には限界があり,与党を自派中心に純化しきれなかった結果としての夾雑物ではなく,むしろ大統領の意図に完全に合致していたというわけである。

6. おわりに

本稿で実証したように,李明博大統領による政府形成が自派中心で非大統領派を排除した非妥協的なものになったのは,大統領選挙,政権継承,大統領就任,そして総選挙がこの順で非常に接近していたためである。政権継承においては,総選挙までの間隔が短く,李明博大統領は自派中心に政権引き受け委員会を構成した。総選挙における与党の公認過程においては,大統領選挙からの間隔が短く,非大統領派の一部をあえて進んで包摂し公認を与えることで,非大統領派を分断させつつ与党を自派中心に再編した。いずれにおいても,非大統領派に対して役職や公認といった資源を選択的に配分することで,非大統領派が結束して自らに挑戦する可能性を遮断し,国会の過半数と統制された与党に担保された自前の政府を形成しようとしたのである。その際,役職や公認といった大統領が与党政治家に対して配分する資源の魅力は選挙同士の間隔次第で異なり,それに応じて大統領が与党政治家を統制しうる幅も異なってくるという点に本稿は着目した。間隔が短いと,大統領から提示されるかもしれない役職を前に非大統領派は結束できないため大統領はそもそも非大統領派に役職を配分する必要がなく,大統領から役職(公認)を得た非大統領派はそれを捨ててでも非大統領派としての結束を優先させることもない。こうして,李明博大統領は見事に親朴派の結束を不可能にしつつ,親李派中心へと与党を再編させることに成功した。

ただ,李明博大統領にとって完全に誤算だったのは,新生政党や無所属で立候補した親朴派の強さであった。第18代総選挙の結果,与党ハンナラ党は153議席を獲得し過半数(150)をわずかに上回ったものの,この「与大野小(統

合政府)」は到底安定的なものではなかった。他方，親朴連帯や親朴無所属連帯という党外に出た親朴派は合わせて30議席ほどを獲得した。結成から間もない新生政党や無所属でも有権者にしっかりと認知され，議員の再選要求に合致したというわけである。さらに，党内で公認を得た親朴派も30議席ほど獲得した。つまり，李明博大統領の与党は国会で過半数を獲得したものの，党の内外にまたがる相当規模の非大統領派を抱えることになった。

　ここで検討すべきなのは，親朴派の一括復党という事例である。総選挙後まもなくして，党外の親朴派は一斉に復党することになった。一般に，大統領は国会の過半数を確保できないか，その維持に困難を感じる場合，政策理想点の比較的近い議員を与党に入党させて過半数の維持を可能にするよう努力する。大統領にとって望ましいのは一本釣りである。大統領に忠誠を誓わせて入党させるのが政策的な妥協を迫られないのでよいからである。次は非大統領派の集団入党である。政策的な妥協が必要であり，役職を配分する必要があるが，国会の過半数を確保できる。親朴派の一括復党は後者の事例である。この点についても，本稿のモデルは説明力を発揮する。次期総選挙までの期間が極めて長く，非大統領派が結束するので，大統領はポストを割り振り，集団入党を認めざるを得なかったのである。ハンナラ党に戻った親朴派は党内で3分の1という勢力を誇り，大統領にとって明らかに「与党内野党」と言われる拒否権プレーヤーであるが，自らに挑戦する蓋然性が高く，かつ，その脅威の信頼性が高いため，党内に包摂し，一定の譲歩をせざるをえない。このように，本稿で提示したモデルは，当初措定していた政権継承や総選挙といった段階だけでなく，親朴派の一括復党というその後の事例についても説明する力を有する。

　憲法上の規定により現職大統領が再選立候補することのない次期大統領選挙に向けて，現時点では最も有力な与党候補をリーダーに持つ親朴派を主軸とした次の「大統領の誕生」はすでに始まっている。そのとき，今回とは異なるかたちで，総選挙（2012年4月）の8ヶ月後に大統領選挙（2012年12月）が行われるという選挙の間隔が現職大統領，与党有力者，そして議員の間の政党政治を規定することになるだろう。

（1）　本研究は大西が研究代表者となり浅羽と春木が共同研究者として参加して2007年度に遂行した「大統領の誕生：第17代大統領選挙に関する総合的研究（韓国学中央研究院海外韓国学支援事業研究支援2007-R-13)」の成果の一部である。

（2） 著者名はあいうえお順に従ったにすぎず，オーサーシップは同等である。
（3） その他に，Henderson (1968)；金（1993, 98）；慎（1999, 37）など。近年においても Ahn (2003, 132)；崔（2003, 70）のような指摘がある。
（4） ただし，この結果，リーダーシップ研究は分析というより記述に陥ることが多い。
（5） 例えば，Campbell (1983)；咸（2003, 第3章）。
（6） Linz (1978;1990); Linz and Valenzuela eds (1994) など参照。なお，Shugart 等は不安定性についてやや異なる見解を示しており，Lijphart によると根本的には代表制のあり方の問題であって大統領制か議院内閣制かの問題ではない可能性もあるが，ここでは立ち入らない。Shugart and Carey (1992); Shugart and Mainwaring (1997); Lijphart (1999).
（7） 与党議員の戦略は，Hirschman（1970）のモデルを援用した。非大統領派の行動は，基本的に組織が提供する公共財の性格が構成員の選好と距離があるときに構成員がいかなる戦略で対応するかと同質の問題と見なして構わない。
（8） 与党との協力に失敗すると，政権運営に支障をきたすことになる。
（9） 『ハンギョレ』(http://www.hani.co.kr/arti/politics/politics_general/265489.html)（最終アクセス：2008年8月24日）
（10） 『朝鮮日報』(http://news.chosun.com/site/data/html_dir/2008/03/18/2008031800070.html)（最終アクセス：2008年8月24日）

参考文献
浅羽祐樹，2009．「韓国における政党システムの変容：地域主義に基づく穏健多党制から2大政党制・全国政党化へ」（『山口県立大学学術情報（国際文化学部紀要）』第2号，pp. 16 - 29）
浅羽祐樹，2010．「韓国における大統領制―強い大統領と弱い政府の間―」（粕谷裕子編著『アジアにおける大統領の比較政治学―憲法構造と政党政治からのアプローチ―』ミネルヴァ書房，pp. 39 - 59）
大西裕，2004．「韓国－地域主義とそのゆくえ」（梅津実ほか『新版　比較・選挙政治― 21世紀初頭における先進6カ国の選挙―』ミネルヴァ書房，pp. 173 - 220）
金浩鎮，1993．『韓国政治の研究』三一書房（李健雨訳）
慎斗範，1999．『韓国政治の50年－その奇跡と今後の課題－』ブレーン出版

Ahn, Byong-Man, 2003. *Elites and Political Power in South Korea*, E. Elgar.
Aldrich, John H., 1995. *Why Parties?*, University of Chicago Press.
Asaba, Yuki, Onishi Yutaka, and Tatebayashi, Masahiko, 2010. "Loser's Disscontent in Korean Presidential Primary: Separation of Powers, Electoral Cycles, and Party Organization," Senkyo Kenkyu (*Japanese Journal of Electoral Studies*), 26-1, pp. 53-

66.
Barber, James D., 1977. "Comment: Qualls's Nonsensical Analysis of Nonexistent Works," *American Political Science Review*, 71, pp. 212-225.

Barber, James D., 1992. *The Presidential Character: Predicting Performance in the White House*, 4th ed., Englewood Cliffs, Prentice-Hall.

Campbell, Colin, 1983. *Governments Under Stress: Political Executives and Key Bureaucrats in Washington, London, and Ottawa*, University of Toronto Press.

Campbell, Colin, 1986. *Managing the Presidency: Carter, Reagan, and the Search for Exective Harmony*, University of Pittsburgh Press.

Cheibub, Jose Antonio, 2007. *Presidentialism, Parliamentarism, and Democracy*, Cambridge, University Press.

Henderson, Gregory, 1968. *KOREA: The Politics of Vortex*, Harvard University Press.

Hirschman, Albert O., 1970. *Exit, Voice, and Loyalty: Responses to Decline I Firms, Organizations, and States*, Harvard University Press.

Laver, Michael and Kenneth A. Shepsle, 1996. *Making and Breaking Governments: Cabinets and Legislatures in Parliamentary Democracies*, Cambridge University Press.

Lijphart, Arend, 1999. *Patterns of Democracy: Government Forms and Performance in 37 Countries*, Yale University Presss.

Linz, Juan J. 1978. *The Breakdown of Democratic Regimes: Crisis, Breakdown, and Reequilibration*, Johns Hopkins University Press.

Linz, Juan J., 1990. 'The Perils of Presidentialism,' *Journal of Democracy1*(1).

Linz, Juan J. and Arturo Valenzuela 1994. eds., *The Failure of Presidential Democracy: The Case of Latin America*, Johns Hopkins University Press.

Neustadt, Richard E., 1990. *Presidential Power and Modern Presidents: The Politics of Leadership from Roosevelt to Reagan*, 4th ed., Free Press.

Pfiffner, James, 1988. *The Strategic Presidency: Hitting the Ground Running*, Dorsey Press.

Fenno, Jr. Richard, 1974. *Congressmen in Committees*, Little, Brown.

Shofield, Norma and Itai Sened, 2006. *Multiparty Democracy: Elections and Legislative Politics*, Cambridge University Press.

Shugart, Matthew Soberg, 1995. "The Electoral Cycle and Institutional Sources of Divided Presidential Government," *The American Political Science Review*, 89.2.

Shugart, Matthew Soberg and John M. Carey, 1992. *Presidents and Assemblies: Constitutional Design and Electoral Dynamics*, Cambridge University Press.

Shugart, Matthew Soberg and Scott Mainwaring, 1997. "Presidentialism and Democracy in Latin America: Rethinking the Terms of the Debate," in Scott Mainwaring and Matthew Soberg Shugart eds., *Presidentialism and Democracy in Latin America*, Cambridge University Press.

Sinclair, Barbara, 1985. "Agenda Control and Policy Success," *Legislative Studies*

Quarterly 10, pp. 291-314.

류재택（柳栽澤），2004.『대통령직 인수（大統領職の引受）』법문사（法文社）
박재완（朴宰完），2002.『대통령직 인수/인계의 제도화에 관한 연구（大統領職の引受／引継の制度化に関する研究）』한국행정연구원（韓国行政研究院）
안병만（安秉萬），1998. "역대통치자의 리더십 연구（歴代統治者のリーダーシップ研究），" 한국행정학회세미나.（韓国行政学会セミナー）
"이명박 시대 150인의 파워엘리트（李明博時代150人のパワーエリート）" 『주간동아（週刊東亜）』2008. 1. 1
정윤재（鄭ユンジェ），2006.『한국의 정치엘리트 충원에 관한 연구-대통령직인수위원회를 중심으로（韓国の政治エリート・リクルートメントに関する研究：大統領職引受委員会を中心に）』，경기대학교 정치전문대학원 박사학위논문（京畿大学校政治専門大学院博士学位論文）
중앙일로 정치부（中央日報政治部），2008.『이명박 핵심 인맥 핵심 브레인1, 2（李明博の核心人脈・核心ブレーン1, 2)』, 중앙북스（中央ブックス）
최진（崔進），2003.『대통령 리더십（大統領リーダーシップ）』나남출판（ナナム出版）
함성득（咸成得），2003.『대통령학 제2판（大統領学第2版）』나남출판（ナナム出版）

■特集　選挙サイクルと政権交代　4

地方における政党政治と二元代表制

－地方政治レベルの自民党「分裂」の分析から

砂原庸介

> 要旨：本稿は，地方政治における自民党の「分裂」という現象に注目し，その要因を分析する。自民党の「分裂」は，中央とのリンクを重視して統合されている地方政治レベルの自民党において，内部で対立が表面化する機会であり，自民党一党優位の制度化とともに，その対立は次第に潜在化されてきたと考えられる。しかし，日本の地方自治を特徴付ける二元代表制において，強い権限を持つ知事の存在は自民党に「分裂」への誘因を提供することになる。

はじめに

　地方自治に政党政治はそぐわない――日本の地方自治において，このような言明を見聞きすることは珍しいことではない。その根拠として挙げられるのは，まず政党間のイデオロギー的な対立への批判である。とりわけ首長選挙において，住民生活に密着する自治体の行政を担当する首長は，一党一派に偏らず，広く住民全体の支持を受けることが望ましいとされ，政党間の対立による激しい選挙は，将来に禍根を残すものとして必ずしも歓迎されない。また，日本の地方自治を特徴づける首長と議会の二元代表制という制度も，地方自治に政党政治はそぐわないとする根拠のひとつとして議論される。すなわち，直接公選による首長と議会は，相互にその「代表」たる特徴を認め合って，あたかも車の両輪のように自治体の意思決定を行っていく共同責任を負うものであり，政党を媒介とする首長の支持不支持によって議会の中で与野党意識が生まれるのは望ましくない，とする考え方である（大森 2002）。
　しかし，現実に多くの首長・地方議員といった地方政治家は，政党による支援を背景に当選している。特に冷戦下の国政における自民党と社会党の対立をなぞるかたちで，地方政治においても保革の対立が激しい時期も存在していた。ただし，冷戦下の保革の対立をはじめとする地方政治における政党

間競争は，地方政治レベルでの利害対立を表象するものというよりは，国政の影響を強く受けたものだった。

　地方政治が国政の影響を強く受けていることを重視するとき，国政選挙をFirst-orderの選挙，地方選挙をSecond-orderの選挙であると捉える議論は分析の手がかりとなる（Reif and Schmitt 1980, Jeffery and Hough 2003）。Reif and Schmitt (1980) によれば，有権者にとって決定的に重要な意味を持つ選挙であるFirst-orderの選挙に対して[1]，Second-orderの選挙は，地方選挙や大統領制における議会選挙，あるいはヨーロッパにおける欧州議会議員選挙のように，有権者にとって直接的な影響が薄く，そのために関心もそれほど強くはないとされる。その重要な機能は，First-orderの選挙によって国政を担う政権党に対する中間評価的な機能であり，政権党の失政に対してSecond-orderの選挙で懲罰を与えることが想定されている。

　このような議論は，日本の選挙を考えるに当たっても重要な示唆を持つ。すなわち，日本の地方選挙は，とりわけ都市部において国政のように有権者の関心を惹きつけることができず，結果として低い投票率を記録している。一方で，4年に一度全国的に行われる統一地方選挙をはじめとして，散発的に行われる知事選挙を中心とした首長選挙なども，その勝敗が国政における政権党の政権運営への批判と結び付けられやすい。特にそのような傾向が強いのは，首都である東京都の都議会議員選挙——数少ない統一地方選挙から外れた都道府県議会議員選挙のひとつである——であり，その選挙結果と直後の国政選挙結果の高い連動性が強調されている（河野 1994，堀内 2009）。東京都議会議員選挙において，有権者が東京都に内在する問題によって投票先を選択しているというよりも，国政における政党への評価を通じて投票先を選択していると見なされており，国政のSecond-orderとしての性格が強い選挙であると考えることができる。

　地方政治における政党間競争を，国政における政党間競争のSecond-orderだとする議論が一定の説得力を持つ一方で，日本の中央集権的な意思決定システムを背景として，長く政権党であった自民党を中心に国政と地方政治の関係を理解する議論も重要である。このような議論においては，中央政府が地方財政を厳しく統制し，公共事業の箇所付けなどを通して個別に地方に影響力を行使することが強調される（Scheiner 2006）。自民党の国会議員は，公共事業の配分に強い影響力を持ち（堀 1996，小林 1997，堀内・斉藤 2003など），利益誘導を行うことによって自らの地盤を強固なものとする。他方で，自民党による中央での利益誘導に乗ることができない野党は地方で地盤を涵

養することができず，その結果として国政選挙でも自民党に十分に対抗することができないと考えられる。

　自民党において国政と地方政治の関係をつなぐ鍵となる概念が，国会議員と地方議員の「系列」である（井上1992など）。特に選挙制度改革以前，中選挙区制の選挙制度のもとで，国会議員の「系列」に組み込まれた地方議員は，国会議員のための集票マシーンとして地域内の利害関係者の動員や票のとりまとめを行い，それに対して国会議員は「系列」の地方議員のために選挙資金の提供や補助金の配分を通じた利益の供与を行うという，「票」と「利益」の交換の構図の存在が指摘されてきた。選挙制度改革によって「系列」の意義が薄れているという指摘はあるものの（山田1997；2007），地方議員が当選するためには中央の政権党とのリンクが重要であり，そのリンクを実質的に独占する自民党は，地方議会において国会よりも極端な一党優位を築きあげることが可能になったと考えられる。もちろん，中央とのリンクは国会議員の「系列」のもとにある地方議員のみならず首長にとっても重要であり，それを政治的資源として選挙においてアピールする首長候補者は少なくなかった（打越2006，河村2008など）。

　地方政治を国政のSecond-orderと見なす議論も，「系列」を中心に中央の政権党とのリンクを強調して国政と地方政治の関係を説明する議論も，戦後日本の地方政治について一定の説明力を持つと考えられる。しかし，これらの議論は，いずれも国政の観点から地方政治について議論したものであり，地方独自の政治的競争や対立軸というものについては考えない点で共通している。それでは，日本の地方自治において，地方レベルの要因によって動かされる地方政治と呼べる領域は存在するのだろうか。また，存在するとすれば，どのようなかたちで存在するのだろうか。

　本稿では，国政における自民党の一党優位時代に，日本の地方政治において圧倒的な優位を誇り，かつ中央とのリンクを実質的に独占してきた自民党の「分裂」について，都道府県レベルの地方政府を対象に，日本の地方制度に特徴的な二元代表制という要因を通じて説明することで，国政とは切り離された地方政治の論理を析出するものである。その構成は以下のとおりである。まず大まかな時代区分を提示しながら，本稿において自民党の一党優位が制度化された時代の地方政治における自民党の「分裂」を議論する意義を明らかにする。そのうえで，「分裂」を説明するための分析枠組みを設定し，地方議会の自民党会派の分裂と，知事選挙における保守分裂選挙を対象として分析を行う。最後に，本稿の議論をまとめたうえで，選挙制度改革以降の

二大政党化と2009年の政権交代という流れの中で地方政治が新たな局面にあることを指摘する。

地方政治における自民党の「分裂」

　本稿で地方政治における自民党の「分裂」に注目するのは，それが国政の観点から地方政治を説明しようとする既存の議論ではうまく説明することができない現象だからである。まず，地方政治を国政のSecond-orderだとする観点からは，国政では一体性を保つ政党が，地方レベルにおいて分裂することは想定されていない。問題はあくまでもFirst-orderの選挙であり，国政において一体的に他党との政党間競争を行う政党が，地方レベルで分裂して政党内で政治的な競争を行うことを議論することは難しい。一方で，中央とのリンクを強調する観点からも，必ずしもうまく説明することができない。なぜならば，国政における自民党の一党優位を前提として，首長や地方議員などの地方政治家は中央とのリンクを重視すると考えるため，地方レベルの自民党が国政とは独立して「分裂」することは想定し難いからである。

　地方政治における自民党の「分裂」は，国政の観点のみから説明することは難しいが，その特性について分析するには，中央・地方を通じた自民党の発展とその変容との関係を整理することが有用である。以下では，おおまかに自民党結党（1955年）以前，自民党結党後1994年まで，1995年以降，という3つの時期区分を念頭において，都道府県レベルの地方議会における議員のグループである会派と知事選挙における自民党の「分裂」を概観していく。

　まず自由党と日本民主党が合同して自民党が結成された1955年以前においては，国政においてたびたび政権を構成する連立の組み換えが行われていた。地方においても，自由党系の会派が強い地域，民主党系の会派が強い地域という違いはあるものの，両党を中心として協同党系の会派や農民団体に起源を持つ会派が複数存在し，中央における連立の組み換えの影響を受けながら離合集散が繰り返されていた。また，例えば福井県のように，県議会において議員を選出する地域ごとに会派を形成していた地域もあり，その後の自民党に連なる保守系の会派は，異なった政治的な背景を持つグループごとの分立状態にあったと考えられる。

　地方議会において保守系の会派が分立していることを背景に，この時期の知事選挙では保守系の候補が乱立することは珍しくはなかった。保守系の候補者が乱立することで，全ての立候補者が法定得票数である有効投票数の8分の3（当時）を獲得することができず再選挙になる事例も見られているし

2，保守系の政治勢力が支持を一本化できないことで，保守勢力の一部が革新勢力と連合を組んで選挙に勝利したり，革新勢力が保守勢力の共倒れによる漁夫の利を得て選挙に勝利したりすることも少なくはなかった。

そのような状況は，1955年の保守合同以降次第に変化していく。中央での保守合同を受けて，多くの地方議会において自由党系の会派と民主党系の会派が合同する。合同直後に再度会派が分裂することも少なくないものの，中央へのリンクを強調する議論が指摘するように，中央集権的な政治システムを背景とした自民党の一党優位が制度化されていく中で，次第に地方議会の会派も安定していく。この時期においては，国政における一時的な保守分裂（新自由クラブ）や中道政党の参入（公明党・民社党）はあるものの，Second-orderとしての地方政治に大きな影響を与えるような，国政における政党再編はない。逆に自民党の安定政権のもとで，地方は中央へのリンクをより重視するようになっていく。しかしながら，このような時期においても地方政治における自民党の「分裂」はたびたび生じている。本稿の議論は，この時期の地方政治における自民党の「分裂」を扱うことになる。

自民党の一党優位に揺らぎが生じるようになったのは，1990年代前半である。1993年には自民党竹下派の内紛から国政レベルで自民党の分裂が起こり，細川内閣の八党連立政権による政権交代につながった。地方政治レベルでも，規模は小さいものの，国会議員の「系列」に従って一部の地方議員は自民党から離れ，地方政治における自民党の「分裂」が生じている（丹羽2002，辻2008，Desposato and Scheiner 2008）。1994年には自民党が政権を取り戻すものの，選挙制度改革による小選挙区制の導入を踏まえて，国政の野党第一党が政権交代可能な二大政党の一翼を担うことが期待されるようになった。1996年の総選挙を目指して創設された新進党，さらに1997年に新進党が解党したあと野党第一党となる民主党は，国政における二大政党の一翼として，地方政治においても徐々に存在感を増していくことになる（砂原2010）。

地方議会において，いわゆる政界再編の影響が明らかになってくるのは，1995年の統一地方選挙以降である。この選挙においては，従来は自民党に所属していた多くの地方議員が，新進党に所属して選挙を戦い，その後も必ずしも自民党に戻ることはなかった。このように，保守系の地方議員が自民党以外の政党に継続的に所属するようになるのは，1955年の保守合同以来のことである。また，知事選挙についても，1993年末ころから新生党など保守系の野党による支援を受ける候補者が現れ，中には勝利する候補者も出るが，より重要な転機は1995年の統一地方選挙であると考えられる。この選挙にお

いて，東京都の青島幸男，大阪府の横山ノック，三重県の北川正恭などが無党派を標榜して勝利を収めたことは，その後の知事選挙に大きな影響を与え，無党派を強調して知事選挙に臨む候補が増加する。これは，知事候補にとって，中央とのリンクを強調して自民党の看板を掲げるよりも，無党派を標榜して既存政党との違いを強調する方が選挙戦略として重要になることを意味していると考えられる。すなわち，知事選挙に出馬しようとする候補者にとって，自民党・国政野党第一党（新進党・民主党）に加えて，敢えて無党派を標榜するという選択肢が出現し，従来の「保守分裂選挙」とは異なる構図が生まれたのである。

以上の整理からわかるように，1955年以前あるいは1995年以降の時期において，地方政党は「分裂」を含め活発に動いている。しかしながら，これらの動きはかなりの部分，国政と連動しており，「分裂」についても地方政治の状況のみから分析することは難しい。それに対して，保守合同から1990年代前半にかけては，地方における政党の動きはそれほど活発ではないものの，自民党が一党優位を制度化させていく過程であり，国政レベルの政党の動きはほぼ一定であると考えられる。本稿は，このように国政についてはほぼ一定で，中央へのリンクが強調された時期における自民党の「分裂」を観察することによって，そこに内在する地方政治の論理を見出すことができると考えるものである。

「分裂」を説明する

なぜ地方政治において自民党が「分裂」するのか。その原因としてまず考えられるのは，国政とは異なるかたちで地方政治に民族・人種や宗教，階級対立や階層などの深刻な社会的亀裂が存在し，その亀裂が政党の「分裂」として現れるということである。特に，地方分権が進展して地方政治がそれ自体として実質的に重要であるとみなされるとき，地域ごとに存在する永続的な社会的亀裂を背景に，有権者は国政における政党間競争とは異なるかたちで地方政党を選択することも考えられる（Chhibber and Kollman 2004, Cutler 2008）。しかし，日本においては全国的に見ても民族的・人種的・宗教的な分裂がほとんど争点になっておらず，また階級・階層を基盤とするのは社会党や共産党といった革新勢力が中心であった。本稿が議論の対象とする自民党一党優位期においては，そのような社会的亀裂を原因とする自民党の「分裂」は観察することができない[3]。

必ずしも社会的亀裂の存在が明らかではない日本の地方政治において「分

裂」を促す要因として，本稿では大きく2つの要因を議論する。まずは先行研究でも議論されてきた，中央とのリンクが重要である。国政において自民党が安定的に政権を維持し，政調会による利益配分の決定などを通じて自民党の一党優位が制度化されていく中で，地方政治家にとっても国政で政権を担う自民党とのリンクを確保することに大きなメリットが見出されるようになる。国政における自民党政権が長期にわたって存続することは，地方の自民党にとっても「分裂」よりもむしろ合同を促すことになると考えられる。

反対に，中央とのリンクが地方レベルの自民党の「分裂」を促すことも考えられる。それは，自民党国会議員と地方議員の「系列」関係に起因する。つまり，同じ都道府県や同じ選挙区に国政レベルの選挙でライバルとなる国会議員がいるとき，その「系列」に属する地方議員についても同様に対立関係にあることが予想されるのである。特に，ライバル関係にある国会議員が異なる地盤に根を張り，自分の地盤の地域における地方議員を「系列」として組み込んでいる場合は，地域間対立から自民党の「分裂」が発生しやすくなると考えられる。

次に，本稿で地方政治レベルの要因として注目するのは，日本の地方自治における二元代表制である。比較政治学的な観点からは，大統領的な知事の権限は非常に強く，相対的に地方議会が弱いと考えられる（曽我・待鳥 2007）。知事は予算・立法（条例）の提案権を持ち，地方政府におけるアジェンダ設定者の役割も果たしている。それに対して地方議会は，予算を伴う政策の提案を行うことができず，知事の提案に対して議決権を行使することが中心となる。非対称な権限配分を前提にして，地方議員は自分の望む政策を提案するためには知事に対して働きかける必要があるために，知事との関係が非常に重要になる。

このような二元代表の関係において，相対的に権限の弱い議員が，知事に対して最も影響力を発揮することができる局面が，知事候補の選定から投票に至るまでの知事選挙の過程である。議員にとっては，知事選挙において最終的に当選する候補者を支援するかどうかが死活的な問題となる。しかも，個々の議員にとって知事とのつながりを活用しようとするならば，大集団で特定の知事候補を支援するよりも，相対的に少ない人数で知事との強い関係を築くほうが望ましいと考えられる。議員のこのような行動は，議会制における最小規模勝利連合（minimum winning）の考え方に近いと考えられるが（Riker 1962），日本の地方自治における知事の権限の強さを考えれば，議会内において知事を支援する議員集団が過小な連合であったとしても，知事与

党として一定の影響力を行使することが可能になる[4]。そのため，地方議会で過半数に届かない小さい議員集団であっても，可能な限り自分に近い人間を知事に当選させることで影響力を行使しようとし，知事選挙において「分裂」が発生する余地が生まれるのである。

二元代表制についてのこのような理解から，知事選挙において「分裂」を規定するひとつの要因として考えられるのは，知事選挙と地方議会選挙の選挙サイクルの関係である。両者ともに任期は4年であり，地方制度の創設当初は統一地方選挙として知事選挙と地方議会選挙が同じ日に行われてきた。このうち知事選挙については知事の辞職に伴って，次第に散発的に行われるようになってきた。一方，地方議会選挙については，地方議会の解散を経験した東京都・茨城県と1972年に本土復帰した沖縄県を除いて現在でも統一地方選挙として基本的に同じ日に行われている[5]。

知事選挙と地方議会選挙を同時に行う同日選挙の効果については，大統領制の比較研究に関する議論が参考になる。大統領制の分析においては，大統領と議会の選挙が同時に行われるとき，有権者は大統領の選挙戦の情報を議員選挙における投票の判断に用いることが議論されている（Samuels 2002, Golder 2006）。このような傾向は，知事が相対的に強い日本の地方政治においても十分に当てはまる。つまり，地方議員としては，有力な知事候補との対立関係を殊更に強調されて落選のリスクを背負うよりも，確実に当選が見込まれる候補に対する支持をアピールする方が有利な選挙を戦うことができるのである。そのため，同日選挙の場合，地方議員は当選が見込まれる候補が限定されることを好み，「分裂」は起こりにくくなると考えられる。

次に考えられるのが，選挙の時点での知事の属性である。まず現職の知事が立候補するかどうかが問題になる。同日選挙が問題視されるのと同様に，地方議員にとっては自分が支援する知事候補者が落選すると，新しい知事との関係が悪化する可能性が高いために，確実に当選が見込まれる知事候補を支援することを好むと考えられる。現職知事であれば全くの新人よりも当選を見込みやすいと予想されるために，多くの地方議員の支持が集まることで「分裂」が起こりにくくなる。さらに，知事の任期も重要な要因であると予想される。なぜなら，知事の任期が長くなってくると，知事を中心とした利益配分のあり方が固定化されてくることが考えられるからである。つまり，知事の任期が長期になるほど，現状に対して不満を持つ勢力が現れ，「分裂」の火種が生まれることになると予想できる。

以上の要因に加えて，選挙の準備と関連して2つの要因が考えられる。ひ

とつは選挙前に知事の辞職があるかどうかという点である。知事があらかじめ辞任を表明している場合もあるが、突然辞任して選挙になると、自民党として候補者を一本化する時間的余裕が失われる。それに対して、辞任がなく予定通り選挙が行われる場合には知事の任期が4年というルールがあるために、任期を見据えて現職知事の立候補も含めて「分裂」しないような調整を行いやすい。もうひとつは、現職知事が自民党の支援を受けているかどうかという点である。現職知事が自民党の支援を受けていれば、自らが引き続き立候補する場合はもちろん、そうではない場合でも後継者の指名というかたちで自民党の支援を取りまとめることが可能になる。しかし前知事が自民党の支持を受けていない場合には、後継指名のようなかたちで知事の候補者に対して求心力が働くことが難しくなると考えられるのである。

地方議会における自民党の「分裂」

　自民党一党優位期の地方政治における自民党の「分裂」はどのようなものであったか。分析を進めるために、はじめに地方議会の自民党会派の分裂について検討していく。47の都道府県議会における会派変動の歴史についてまとめた辻陽のデータによれば[6]、地方議会の自民党会派が分裂する要因として、大きく3つの要因があることがわかる。

　ひとつは地方議会内における議長などの役員選挙をめぐる会派の分裂である。特に1950年代から70年代にかけては、長期にわたって議長を務める議員に対する反発などから、一部の自民党議員が会派を割っていくという事例が多く見られる。次に挙げられる自民党会派の分裂のパターンは、知事選挙をその原因とするものである。知事選挙において自民党内で候補を一本化することができず保守分裂選挙となるとき、しばしば党内にそれぞれの候補者を推すグループが存在する。保守分裂選挙が必ず自民党会派の分裂に至るわけではないが、知事選が終わってもその対立を収めることができないとき、会派を維持できずに分裂することになる。最後は国政における政党再編との連動である。国政において国会議員が新党を創設するとき、その国会議員と関係が深い地方議員も場合によっては集団で自民党会派を離れ、新しい党に所属するかたちで会派の分裂が生じることが観察できる。

　以上のような自民党会派の分裂の実態について、辻が収集した地方議員の会派移動のデータを用いて、1955年から1994年の期間において、一貫して統一地方選挙に参加している44の道府県のうち、十分に資料が見つかっていない長野県を除いた43道府県において、どのように会派の分裂を経験している

図1　議会会派の分裂とその要因

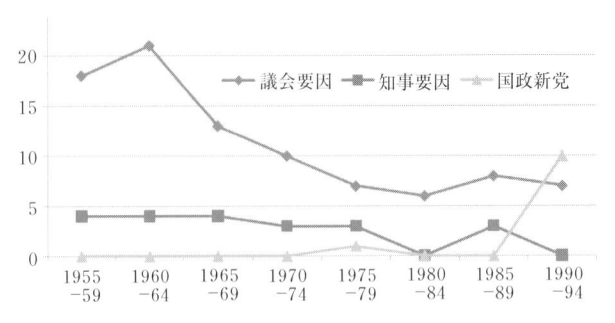

かをまとめたものが図1である。データを数量的に整理するに当たって，会派の「分裂」として定義したのは，既存の自民党会派が分裂して，新たに2つ以上の「4人以上の会派」に分かれたケースである[7]。このようなケースは，対象とした期間中122件存在する。その内訳は議会要因と判断された「分裂」が90件であるのに対し，知事要因と判断されたものが21件である。国政新党の創設に伴う「分裂」は，1977年の神奈川県（新自由クラブ）の事例を除けば，全て1990年代以降となっている。

図1からは，地方議会における自民党会派の分裂が，1960年代前半をピークとして一貫して減少傾向を見せており，1980年代前半に最もその数が少なくなっていることがわかる。この時期は，国政レベルにおいて革新勢力が明らかな衰退傾向に陥り，現実的に政権交代の可能性はなくなって保守回帰が進む時期であると言われる。地方政治レベルにおいても革新自治体の時代は終りを告げ，中央省庁出身者を中心に保革相乗り選挙で選出される知事が増え始める。革新勢力は都道府県議会において一定の議席を保持するものの，その影響力は限定的なものとなりつつあった。政権交代の可能性がなく，自民党一党優位の制度化が進む中で，地方政治レベルでは自民党の「分裂」への誘因が次第に減少していくことになったと考えられる。

地方議会における自民党会派の分裂が持つ特徴は，一度会派内の対立が表面化することで分裂しても，多くは1～2年という短期間に再び合同していくことである[8]。次の表1は，議会要因と知事要因の「分裂」について，1955年から1994年の期間において観察した43の道府県ごとに何回発生したかを数え上げたものである。この表からは，ほとんど自民党会派の分裂経験がないところが存在する一方で，この間5回以上の「分裂」を起こしている県が9つ存在することがわかる。興味深いのは，特に分裂が多い福井・長崎・徳島・山梨・宮崎などは，伝統的に自民党が強い保守的な地域であると言われているところである。つまり，自民党は必ずしも地盤が弱い地域で「分裂」しているわけではなく，むしろ地盤が強固であると考えられている地域で「分

表1　43道府県ごとの議会会派の「分裂」経験（1955－1994）

0回	4道県	北海道，秋田県，石川県，兵庫県
1回	10県	宮城県（1956），神奈川県（1963），新潟県（1968），岐阜県（1968），静岡県（1966），愛知県（1994），三重県（1960），高知県（1987），佐賀県（1979），大分県（1983）
2回	14府県	岩手県（1958，1993），山形県（1963，1966），栃木県（1956，1972），群馬県（1956，1958），埼玉県（1972，1988），千葉県（1956，1962），富山県（1965，1969），滋賀県（1958，1968），京都府（1960，1961），大阪府（1957，1960），鳥取県（1961，1965），愛媛県（1960，1962），福岡県（1974，1989），鹿児島県（1961，1989）
3回	4県	福島県（1957，1981，1988），和歌山県（1961，1974，1980），岡山県（1964，1967，1974），香川県（1966，1986，1989）
4回	2県	島根県（1967，1971，1973，1982），山口県（1955，1956，1973，1981）
5回	4県	青森県（1961×2，1968，1973，1988），奈良県（1963，1968，1975，1993，1994），広島県（1957，1960，1979，1985，1993），熊本県（1957，1961，1962，1970，1979）
6回	2県	山梨県（1963，1966，1978，1979，1991，1993），宮崎県（1955，1957，1973，1978，1985，1993）
7回	1県	徳島県（1955，1956，1969，1976，1977，1982，1989）
8回	2県	福井県（1956，1958，1961，1964，1966，1973，1976，1991），長崎県（1956，1957×2，1960，1962，1963，1969，1973）

括弧内は分裂が発生した年，囲みは知事選挙による分裂と判断できるもの。
国政新党の設立に伴う分裂（11件）は，神奈川県のケース（1977年）を除いて全て1990年代。神奈川以外の内訳は，青森・岩手・宮城・千葉・石川・静岡・滋賀・和歌山・鳥取・山口。

裂」を繰り返しているのである。

地方議会における自民党会派の分裂から観察される傾向については，以下のようにまとめることができる。まず，全体として会派の分裂が生じるような激しい対立は減少傾向にある。1950-60年代にかけての自民党の創成期には，合同直後の不安定や安保闘争を始めとする革新勢力の攻勢を背景として，地方議会において会派の「分裂」というかたちで内部の亀裂が顕在化することが少なくはなかった。しかしながら，1970年代以降自民党の一党優位による統治システムが制度化され，さらに革新勢力の脅威も薄れる中で，自民党会派が分裂することは，中央とのリンクを弱めてしまう地方議員にとって割に合わない現象になっていったと考えられる。

一部には頻繁に自民党会派の分裂を繰り返す県はあるものの，基本的に短期間で再度合流するのは，自民党の地方議員にとってやはりひとつにまとまっていることに大きなメリットがあるからだと考えられる。中央集権的な政治システムのもとで，地域内に潜在的に複数の政治勢力が存在していたとしても，全国政党のもとに結集するメリットが大きく，永続的な地方政党に近い組織は作られなかったのだと考えられる（Brancati 2008）。もちろん，議会の多数派として影響力を発揮するにしても，数が重要であったということも大きいだろう。ただし，1990年代に入ってからの国政政党と連動した「分裂」

では，自民党を離れた地方議員が必ずしも元の自民党へと戻っているわけではない。国政において二大政党の一翼を担う野党に所属し，自民党と比べて地方政治においてその存在感は小さいものの，以前の革新勢力と同じように，地方において国政と連動した政党間競争を行う重要な担い手となっていくのである。

知事選挙をめぐる「分裂」

次に分析するのは，相対的に権限の弱い議員が，知事に対して最も影響力を発揮することができる局面として重要な知事選挙である。知事選挙の過程における自民党の「分裂」は，これまでいわゆる保守分裂選挙としてその存在が広く知られてきた。これは，自民党が政党として知事候補を一本化できず，保守分裂というかたちで別の保守系無所属候補者の立候補を許して行われる選挙を指す。このような保守系の候補者が出現するとき，しばしば一部の保守系の候補者が革新勢力との共闘を試みたり，保守勢力が共倒れしたりすることで革新勢力を利することになるために，国政レベルでも革新勢力と競争する自民党としては望ましくない「分裂」であると考えられる。

以下では，本稿の分析枠組みに基づいて，このような保守分裂選挙がどのような場合に発生しているかについて，分析枠組みから引き出される要因を変数化し，回帰分析を行うことで検証する。まず従属変数である保守分裂選挙の発生については，自民党内での分裂選挙のみを対象とし，保守政党間の対立はカウントしない。保守政党間の対立として具体的に想定されるケースは，1955年頃に頻発した保守合同前後の自由党と民主党の対立，あるいは1990年代に入ってから行われた自民党と新党との対立がある。

前者については，当時の詳細なデータが必ずしも確保できないという問題はあるが，本稿の分析では1960年以降の知事選挙における保守分裂を扱うために，基本的に問題にならない。1960年以降の選挙を扱うのは，使用するデータの制約によるところが大きいが[9]，1960年は自民党が日米安全保障条約の改定を乗り切って，池田内閣のもと高度経済成長期の安定政権が始まる起点となる年であり，制度化される自民党政権のもとでの分裂を議論するという意味でもこの年を起点とするのは妥当であると考えられる。一方，1990年代前半における自民党と新党の対立の類型としては，宮城県の浅野史郎と石川県の谷本正憲（自民党と新生党系の対立），長崎県の高田勇（自民党と日本新党・さきがけ系の対立）が勝利した選挙において存在したが，これは保守分裂選挙に含めていない。このような定義のもとで，1960年1月1日から

1994年12月31日に行われた377回の知事選挙のうち，保守分裂選挙は48回存在している。

説明要因としてまず挙げられるのは，地方議員の「系列」を形成する国会議員間の競争である。本稿では，特に衆議院選挙における国会議員の地域的な割拠性に注目し，国会議員の地域割拠性が強いと地域間の対立が促進されることで保守分裂選挙が発生すると考える。これを検証するために用いるデータは，水崎・森［2007］で提示された，衆議院総選挙候補者得票の地域的偏りを選挙区全体の特性としてあらわす指数であるDS指数である。対象が1960年から1994年の期間であるために，全て中選挙区制度のもとでのDS指数を利用可能である。しかしDS指数は選挙区ごとに計算されるものであり，全県一区の場合には直接的に候補者得票の地域的な偏在性が計算されるものの，実際には複数の選挙区が存在する道府県が多い。この点について，複数の選挙区が存在する道府県においては各選挙区の投票数を用いたDS指数の加重平均を用いる。

次に，知事選挙に関連する変数を用意する。既に議論したとおり，地方議員が大集団で特定の知事候補を支援するよりも，相対的に少ない人数で知事との強い関係を築くほうが望ましいと考えられる。その地方議会において自民党が優勢を誇る地域では，却って個別の議員への利益の割り当てが少なくなり，主導権を狙う議員が保守分裂選挙を仕掛ける可能性が高くなると予想される。検証のために用いる変数は，曽我・待鳥［2007］のデータから計算される，地方議会における自民党の議席数と議席率であり，それぞれを使用した回帰分析のモデルを別に用意する。

その他設定した分析枠組みに基づいて，知事選挙と地方議会選挙が同日選挙として行われたか，現職知事の立候補の有無，前知事の任期数，前知事が辞任したかどうか，そして非自民系の知事だったかどうかを変数として用意する。このうち前知事の任期数以外はダミー変数として用意されている。注意するのは現職知事の立候補の有無と前知事の任期数の関係である。例えば同じ4期目知事の次を決める選挙であっても，5期目を目指す現職知事が立候補する場合と，知事が引退して新人同士の争いとなる場合は知事の任期数が持つ意味は異なってくると考えられる。この点を分けて考えるために，回帰分析では現職ダミーと任期数の交差項をいれたモデルを検討する。

本稿で用いる回帰分析の方法は，保守分裂選挙の発生を従属変数としたロジスティック回帰分析であり，設定した各独立変数の係数が持つ効果については県ごとにクラスター化した標準誤差によって評価する。表2は用いた変

数の基本統計量であり，表3は回帰分析結果の要約である。

回帰分析から明らかになったのは，まず (1) DS 指数の県ごとの加重平均で示される国会議員の地域的割拠性が保守分裂選挙を招く要因になっていること，(2) 同日選挙の有無という選挙サイクルが効果を持つこと，の2つである。前者については，先行研究で議論されていた国会議員による地方議員を「系列」化する動きが保守分裂選挙においても一定の効果を持つことを示したものであると考えられる。

さらに重要なのは後者である。このような傾向は，分析枠組みで示したとおりに，同日選挙の場合に地方議員としては有力な候補者を限定して，その候補者との関係をアピールすることが重要であることを示唆している。そしてこれは反対の観点から見れば，保守分裂選挙が行われるのは非同日選挙の場合が多いということを意味している。非同日選挙の場合には，議員は自らの立場が保証された上で，より自分にとって影響力を発揮しやすい候補者を探して保守分裂選挙を仕掛けるという誘因に導かれやすいことを示していると考えら

表2　用いた変数の基本統計量

変数	標本数	平均	標準偏差	最小値	最大値
分裂選挙（従属変数）	386	0.12	0.33	0	1
DS 指数（加重平均）	386	0.234	0.099	0.222	0.556
自民党議席数	386	37.0	9.83	0	71
自民党議席率	386	0.65	0.13	0	0.86
同日選挙ダミー	386	0.29	0.45	0	1
現職ダミー	386	0.77	0.42	0	1
知事任期	386	2.48	1.39	1	8
知事辞職ダミー	386	0.11	0.31	0	1
非自民ダミー	386	0.10	0.30	0	1

表3　分析結果の要約

	Model 1	Model 2	Model 3	Model 4
DS 指数（加重平均）	3.471*	3.531*	3.942*	4.072*
	2.33	2.35	2.38	2.42
自民党議席数	−0.041	−0.043		
	−1.54	−1.54		
自民党議席率			0.031	−0.079
			0.02	−0.04
同日選挙ダミー	−0.829*	−0.827*	−0.680+	−0.686+
	−2.00	−2.00	−1.75	−1.76
現職ダミー	−0.159	−1.280	−0.039	−1.093
	−0.29	−1.00	−0.07	−0.83
知事任期	0.268**	0.028	0.323**	0.102
	2.76	0.11	3.68	0.42
現職＊知事任期		0.339		0.318
		1.05		0.99
知事辞職ダミー	−0.577	−0.508	−0.538	−0.505
	−0.89	−0.84	−0.85	−0.82
非自民ダミー	−0.080	−0.004	0.123	0.191
	−0.17	−0.01	0.20	0.32
定数項	−1.650	−0.761	−3.551*	−2.712
	−1.15	−0.41	−2.34	−1.38
Number of obs	386	386	386	386
Wald $\chi^2(8)$	26.90	23.12	26.30	23.51
Prob > χ^2	0.000	0.002	0.001	0.003

それぞれ＊＊：1％水準，＊：5％水準，＋：10％水準で有意

れる。前節で見たように，知事選挙を原因として最終的に会派の分裂が起こったとしても，選挙をめぐる一時的な対立にとどまり再度合流することが多い。それは，非同日選挙を中心に政治勢力間の対立が顕在化するものの，中央へのリンクを重視する観点からその対立を収束に向かわせる誘因が働くことによって説明できる。

次に，知事の任期数も一定の効果があることが認められる。交差項を入れたモデルでは，その係数が持つ効果は見られないが，この係数を直接評価することはできない（Brambor et al. 2005）。現職ダミーが設定する条件との関係を明らかにするために，Model 2 を使用して，現職ダミーと知事の任期数の以外すべての変数が平均値をとったとしたときに，任期数の変化によって保守分裂の確率がどのように変化するかをみたものが図 2 である。これまでの知事の最長期間が 8 期であったことから，任期は 8 期までを用意した。この図からは，まず非現職の候補の場合，つまり新人同士が知事選挙を争う場合には，直前の知事の任期数には特別の効果がないことが示される。そして，現職候補の場合，知事任期が長くなるほど保守分裂選挙の可能性が高まることがわかる。これは，分析枠組みで示したように，知事の任期が長期化することによって利益配分のあり方が固定化し，現状に対して不満を持ち，場合によっては分裂選挙を行おうとする勢力が現れることを含意すると考えられる。ただし，知事任期が 1 期目から 3 期目の期間では，現職候補が出馬しないときよりも保守分裂選挙が発生する可能性は低い。つまり，知事任期がそれほど長くない現職は，強い求心力を持っていることを示しているのである。知事選挙では，しばしば「2 期目を狙う知事が最も強い」と言われるが，そのひとつの要因として，2 期目を狙う知事が保守分裂選挙を抑えることができるというのがその重要な要因であることが示唆される。

その他の変数については明示的な関係が示されなかった。自民党議席数・議席率ともに明示的な関係は検出されず，自民党が強すぎるから分裂するわけでも，弱すぎるから分裂するわけでもないことがわかる。この点については二次項を入れたモデルも試してみたものの，やはり効果は見られなかった。知事辞職ダミーについて効果がなかっ

図 2　現職・非現職別の知事任期と保守分裂の確率

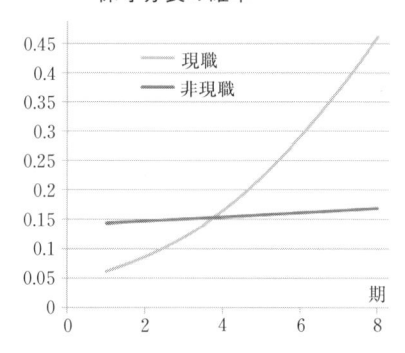

たのは，知事辞職は病気や汚職など突然のものに限らず，国政への出馬など十分に準備されるケースが多くありうること，非自民ダミーについて効果がなかったのは，その場合に自民党の一部が非自民候補と結託するケースと自民党がまとまって非自民候補を打倒しようとするケースの両方を含むことなどによると解釈できる。

結論

本稿では，地方政治における自民党の「分裂」という現象に注目し，地方議会の自民党会派の分裂と知事選挙における保守分裂選挙を分析することによって，その意味を明らかにしたものである。本稿の分析から得られた結論は，以下のようにまとめられる。

地方政治における自民党の「分裂」は，中央とのリンクを重視して地方政治レベルで統合されている自民党において，内部で潜在的な対立が表面化する機会であると評価することができる。地方政治における自民党は，その内部に潜在的な亀裂を抱えていたとしても，中央で政権を堅持する自民党につながることを重視して統合されているのである。そのために，常にその統合の維持が問題となり，潜在的に「分裂」の可能性を孕んでいると考えられる。そして，地方議員を「系列」に編成してきた国会議員の地域的な割拠は，年々その傾向は緩んでいるとはいえ（水崎・森 2007），「分裂」を顕在化させる要因であったと考えられる。

さらに，日本の地方自治における二元代表制，特に中央との関係が重要だとしても実質的に一定の求心力を持ちうる知事という存在が，「分裂」を誘発することが示された。自民党の地方議員にとって，知事という権力核に対するアクセスは極めて重要であり，知事選挙という機会を通じて可能な限り知事に対する影響力を大きくすることを望むと考えられる。そのために，地方議会選挙と独立して行われることで自らの身分が保証されている非同日選挙となる知事選挙や，現職が長期間知事を勤めていることで利益配分の構造が固定化したような場合に保守分裂選挙が起こりやすくなるといえる。

自民党一党優位の時代においては，国会議員の「系列」を背景とした政治的対立や知事選挙をめぐる対立は，「分裂」として表面化したとしても，それは基本的に早期に収束していた。中央の自民党政権がまさに「重石」となって，中央へのリンクを重視する地方政治の諸勢力を統合したからである。しかし，1990年代の選挙制度改革後の二大政党化の流れの中で結実した2009年の政権交代は，自民党政権という「重石」を除くことになった。特に政権交

代後の現象として，1990年代に見られた国政レベルの新党とつながる自民党の「分裂」とは異なり，国政政党と連動しないかたちで知事を軸に地方議会における自民党会派が分裂する現象が見られている。具体的には橋下徹知事の影響を強く受ける大阪府議会が典型的であるし，その他，非自民系の知事がいる静岡県議会・滋賀県議会などでも自民党会派は分裂した（滋賀県ではその後合流）。

　国政に連動しない地方の自民党の「分裂」が，今後どのような展開を見せるかは，必ずしも定かではない。本稿でも議論しているように，これらの「分裂」は地方政治に潜在的に存在する何らかの亀裂を反映していると考えられるものの，そのような亀裂が地域を超えて全国的に共有できるものであるかどうかについても不明である。「分裂」が単に地方政治の中の対立として終わるのか，あるいは全国的な動きにつながるものなのかは今後の重要な分析対象になると考えられる。

［謝辞］　本稿を執筆するにあたって，収集された資料の利用を快くお許しくださった近畿大学の辻陽先生には心から感謝を申し上げたい。また，曽我謙悟先生（神戸大学）・待鳥聡史先生（京都大学）がウェブサイトで公開されている『日本の地方政治』のデータについても利用させていただいたことを感謝する。なお，本稿は2010年6月17日の神戸大学政治学研究会での報告を基にしている。研究会の場で有益なコメントを頂いた神戸大学の曽我謙悟先生・多湖淳先生・藤村直史先生をはじめとして研究会に参加された方々，そして原稿にコメントを頂いた木寺元先生（北海学園大学）・山本健太郎先生（東京大学）に感謝したい。
［付記］　本稿は2009－2010年度文部科学省科学研究費補助金（若手研究スタートアップ）の交付を受けた研究成果の一部である。

（1）　議会制の国において First-order の選挙は（下院）議会選挙であり，大統領制を採る国においてはしばしば大統領選挙が First-order であると理解される（Reif and Schmitt 1980, Norris 1997）。
（2）　具体的には，北海道・茨城県・千葉県・新潟県・愛知県・奈良県・和歌山県・宮崎県である（八幡 2007）。
（3）　社会党は国政レベルで一時期右派社会党と左派社会党に分裂し，それが地方政治レベルにも波及したことがあった。これについては階級・階層的な亀裂の表出と見ることもできるかもしれないが，国政で両社が合同した後に地方政治レベルでも同様の合同が続くことを考えると，基本的には地方政治レベルの要因によらない，国政に連動した動きだと考えられる。
（4）　連合理論との関係については，神戸大学の藤村直史氏のコメントから示唆を受けた。

（5） 知事の辞職などによって一度タイミングがずれたとしても，その後再度の知事の辞職などによって統一地方選挙に復帰する例もある。また，1995年の統一地方選挙において，兵庫県は阪神淡路大震災の影響から約2ヶ月繰り下げて地方議会選挙を行った経緯がある。
（6） このデータを用いた辻自身の分析としては，辻［2008］がある。また，本稿脱稿後に公刊された辻［2010］では，特に1990年代以降の知事選挙における分裂選挙についての分析が行われている。
（7） 観察対象とした道府県では，議案の提出が可能になるなどの議会内の「交渉団体」を3人以上の会派にしているところと5人以上にしているところがある。全ての議会において「交渉団体」を何人以上にしているか掴むことができなかったため，4人以上の会派を「分裂」とみなすこととした。
（8） ただし，特に「分裂」が多い徳島県や山梨県で，比較的長期にわたって自民党が二つの会派を形成していた時期がある。
（9） 本稿の回帰分析で使用する水崎・森データは1958年の総選挙から，曽我・待鳥データは1960年の地方議会からのデータとなっている。

引用文献
井上義比古［1992］「国会議員と地方議員の相互依存力学」『レヴァイアサン』10：133-155.
打越綾子［2006］「地方分権改革と地方政治の流動化」『成城法学』74：55-79.
大森彌［2002］『新版　分権改革と地方議会』ぎょうせい．
河村和徳［2008］『現代日本の地方選挙と住民』慶應義塾大学出版会．
河野武司［1994］「東京都議会議員選挙の分析-政権交代への序曲」『選挙研究』9：53-65.
小林良彰［1997］『現代日本の政治過程-日本型民主主義の計量分析』東京大学出版会．
砂原庸介［2010］「制度変化と地方政治-地方政治再編成の説明に向けて」『選挙研究』26（1）115-127.
曽我謙悟・待鳥聡史［2007］『日本の地方政治-二元代表制政府の政策選択』名古屋大学出版会．
辻陽［2008］「政界再編と地方議会会派-『系列』は生きているのか」『選挙研究』24（1）：16-31.
辻陽［2010］「日本の知事選挙に見る政党の中央地方関係」『選挙研究』26（1）：38-52.
丹羽功［2002］「政界再編期の地方政治-北陸三県を事例として-」『富大経済論集』48（1）：195-211.
堀要［1996］『日本政治の実証分析-政治改革・行政改革の視点』東海大学出版会．
堀内匠［2009］「得票分析にみる2009年東京都議会議員選挙と衆議院議員総選挙

の連続性」『自治総研』35（9）：62-92.
堀内勇作・斉藤淳［2003］「選挙制度改革に伴う議員定数配分格差の是正と補助金配分格差の是正」『レヴァイアサン』32：29-49.
水崎節文・森裕城［2007］『総選挙の得票分析　1958-2005』木鐸社.
八幡和郎［2007］『歴代知事300人-日本全国「現代の殿さま」列伝』光文社.
山田真裕［1997］「農村型選挙区における政界再編および選挙制度改革の影響-茨城新二区　額賀福志郎を例として」大嶽編所収, 113-142.
山田真裕［2007］「保守支配と議員間関係-町内2派対立の事例研究」『社会科学研究』58（5／6）：49-66.
Brambor. T., W. R. Clark, and M. Golder [2005] "Understanding Interaction Models: Improving Empirical Analysis," *Political Analysis*, 14: 63-82.
Brancati, D. [2008] "The origins and strengths of regional parties," *British Journal of Political Science* 38: 135-159.
Chhibber, P., and K. Kollman [2004] *The Formation of National Party Systems: Federalism and Party Competition in Canada, Great Britain, India, and the United States*. Princeton Univ. Press.
Culter, F., [2008] "One Voter, Two First-Order Elections?" *Electoral Studies*, 27:492-504.
Desposate, S., and E. Scheiner [2008] "Governmental Centralization and Party Affiliation: Legislator Strategies in Brazil and Japan," *American Political Science Review*, 102(4): 509-524.
Golder, M. [2006] "Presidential Coattails and Legislative Fragmentation," *American Journal of Political Science*, 50(1): 34-48.
Hicken, A. [2009] *Building Party System in Developing Democracies*, Cambridge University Press.
Jeffery, C., and D. Hough [2003] "Regional Elections in Multi-level System," *European Urban and Regional Studies* 10(3): 199-212.
Norris, P. [1997] "Second-order elections revisited," *European Journal of Political Research*, 31: 109-124.
Reif, K., and H. Schmitt [1980] "Nine Second-order National Elections: A Conceptual Framework for the Analysis of European Election Results," *European Journal of Political Research*, 8(1): 3-44.
Riker, W. [1962] *The Theory of Political Coalitions*, Yale Univ. Press.
Samuels, D. J. [2002] "Presidentialized Parties: The Separation of Powers and Party Organization and Behavior," *Comparative Political Studies*, 35(4): 461-483.
Scheiner, E. [2006] *Democracy without Competition in Japan: Opposition Failure in a One-Party Dominant State*. Cambridge Univ. Press.

■独立論文

新しい社会的リスクの比較政治経済学

−拒否権プレーヤーを用いた計量分析−

稗田健志

> 要旨：脱工業化の下での社会的リスク構造の変容に現代福祉国家はどのように対応しているのか。そうした政策対応を規定する政治的要因は何か。本稿は，拒否権プレーヤーの働きに注目しつつ，こうした問いに計量分析を用いて答える試みである。重回帰分析では1980年から2001年までの先進諸国を対象とした時系列国家間比較データを解析した。解析結果は，拒否権プレーヤーの編成が福祉国家の「新しい社会的リスク」への対応能力を規定することを示した。

1. 序論：課題と問題意識

本稿の課題は，先進工業諸国における脱工業化への政策対応に違いが生じている要因を探ることにある。脱工業化とは重工業主体の経済からサービス生産主体の経済への社会構造の変化を指し，それは通常，労働力の女性化や人口の高齢化を伴う。こうした社会変動は社会的リスクの構造を変容させ，後述するような「新しい社会的リスク」から市民を保護する公共政策への社会的需要を生み出す。他方，脱工業化は低経済成長を伴うため，福祉国家に対する財政制約を強め，社会保障支出の総額を抑える方向にも働く（cf. Pierson, 2001, 287-290）。この二重の社会的圧力の結果，先進工業諸国は近年，その社会保障政策を単なる「拡大」でも「削減」でもなく，「再編」することが求められているのである。

しかしながら，上記の脱工業化に伴う社会変動への対応は先進国の間でも一様では決してない。言い換えれば，全ての先進福祉国家が伝統的な社会的リスク向け現金給付を削減し，「新しい社会的リスク」向け福祉政策への支出を増やしているわけではないのである。既存の社会保障政策を「新しい社会的リスク」向け福祉プログラムへと転換させる要因はいかなるものであろうか。何が福祉国家の脱工業化への対応を制約するのであろうか。

本稿の主眼は，ツェベリス（Tsebelis, 2002）の議論を援用し，政党システムや憲法体制上の「拒否権プレーヤー」の編成が脱工業化の下での社会政策の刷新を規定する点を明らかにすることにある。ツェベリス自身，公的社会保障支出を一まとめにして拒否権プレーヤーの影響を実証分析しているが（Tsebelis, 2002），彼の理論を額面通り受け止めれば，福祉国家の発展段階および社会保障支出の種類に応じて拒否権プレーヤーの効果は異なるはずである。すなわち，福祉国家縮減期においては，拒否権プレーヤーは既に確立している受給権の削減を妨げるため，「伝統的社会的リスク」向け現金給付型プログラムの支出を増加させる方向に働く一方，そうした受給権が確立していない「新しい社会的リスク」向けプログラムに対しては負の影響を及ぼすと考えられるのである。この仮説を経験的にテストするため，本稿はOECD21カ国の1980年から2001年までの費目別公的社会保障支出データをユニット固定効果モデルを用いて計量分析する。回帰分析の結果が示すのは，拒否権プレーヤー間の政策選好が離れれば離れるほど「新しい社会的リスク」向け公共支出が抑制される一方，「伝統的社会的リスク」向け現金給付支出に対しては拒否権プレーヤーは有意な影響を示さないか，むしろそうした支出を拡大する方向に働くという事実である。以上の結果から本稿が主張するのは，拒否権プレーヤーが福祉国家の社会変動への対応能力を決めるというものである。

次節では，まず脱工業化の下での社会的リスク構造の変容を議論し，「新しい社会的リスク」とは何か，何が解かれるべき研究課題であるのかを明らかにする。次に，第三節では先行研究をレビューし，社会的リスクの変容に対する政策対応が福祉国家間で異なる理由を説明する仮説を提示する。第四節ではその他の仮説とデータを紹介し，本稿の用いる分析手法を説明し，第五節で時系列国家間比較データの回帰分析の結果を提示する。最終節では全体の議論を要約し，本研究が比較福祉国家研究に与える含意を示すことでまとめとする。

2.「新しい社会的リスク」とは何か

ヨーロッパの比較社会政策研究者の間で，「新しい社会的リスク」の出現が近年，注目を集めている（Armingeon & Bonoli, 2006; Bonoli, 2005, 2007; Esping-Andersen, 1999, 2002; Taylor-Gooby, 2004b）。「新しい社会的リスク」の新規性を理解するには，「伝統的社会的リスク」との比較が有益であろう。「伝統的社会的リスク」とは，労災，疾病，障害，失業，老齢といった事由に

より賃金稼得者が労働市場から所得を得られなくなる事態を指している。戦後福祉国家の「黄金時代」には男性稼ぎ手・女性主婦モデルが一般的であったため，こうした社会的リスクから市民を保護する社会政策の対象は男性中核労働者に集中していた。女性や子供は，比較的安定的な家族形態の下，失業保険や老齢年金など世帯を単位とした現金給付により社会的リスクから保護され得たからである。

また，男性中核労働者の完全雇用を目指すケインズ主義的財政政策も，こうした「伝統的社会的リスク」からの市民の保護に貢献した。高度経済成長下での労働需要により，たとえ未熟練労働者でも比較的高賃金の肉体労働に従事することができたのである。つまり，男性稼ぎ手モデル，高度経済成長，世帯を単位とした現金給付，という三点セットによって戦後福祉国家は市民を「稼得賃金の喪失」という社会的リスクから守ることができたのである。

しかしながら，脱工業化社会においては社会的保護を経済成長，家族，現金給付に委ねることはもはやできない。サービスセクターの拡大は新しいサービス職種への労働需要を拡大したが，こうした労働需要の多くを充足してきたのは女性の労働市場への参入であった。国ごとに大きな違いはあるが，女性の労働力率は1970年代以降一貫して上昇してきた。ここで明らかになるのは，労働力の女性化により男性稼ぎ手モデルを前提とした既存の現金給付政策では社会的リスク構造の変化に対応できないということである。労働市場に参加する女性が増えるにつれ，子育てや介護といった家庭内でのケア負担と労働市場での賃労働とに折り合いをつける必要性が生じるが，男性稼ぎ手への失業給付や年金はその解決に寄与するところがない。「社会的ケア」負担の外部化を促進する政策が必要とされる所以である。

離婚や一人親世帯の増加といった伝統的核家族モデルの動揺もまた新たな政策課題を生み出す。労働市場に参加する女性，特にシングルマザーは，ケアワークを市場か公共サービスに外部化できない限り容易に貧困に陥るからである。また，シングルマザーは出産・子育てから労働市場参加への移行期に子育て支援，技能形成，生活支援などを必要とする場合も多い。端的にいって，男性中核労働者向け社会保険制度はこうした層の社会的リスクからの保護に役立つところが少ない。

また，雇用のサービス化は，女性の労働市場への参入と同時に，低賃金サービス労働の拡大をも伴う。いわゆる「マックジョブ」である。戦後の高度成長の下では低学歴保持者も比較的好条件の職を得ることができたが，脱工業経済ではこうした労働者は新しいジレンマに直面せざるを得ない。すなわ

ち，フルタイムで働いても生活するに足る賃金を得られないという「ワーキングプア」となるか，長期失業者となるかという二者択一である。

まとめると，「新しい社会的リスク」とは「脱工業社会への移行に伴う経済的・社会的変化の結果として人々がライフコースにおいて直面するようになったリスク」と定義できる（Taylor-Gooby, 2004a, 3）。このような社会的リスクに含まれるのは，賃労働と家庭内ケア労働の両立困難，一人親世帯の貧困，不安定雇用もしくは長期失業の可能性の増大といったものである。脱工業化がこうした社会的リスクを顕在化させた結果，福祉国家は社会的リスク構造の転換に対応するようにそのプログラムを再編することを求められているのである。

ヨーロッパの社会政策研究を牽引するヘメリックは"recalibrate"という言葉を用いて，脱工業化の下での福祉再編を次のように特徴付けている。ヘメリックによれば，「福祉再編（welfare recalibration）」とは「老齢，失業，疾病などに際し，伝統的な男性稼ぎ手世帯に代替所得を提供するという，市場からの保護を強調する［福祉政策］から，給付金を提供するよりも，選択を可能にし，ある行動様式を促進することに主眼を置いた，男女とも開放的で知識主体の経済への（再）統合に力点を置く［社会政策］への移行」である（Hemerijck, 2008, 47）。すなわち，成熟した福祉国家の政策的力点はかつての「脱商品化」から「再商品化」へと移行しているのである。戦後の高度成長下では，福祉国家は不安定な市場経済に対する保護を提供することで，安定的な労使関係と労働側の生産性上昇への協力を促し，資本蓄積に貢献した。一方，脱工業社会では，福祉国家は直接的にしろ，間接的にしろ，知識主体経済に適合的な労働力を形成することで経済成長を促進することが求められているのである。

しかしながら，上記のような脱工業化社会の一般的特徴づけは確かに「新しい社会的リスク」に対応した社会政策の需要サイドを説明するとしても，供給側の要因を説明するものではない。そうした政策は先進工業諸国間で著しく多様である。たとえ社会経済条件が変容し，社会的リスクの構造が変わっても，戦後の経済成長下で形成された福祉国家が即座にそうした変化に対応するとは限らないからである。例えば，北欧諸国は多くの労働力を公的サービスセクターで雇用し，保育や介護といったサービスを市民に提供していることで広く知られる一方（cf. Kautto, Fritzell, Hvinden, Kvist, & Uusitalo, 2001; Sipilä, 1997），南欧諸国はケアの供給をもっぱら家族責任に委ねる点で際立っている（cf. Ferrera, 1996; Trifiletti, 1999）。こうした国家間での違いを

理解するには，脱工業化の下での社会変動と公共サービスを媒介する要因に目を向ける必要があろう。

3. 理論

先行研究

　「新しい社会的リスク」向け社会政策の形成要因については幾つかの先行研究があるが，いまだ十分なものとはいえない。例えば，ボノーリは脱工業化に突入したタイミングの違いが北欧と大陸ヨーロッパの間での政策構成の違いを生み出したと主張している (Bonoli, 2007)。すなわち，北欧では年金などの現金給付が十分に発達する以前に脱工業化を迎えたため「新しい社会的リスク」向けプログラムの拡大に成功したのに対し，大陸ヨーロッパでは現金給付プログラムが十全に発達した後に脱工業化を迎えたため「新しい社会的リスク」向けプログラムを拡大する財政的な余地がなかったというわけである。しかし，北欧では福祉国家が公的社会サービスに女性を大量に雇い入れることを通じて女性の労働力率のような指標で表される脱工業化が進展したのであって，その逆ではない。むしろ，そうした政策の拡大につながった政治的背景を明らかにする必要があろう。

　また，ボノーリや　ホイザーマンは拒否点の多い政体では既存の現金給付支出の改革に対して拒否権プレーヤー間の妥協を促すため，受給権削減の「補償」として「新しい社会的リスク」向け公共支出が促進されると論じている (Bonoli, 2005; Häusermann, 2006)。しかし，スイスやドイツといった拒否点の多いコンセンサス型民主主義だけを対象とした研究から一足飛びに拒否権プレーヤーが正の効果を持つと結論づけることはできまい。より多くの国を対象とした比較研究が必要とされる所以である。

　さらに，ヒューバーとスティーブンスは政権の党派性が公的社会サービスの拡大を規定すると論じているが (E. Huber & Stephens, 2000, 2006)，時系列国家間比較データの分析に通常の最小二乗法を用いており，厳密な意味で文化や歴史といった国固有の要因と党派性要因との切り分けに成功しているとはいえない。本稿は，こうした先行研究の問題点を乗り越え，よりシステマティックに福祉国家の脱工業化への対応の規定要因を探ろうとする試みである。

理論仮説

本研究が力点を置くのは，政党システムや憲法体制といった公式の政治制度が「新しい社会的リスク」向け社会政策の展開に与える影響である。モレルがフランス，ベルギー，オランダ，ドイツの政策過程の比較を通して明らかにしているように（Morel, 2006, 2007），「新しい社会的リスク」向け施策の形成過程は，既存の福祉支出から新規プログラムへの予算再配分を伴うテクノクラート主導型のプロセスである。工業社会型の福祉国家の形成は労働組合のような組織利益が主導するのが通例であったが，「新しい社会的リスク」向け施策の拡大はそうした組織利益の力だけに頼ることはできない。なぜならば，新しいプログラムに利害を持つステークホルダーはシングルマザー，要介護高齢者，若年長期失業者等であり，かつての労働組合に比べ組織化されていないからである。「新しい社会的リスク」を巡る政治では，官僚機構のようなテクノクラートが脱工業化による社会変動と福祉再編とをつなぐエージェンシーとして機能するのである。

　資本制国家の管理者としてのテクノクラートは，「伝統的社会的リスク」向け社会政策を切り詰め，「新しい社会的リスク」向け社会政策を拡大する「福祉再編」を潜在的には志向する。というのも，脱工業化社会では，旧来型の現金給付プログラムは安定的な労使関係を保障するというよりも，資本制国家にとって単なる財政負担となってしまうのに対し，「新しい社会的リスク」向け社会政策は，単に女性市民を「脱家族化」するのみならず，労働力の「再商品化」にも役立つからである。保育サービスの拡充は女性のキャリア中断と人的資本の毀損を防ぐ政策であるし，高齢者介護サービスの提供も家庭内介護者の労働市場からの退出を防ぐのに役立つであろう。もちろん，どちらもサービスセクターでの雇用拡大に寄与する。また，積極的労働市場政策は労働供給と労働需要のミスマッチの解消に役立つであろう。旧来型の社会政策ももちろん資本蓄積の反対物では決してなかったが（cf. Ebbinghaus & Manow, 2001; Estévez-Abe, Iversen, & Soskice, 2001），「新しい社会的リスク」向け社会政策は，脱工業化の下での雇用のサービス化と女性化のなかで，市民を「再商品化」し労働市場に再統合する経済政策の一つとなり得るのである（Jessop, 2002, 147）。

　しかしながら，たとえ官僚機構が選好しようとも，そうした政策に公共支出が費やされる保障は全くない。脱工業化に付随する財政制約の下では，「新しい社会的リスク」向け社会政策への財政資源を確保するのが極めて難しいからである。そうした新しいプログラムに支出する余地を作るには既存の現金給付プログラムの伸びを抑制する必要があるが，福祉縮減に成功するか

否かは政治制度に規定される。ピアソンが指摘するように，従来型の福祉政策は福祉国家の拡大期においてその受益者を利益団体として育んできた（Pierson, 1994）。その結果，そうした利益団体が彼らの既得権を脅かす政策提案を容易に阻止できる政治システムでは旧来型の福祉プログラムは削減され難い。したがって，拒否権者が分散した政治システムでは「新しい社会的リスク」向け社会政策は財政資源を見出しにくいと考えられるのである。

言い換えれば，既存の福祉プログラムの経路依存的フィードバック効果は拒否権プレーヤーの編成の内生変数である。拒否権プレーヤー間での政策選好が凝集的な政治システムであればそうした経路依存効果は弱く，政策変更の余地は大きいであろう。また，ヒューバーとシーパン（J. D. Huber & Shipan, 2002）が論じるように，拒否権プレーヤー間の凝集的な政策選好は官僚機構への政策委任を促進し，「伝統的社会的リスク」向け施策から「新しい社会的リスク」向け施策への財政資源配分の変更を可能とする。

一方，拒否権プレーヤー間での政策選好が多様な政治システムの下では，それぞれの拒否権プレーヤーが支持者の既得権益を保護しようと自らの政策過程への影響力を保持することとなり，「新しい社会的リスク」向け社会政策に協力的なテクノクラートがフリーハンドを得難い。その結果，既存の社会政策の経路依存効果は大きくなり，従来型の福祉プログラムから新規プログラムへと力点を変えることは難しいと考えられるのである。

ここでいう「拒否権プレーヤー」とは，政策を現状から変更する際に同意を必要とする人または組織を指している。大統領や上院，下院などは公式の政治制度上の拒否権プレーヤーであるし，連立政権であれば連立与党各党も拒否権プレーヤーとなり得る（Tsebelis, 2002）[1]。ツェベリスの議論の要点は，この拒否権プレーヤーの数そのものではなく，拒否権プレーヤー間の政策的理想点が離れれば離れるほど，拒否権プレーヤーの間で現状からの変更に合意することは難しくなるというものである。この議論はまさに「伝統的社会的リスク」向け現金給付政策から「新しい社会的リスク」向け社会政策への移行に適用可能であろう。すなわち，拒否権プレーヤー間の政策的距離が離れれば離れるほど，旧来型社会保障支出のステークホルダーの既得権の刈り込みが難しくなり，「伝統的社会的リスク」向け移転支出の伸びは抑制されず，「新しい社会的リスク」向け施策へ財政資源を移し変えることは困難になるのである。

仮説1　拒否権プレーヤー間の政策的距離は「新しい社会的リスク」向け公

共支出に負の影響を与える。
仮説2　拒否権プレーヤー間の政策的距離は「伝統的社会的リスク」向け公共支出に正の影響を与える。

4. データと分析手法

データ

　本節では重回帰分析に投入するデータと分析手法を説明する。本研究では1980年から2001年までのOECD21カ国の年次データを利用する[2]。重回帰分析では，「新しい社会的リスク」向け公共支出の対GDP比と総社会保障支出比，および「伝統的社会的リスク」向け公共支出の対GDP比と総社会保障支出比という四種類の従属変数を用いる。OECD社会支出データベース（SOCX）を用い，OECDの分類の中の家族現金給付，家族現物給付，積極的労働市場政策，高齢者向け現物給付，公的扶助現金給付，公的扶助現物給付を「新しい社会的リスク」向け支出とし，老齢年金，寡婦現金給付，障害現金給付，障害現物給付，失業給付を「伝統的社会的リスク」向け支出とした（OECD, 2004）[3]。図1は「新しい社会的リスク」向け社会支出と「伝統的社会的リスク」向け社会支出の対GDP比の国別時系列変動を示したグラフである。後述するように，本稿の分析は国家間の支出規模の違いではなく，国ごとの時系列変動に焦点を当てたものである。
　拒否権プレーヤーの効果をテストするために，本研究ではイデオロギー距離を独立変数として用いる。この変数は連立与党を構成する政党のうち左右イデオロギー軸で両極にある政党間の距離を示すものであり，単独政権の場合はゼロをその値とする変数である。本来であれば「新しい社会的リスク」向け公共支出に関する各拒否権プレーヤーの最適点を測定し，政党間の最大距離を用いるべきであるが，全ての国をカバーしたそのような調査は存在しないため，上記の変数をその代替物とするものである。各政党のイデオロギー位置は政治学者による幾つかの専門家調査の指標を複合した（Castles & Mair, 1984; J. Huber & Inglehart, 1995; Laver & Hunt, 1992）。欠損値は，上記変数をマニフェスト調査（Budge, Klingemann, Volkens, Bara, & Tanenbaum, 2001）による政党のイデオロギー位置に回帰させた回帰式による予測値を当てた。また，連立与党間のイデオロギー距離は，少数与党政権の場合，拒否権プレーヤー間のイデオロギー距離を過小評価してしまうため，少数政権ダ

図1 「新しい社会的リスク」と「伝統的社会的リスク」向け社会支出の対GDP比の国別時系列変動

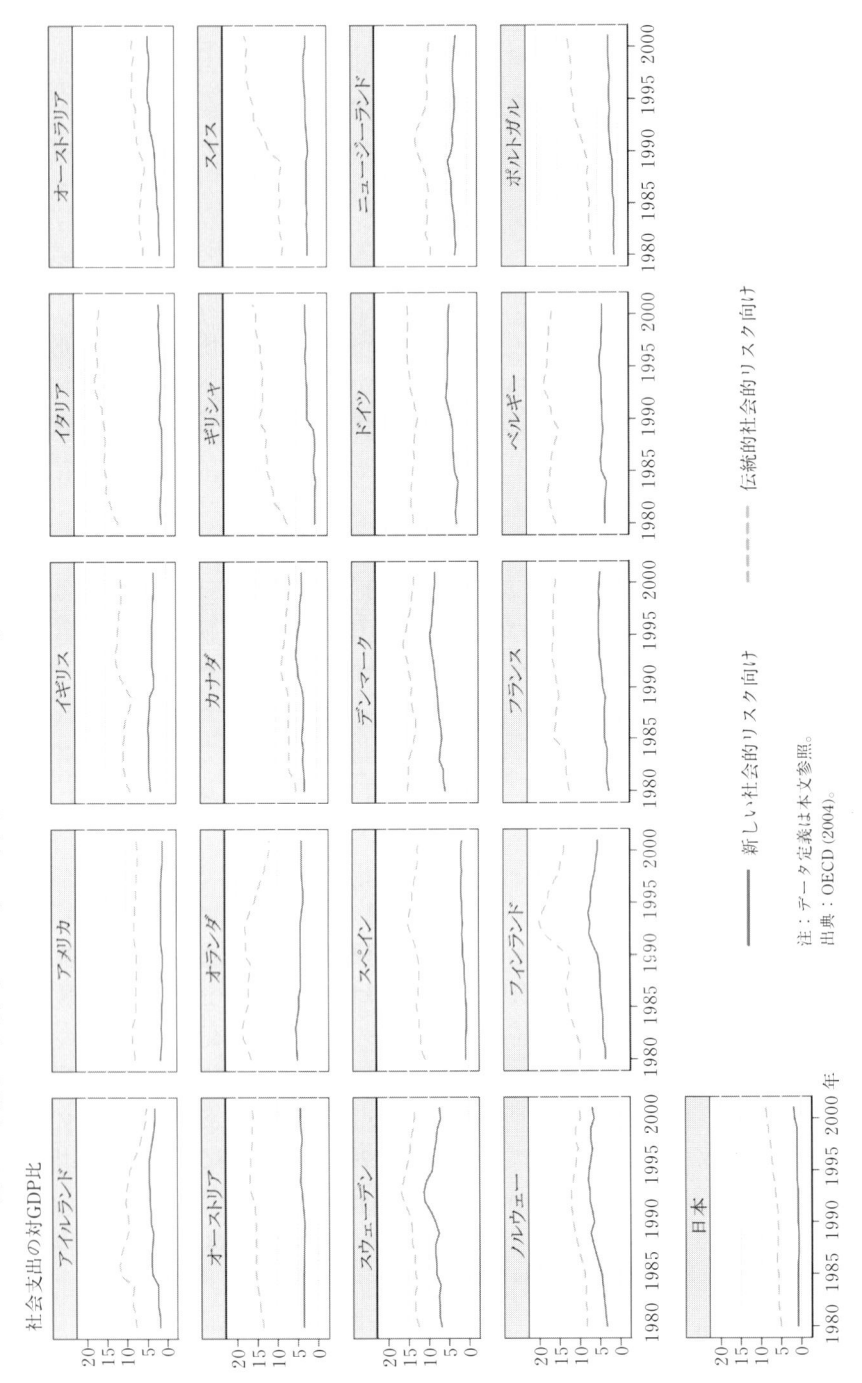

――― 新しい社会的リスク向け   ------ 伝統的社会的リスク向け

注:データ定義は本文参照。
出典:OECD (2004)。

ミーを重回帰分析には投入する。このダミーは内閣が上院か下院のいずれか，または両方において少数与党である場合，1の値を取るように設定した[4]。

　次に，政権の党派性の影響を測るため，左派政党比率とキリスト教民主党比率をモデルに投入する (E. Huber, Ragin, Stephens, Brady, & Beckfield, 2004)。これは政権政党の議席数に占める左派政党あるいはキリスト教民主党の議席数の割合を示す変数である。ヒューバーとスティーブンス (E. Huber & Stephens, 2000, 2006) の研究によれば，左派政権は社会サービスに対する公的支出を増やし，しかもそれを直接供給する傾向にある。「新しい社会的リスク」向け公共支出はその大部分が公的ケアサービスや職業訓練といった普遍主義的政策からなるため，左派政権比率は従属変数に正の影響を与えると予測される。一方，キリスト教民主党政権が与える影響は先行研究からは明らかにはなっていない。「補足性の原理」に基づき，男性稼ぎ手への所得保障に重点を置いた政策構成から，キリスト教民主党は家庭内ケア労働を代替する公共サービスには消極的であると理論上は考えられるが (E. Huber & Stephens, 2001; Kersbergen, 1995)，ヒューバーとスティーブンス (E. Huber & Stephens, 2000) の実証研究はキリスト教民主党政権の存在が公的社会サービスの支出水準に正の影響を与えているとしているからである。

　また，ヒューバーとスティーブンス (E. Huber & Stephens, 2000) が論じるように，政権の党派性は予算決定時のみならず，その後の社会政策にも経路依存的効果を持つと考えられるため，累積左派政党比率と累積キリスト教民主党比率をモデルに投入する。これは左派政党あるいはキリスト教民主党の政権与党議席数に占める比率を，1945年から観察データの当該年まで累積したものである。

　この二つの党派性変数はOECD18カ国しかカバーしていないため (E. Huber et al., 2004)，内閣イデオロギー位置を代わりに投入し，分析対象をギリシャ，ポルトガル，スペインに拡大したモデルも報告する。この変数は政権与党各党の左右イデオロギー位置を当該政党の政権に占める議席比率で加重平均したものである[5]。多くの研究が示すように，左派政権は公的社会保障支出全般に積極的であり，右派政権はその逆である。しかし，「新しい社会的リスク」向け支出においてもそれが当てはまるかどうかは経験的な検証が必要であろう。

　次に，女性の政治領域での代表の影響を探るため，女性議席比率をモデルに投入する。これは議会の議席に占める女性の割合を示す変数であり，「新しい社会的リスク」向け施策は保育や介護など女性の家庭内でのアンペイド

ワークを代替する政策を含むため，そうした施策への支出に正の影響を与えるものと期待される[6]。

脱工業化社会における構造変動の影響を統制するため，女性の労働力率（OECD, 2007b）と65歳以上人口比率（Armingeon et al., 2006）をモデルに投入する。最後に，経済発展水準や景気変動の影響をコントロールするため，一人当たり購買力平価GDP（OECD, 2007a），実質GDP成長率（Armingeon et al., 2006），失業率（IMF, n.d.），消費者物価指数（IMF, n.d.）をモデルに投入する。表1はこれら従属変数と独立変数の記述統計である。

分析手法

本研究が分析するデータは時系列国家間比較データであるため，パネル修正標準誤差を用いたユニット固定効果モデルを重回帰分析に用いる（Beck, 2001; Beck & Katz, 1995, 1996）。ユニット固定効果モデルとは国別ダミー変数をモデルに投入する分析手法であり，国別ダミーが文化や歴史など観察できない変数の国固有の影響を完全に吸収するため，独立変数の効果をバイアスなく推定することができる。というのも，固定効果モデルはそれぞれのユ

表1　記述統計

	総数	平均	最小	最大	標準偏差 トータル	ユニット間	ユニット内
「新しい社会的リスク」向け社会支出							
対GDP比	448	3.57	0.30	11.16	2.18	2.09	0.76
対総社会保障支出比	448	15.57	1.77	31.33	6.82	6.55	2.46
「伝統的社会的リスク」向け社会支出							
対GDP比	448	11.94	4.92	19.86	3.65	3.34	1.61
対総社会保障支出比	448	55.11	36.99	74.17	8.36	8.20	2.50
独立変数							
対数化一人当たり購買力平価GDP	462	9.73	8.62	10.53	0.36	0.17	0.31
消費者物価指数	462	5.17	−11.30	29.30	5.07	2.89	4.20
実質GDP成長率	462	2.57	−6.40	11.70	2.10	0.79	1.95
失業率（t−1）	441	7.64	0.20	24.20	4.16	3.67	2.11
65歳以上人口比率（%）（t−1）	461	13.78	8.88	17.83	2.10	1.83	1.10
女性の労働力率（%）（t−1）	460	58.87	32.01	80.86	11.64	10.65	5.24
女性議席比率（%）（t−1）	462	15.61	0.00	42.70	10.90	9.79	5.22
左派政党比率（t−1）	396	0.35	0.00	1.00	0.38	0.23	0.31
キリスト教民主党比率（t−1）	396	0.15	0.00	0.96	0.25	0.22	0.14
累積左派政党比率（t−1）	396	14.13	0.00	44.86	11.02	10.96	2.75
累積キリスト教民主党比率（t−1）	396	8.03	0.00	39.70	11.62	11.79	1.82
内閣イデオロギー位置（t−1）	428	0.06	0.47	0.97	0.32	0.20	0.25
少数政権ダミー（t−1）	428	0.39	0.00	1.00	0.49	0.27	0.41
イデオロギー距離（t−1）	428	0.26	0.00	1.46	0.33	0.26	0.21

ニット内での時系列の変化のみを分析に用いるからである[7]。

パネル修正標準誤差は国家間での共時的な不均一分散を補正するものの，固定効果モデルでは残差の時系列相関にさらに対処する必要があるため，ラグ従属変数をモデルに投入する。固定効果モデルにおけるラグ従属変数は時系列のトレンドを持つ独立変数の効果を吸収してしまうことが知られるが (Achen, 2000; Plümper, Troeger, & Manow, 2005)，本研究の主要な説明変数であるイデオロギー距離は「新しい社会的リスク」向け公共支出の水準そのものではなく，その変化に影響を与えるものであるため，従属変数のダイナミクスをモデル化するラグ従属変数の投入が求められる (Beck & Katz, 1996)。言い換えれば，国家予算の変化は漸進的であり，前年の予算が当該年の予算の大部分を決定すると想定されるため，残差の時系列相関のコントロールのみならず，理論的な見地からもラグ従属変数が必要とされるということである。

さらに，マクロ経済指標を除いた全ての独立変数は当該年の前年の数字を投入した。予算編成は当該予算年の前年に行われ，政治的変数はそうした予算編成過程に影響を与えるものと考えられるからである。

5. 分析結果

表 2 に「新しい社会的リスク」向け公共支出を従属変数とした重回帰分析の結果を示した。モデル A 1 から A 3 は対 GDP 比を独立変数に回帰させたモデルである。これらのモデルは拒否権プレーヤー間のイデオロギー距離が「新しい社会的リスク」に対応した政策への支出の拡大を妨げることを明確に示している。イデオロギー距離は両モデルで統計的に有意に従属変数に負の影響を及ぼしているからである。また，「新しい社会的リスク」向け公共支出の総社会保障支出比を従属変数としたモデル A 4 から A 6 でも，拒否権プレーヤー間のイデオロギー距離はそれに負の影響を与えている。しかも，これらのモデルでもイデオロギー距離の係数は有意確率10％以下水準で統計的に有意である。以上の分析結果が示すのは，連立与党間の政策選好の多様性は「新しい社会的リスク」向け公共支出の増加を抑制する方向に働くということであり，この結果は本研究の仮説に一致するといえよう。

一方，65歳以上人口比率や女性の労働力率といった社会経済要因，あるいは政権の党派性や女性の政治的動員といった政治的要因は，統計的に見て有意な影響を明確には示していない。上述の通り，ラグ従属変数を含む固定効果モデルは時系列のトレンドを持つ変数の影響を過小評価する傾向にあるた

表2 「新しい社会的リスク」向け公共支出の重回帰分析結果（1980－2001）

従属変数	(A1) 対GDP比	(A2) 対GDP比	(A3) 対GDP比	(A4) 対総社会保障支出比	(A5) 対総社会保障支出比	(A6) 対総社会保障支出比
ラグ従属変数 （対GDP比）(t-1)	0.848 (0.052)**	0.852 (0.053)**	0.851 (0.051)**	– –	– –	– –
ラグ従属変数 （対総社会保障支出比）(t-1)	– –	– –	– –	0.853 (0.044)**	0.853 (0.045)**	0.856 (0.049)**
対数化一人当たり購買力平価GDP	0.026 (0.162)	0.002 (0.152)	0.052 (0.166)	0.163 (0.419)	0.185 (0.435)	0.546 (0.420)
消費者物価指数	-0.006 (0.008)	-0.008 (0.008)	-0.004 (0.005)	-0.001 (0.025)	-0.006 (0.025)	0.025 (0.018)
実質GDP成長率	-0.050 (0.012)**	-0.050 (0.012)**	-0.044 (0.011)**	0.043 (0.033)	0.041 (0.034)	0.039 (0.033)
失業率 (t-1)	-0.002 (0.014)	-0.004 (0.014)	0.004 (0.011)	0.024 (0.034)	0.018 (0.035)	0.050 (0.028)+
65歳以上人口比率(%) (t-1)	0.026 (0.026)	0.023 (0.026)	0.021 (0.027)	0.181 (0.081)*	0.177 (0.081)*	0.118 (0.089)
女性の労働力率(%) (t-1)	0.007 (0.006)	0.005 (0.007)	0.009 (0.006)	-0.006 (0.024)	-0.011 (0.025)	0.000 (0.021)
女性議席比率(%) (t-1)	-0.008 (0.007)	-0.010 (0.007)	-0.010 (0.006)	-0.019 (0.021)	-0.024 (0.021)	-0.025 (0.020)
左派政党比率 (t-1)	0.000 (0.001)	– –	– –	0.002 (0.002)	– –	– –
キリスト教民主党比率 (t-1)	0.002 (0.001)	– –	– –	-0.001 (0.005)	– –	– –
累積左派政党比率 (t-1)	– –	0.004 (0.010)	– –	– –	0.000 (0.030)	– –
累積キリスト教民主党比率 (t-1)	– –	0.014 (0.013)	– –	– –	0.032 (0.039)	– –
内閣イデオロギー位置 (t-1)	– –	– –	-0.013 (0.053)	– –	– –	-0.030 (0.205)
少数政権ダミー (t-1)	-0.013 (0.036)	-0.010 (0.030)	-0.016 (0.030)	-0.085 (0.143)	-0.006 (0.110)	-0.041 (0.114)
イデオロギー距離 (t-1)	-0.172 (0.073)*	-0.177 (0.076)*	-0.181 (0.067)**	-0.456 (0.245)+	-0.471 (0.246)+	-0.390 (0.225)+
定数	-0.614 (1.302)	-0.203 (1.220)	-1.008 (1.306)	-2.374 (3.644)	-2.218 (3.964)	-6.135 (3.482)+
N	331	331	389	331	331	389
国数	18	18	21	18	18	21
R-squared	0.98	0.98	0.98	0.98	0.98	0.98
モデル	FE	FE	FE	FE	FE	FE

注1） 括弧内はパネル修正標準誤差。
注2） +10%以下有意水準；* 5%以下有意水準；** 1%以下有意水準（両側検定）。
注3） FE＝固定効果モデル。
注4） 国別ダミーの係数と標準誤差は省略。

め，社会経済要因や女性議席比率のような時系列のトレンドを持つ変数が「新しい社会的リスク」向け政策に影響を与えないと結論付けるのは早計だが，左派政党比率，キリスト教民主党比率，累積左派政党比率，累積キリスト教

民主党比率，内閣イデオロギー位置といった政権の党派性の役割は80年代以降の「新しい社会的リスク」向け政策の展開において重要な位置を占めてはこなかったようである[8]。

　表3は「伝統的社会的リスク」向け公共支出を従属変数とした重回帰分析の結果である。「新しい社会的リスク」向け公共支出に対しては有意とならなかったキリスト教民主党比率や累積左派政党比率といった党派性変数が，移転給付支出に対して統計的に有意な正の効果を示しているのは興味深い。一方，この結果から拒否権プレーヤーの「伝統的社会的リスク」向け支出に対する一貫した効果を確認することは難しい。従属変数を対GDP比で取ると係数は負となるが対総社会保障支出で取ると正となるとはいえ，それらは統計的に有意とは言い難い。

　本稿の理論篇では，拒否権プレーヤーの効果は福祉国家の発展段階に依存し，福祉国家の縮減期にはそれは「伝統的社会的リスク」向け公共支出の拡大を促すと仮説した。1980年代は，多くの国が移転給付支出の抑制に乗り出し始めた時期ではあったが，いくつかの国，とりわけスペイン，ポルトガル，ギリシャといった権威主義体制からの移行を果たした国々では依然現金給付プログラムの整備が課題であった。言い換えれば，福祉国家発展期の論理と縮減期の論理が並存する時期でもあった。そこで，1980年代から1990年代にかけて拒否権プレーヤーの効果に変化が見られるかどうかを確認するため，1990年の以前と以後を時期区分するダミー変数，そのダミー変数とイデオロギー距離の交差項，ならびに時期区分ダミーと少数政権ダミーの交差項を表3のモデルに加えた重回帰分析の結果も報告する（表4）。

　時期区分ダミーと交差項のカイ二乗検定の結果は，1990年以前と以後との構造の変化を示している。少なくとも有意確率5％以下水準でモデルの当てはまりは改善されているからである。また，分散・共分散行列をもとにイデオロギー距離と少数政権ダミーの係数と標準誤差を1990年以前と以後とで計算し直すと（cf. Brambor, Clark, & Golder, 2005），拒否権プレーヤー間のイデオロギー距離の係数が大きく正の方向にシフトしていることがわかる。しかも，「伝統的社会的リスク」向け公共支出の総社会保障支出比を従属変数にとると，イデオロギー距離の係数は1990年以降，有意確率5％以下水準で統計的に有意に正となる。

　移転給付支出は，年金を中心に，受給権の変更がなされない限り，その成熟化とともに自動的に支出総額が増えていく性質を持つ。それゆえ，ほとんどの国が福祉国家の縮減期に突入した1990年代以降において，拒否権プレー

表3 「伝統的社会的リスク」向け公共支出の重回帰分析結果 (1980－2001)

従属変数	(B1) 対GDP比	(B2) 対GDP比	(B3) 対GDP比	(B4) 対総社会保障支出比	(B5) 対総社会保障支出比	(B6) 対総社会保障支出比
ラグ従属変数 (対GDP比) (t－1)	0.927 (0.036)**	0.929 (0.036)**	0.924 (0.033)**	－ －	－ －	－ －
ラグ従属変数 (対総社会保障支出比) (t－1)	－ －	－ －	－ －	0.828 (0.052)**	0.830 (0.052)**	0.818 (0.053)**
対数化一人当たり購買力平価GDP	－0.288 (0.311)	－0.220 (0.319)	－0.406 (0.305)	－0.325 (0.514)	－0.539 (0.564)	－0.713 (0.466)
消費者物価指数	－0.004 (0.014)	－0.003 (0.014)	－0.023 (0.011)*	0.046 (0.031)	0.047 (0.031)	0.009 (0.027)
実質GDP成長率	－0.181 (0.019)**	－0.182 (0.020)**	－0.163 (0.018)**	－0.213 (0.031)**	－0.208 (0.032)**	－0.186 (0.032)**
失業率 (t－1)	－0.032 (0.025)	－0.031 (0.026)	－0.047 (0.019)*	0.120 (0.045)**	0.100 (0.046)*	0.077 (0.036)*
65歳以上人口比率 (％) (t－1)	0.014 (0.042)	－0.009 (0.043)	0.032 (0.043)	－0.068 (0.085)	－0.061 (0.084)	－0.037 (0.095)
女性の労働力率 (％) (t－1)	0.019 (0.011)+	0.016 (0.011)	0.020 (0.011)+	0.000 (0.033)	－0.005 (0.036)	0.012 (0.032)
女性議席比率 (％) (t－1)	－0.007 (0.012)	－0.008 (0.011)	－0.011 (0.010)	－0.003 (0.027)	－0.010 (0.027)	－0.012 (0.026)
左派政党比率 (t－1)	0.001 (0.001)	－	－	0.002 (0.003)	－	－
キリスト教民主党比率 (t－1)	0.008 (0.002)**	－	－	0.003 (0.005)	－	－
累積左派政党比率 (t－1)	－	0.004 (0.012)	－	－	0.055 (0.027)*	－
累積キリスト教民主党比率 (t－1)	－	0.004 (0.019)	－	－	0.032 (0.043)	－
内閣イデオロギー位置 (t－1)	－	－	－0.118 (0.095)	－	－	－0.423 (0.291)
少数政権ダミー (t－1)	－0.021 (0.068)	－0.022 (0.069)	－0.059 (0.062)	－0.008 (0.182)	0.037 (0.158)	－0.195 (0.160)
イデオロギー距離 (t－1)	－0.072 (0.130)	－0.115 (0.130)	－0.207 (0.124)+	0.422 (0.267)	0.407 (0.266)	0.286 (0.272)
定数	2.876 (2.821)	2.638 (2.871)	3.986 (2.720)	12.991 (5.921)*	15.428 (6.304)*	16.896 (5.298)**
N	331	331	389	331	331	389
国数	18	18	21	18	18	21
R-squared	0.99	0.98	0.98	0.98	0.98	0.98
モデル	FE	FE	FE	FE	FE	FE

注1) 括弧内はパネル修正標準誤差。
注2) ＋10％以下有意水準；＊5％以下有意水準；＊＊1％以下有意水準（両側検定）。
注3) FE＝固定効果モデル。
注4) 国別ダミーの係数と標準誤差は省略。

　ヤーの政策選好が凝集的であった国と分極的であった国とで「伝統的社会的リスク」向け公共支出の抑制効果に違いが生じたと解釈できよう。この結果は本稿の仮説と適合的である。

表4 年代ダミーとの交差項を用いた「伝統的社会的リスク」向け公共支出の重回帰分析結果（1980－2001）

従属変数	(B1') 対GDP比	(B2') 対GDP比	(B3') 対GDP比	(B4') 対総社会保障支出比	(B5') 対総社会保障支出比	(B6') 対総社会保障支出比
年代ダミー	0.550	0.532	0.498	0.730	0.687	0.164
	(0.117)**	(0.120)**	(0.123)**	(0.332)*	(0.334)*	(0.284)
イデオロギー距離（t－1）	－0.400	－0.468	－0.610	－0.261	－0.284	－0.676
(1990年以前)	(0.247)	(0.263)**	(0.212)**	(0.471)	(0.481)	(－1.384)
イデオロギー距離（t－1）	0.009	－0.045	－0.095	0.643	0.603	0.655
(1990年以後)	(0.126)	(0.127)	(0.157)	(0.290)*	(0.293)*	(0.287)*
少数政権ダミー（t－1）	0.074	0.051	0.019	0.594	0.625	0.082
(1990年以前)	(0.096)	(0.099)	(0.086)	(0.268)*	(0.269)	(0.256)
少数政権ダミー（t－1）	－0.110	－0.098	－0.139	－0.346	－0.290	－0.386
(1990年以後)	(0.075)	(0.078)+	(0.072)+	(0.202)+	(0.186)+	(0.187)+
χ^2 注1)	29.92	25.53	28.27	14.61	12.86	10.05
有意確率	0.000	0.000	0.000	0.002	0.005	0.018
N	331	331	389	331	331	389
国数	18	18	21	18	18	21

注1) カイ二乗検定の帰無仮説：年代ダミー，年代ダミー×イデオロギー距離（t－1），および年代ダミー×少数政権ダミー（t－1）の効果が全てゼロ。
注2) 括弧内はパネル修正標準誤差。
注3) ＋10％以下有意水準；* 5％以下有意水準；** 1％以下有意水準（両側検定）。
注4) 他の独立変数と国別ダミーの係数と標準誤差は省略。

6. 結論

　本稿は「新しい社会的リスク」から市民を保護する社会政策への公共支出がどのような要因によって規定されるのかを分析してきた。本研究の主張は，拒否権プレーヤーの編成が「伝統的社会的リスク」向け社会政策から「新しい社会的リスク」向け社会政策への移行を枠付けるというものであった。実証分析の結果は上記の主張をある程度支持するものと考えられよう。重回帰分析の結果が示すのは，拒否権プレーヤー間のイデオロギー距離が広がると保育，介護，積極的労働市場政策といった「新しい社会的リスク」に対処する政策への支出の伸びが抑制される一方，拒否権プレーヤー間のイデオロギー距離は福祉国家の発展期にその受給権が確立した現金給付支出に対してはそうした負の効果を持たないという事実である。むしろ，1990年以降，対社会保障支出費でみれば拒否権プレーヤーは「伝統的社会的リスク」向け公共支出を拡大する方向に働いている。左派政権やキリスト教民主党政権の存在が「新しい社会的リスク」に対応した政策の展開に統計的に有意な影響を与えていないことを考えると，近年の福祉再編は権力資源動員や政権の党派性よりも，公式の政治制度に規定される部分のほうが大きいものと考えられる。

本研究の実証分析結果は，近年の比較政治経済学におけるいくつかの論争に示唆を与えうるものと考えられる。第一に，その政体に多くの拒否権プレーヤーを抱える国は政策を社会的，経済的変化に適応させることが困難であると主張される一方 (Ha, 2008; Tsebelis, 2002; Tsebelis & Chang, 2004)，拒否点の多い政体は拒否権プレーヤー間での妥協を促すため，現金給付支出削減の補償として「新しい社会的リスク」向け公共支出の増加をもたらすとも論じられる (Bonoli, 2005; Crepaz & Moser, 2004; Häusermann, 2006)。本研究が示しているのは，拒否権プレーヤーによる支出抑制効果が「補償」による支出拡大効果を上回るということである。連立与党間の多様な政策選好は国家がその社会政策を再編成するのを難しくするのである。

　第二に，いくつかの先行研究は政権の党派性が「新しい社会的リスク」向け公共支出の水準の重要な決定要因であると主張するが (E. Huber & Stephens, 2000, 2006)，本研究の分析結果が示すのは「新しい社会的リスク」向け社会政策に党派性は有意な影響を与えていないということである。ヒューバーとスティーブンスの実証分析は本研究と似た時系列国家間比較データを用いているが，分析手法としては通常の最小二乗法を用いており，厳密にいえば文化や歴史といったその国固有の要因とその他の政治的要因との切り分けに成功しているとはいえない。本研究の分析手法は国ごとの時系列変化のみを分析に用いる固定効果モデルを用いているため，その分析結果は彼らのものよりも頑健であると考えられる。

　最後に，本研究が拒否権プレーヤーの編成を規定する憲法体制や政党システムの効果を正しく測定しているとするならば，比較的凝集的な政党システムを持つ北欧諸国は脱工業化に上手く適応できたのに対し，分権的な政体であるがゆえ多様な政策選好を連立政権内に抱える大陸ヨーロッパ諸国は脱工業化にその社会政策をスムーズに適応できなかったのだといえよう。公式の政治制度が福祉国家の社会変動への対応の如何を規定しているのである。

［謝辞］　本稿の元となる草稿を日本比較政治学会第12回研究大会自由論題（於・京都大学）にて発表する機会を持った。討論者を務めてくださった井戸正伸先生と近藤康史先生，ならびにフロアよりコメントをくださった方々にお礼申し上げる。また，有益なコメントを下さった本誌匿名レビュアーの二氏にも記して感謝申し上げたい。尚，本稿は，早稲田大学特定課題研究助成費（課題番号2010A－951）による研究成果の一部である。

（1） ツェベリスは前者を「制度的拒否権プレーヤー」と呼び，後者を「党派的拒否権プレーヤー」と呼んでいる（Tsebelis, 2002, 19）。
（2） 国の構成は以下の通りである。オーストラリア，オーストリア，ベルギー，カナダ，デンマーク，フィンランド，フランス，ドイツ，ギリシャ，イタリア，日本，オランダ，ニュージーランド，ノルウェー，ポルトガル，スペイン，スウェーデン，スイス，イギリス，アメリカ合衆国。
（3） 本稿ではボノーリ（Bonoli, 2007, 508）の変数定義に従っている。
（4） イデオロギー距離と少数政権ダミーのデータ定義の詳細についてはキューザック（Cusack, 2003）を参照のこと。
（5） データ定義の詳細についてはキューザック（Cusack, 2003）を参照。
（6） 変数の定義の詳細はアーミンジョン他（Armingeon, Leimgruber, Beyeler, & Menegale, 2006）を参照のこと。
（7） ユニット固定効果モデルはユニットダミーを式に投入するため，式の変形により次の回帰式を推定することと等しくなるからである。

$$y_{i,t} - \bar{y}_i = (x_{k,i,t} - \bar{x}_{k,i})'\beta_k + (e_{i,t} - \bar{e}_i)$$

（yは従属変数，x_kはk個の独立変数のベクトル，β_kは回帰係数のベクトル，eは残差，iはユニット，tは時点を示す）。
　すなわち，それぞれのユニット内で，従属変数のユニット内平均からの差分を独立変数のユニット平均からの差分に回帰させることと等しくなる（cf. Greene, 2003, 287-290）。このため，時系列で変化しない独立変数の効果は全てユニット内平均により相殺されることになるため，歴史や文化といった国ごとに異なるが時系列では変化しない変数を省略することから生じるバイアス（omitted variable bias）を考慮せずに回帰係数の推定を行うことができる。
（8） ただし，注7で述べた理由から，1945年から1979年までの左派政党やキリスト教民主党の政権与党議席数に占める割合の累積効果は，分析対象となる1980年から2001年までのデータ中では全て等しいため，ユニット内平均により相殺されている。そのため，「累積左派政党比率」や「累積キリスト教民主党比率」の係数の示す効果は，1980年からの累積効果である点には注意が必要である。

参考文献

Achen, C. H. 2000. *Why lagged dependent variables can suppress the explanatory power of other independent variables*. Paper presented at the Annual Meeting of the Political Methodology Section of the American Political Science Association.

Armingeon, K., & Bonoli, G. (Eds.). 2006. *The politics of post-industrial welfare states: Adapting post-war social policies to new social risks*. London: Routledge.

Armingeon, K., Leimgruber, P., Beyeler, M., & Menegale, S. 2006. Comparative Political Data Set 1960-2004 (Publication., from Institute of Political Science, University of Berne: http://www.ipw.unibe.ch/content/team/klaus_armingeon/comparative_political_data_sets/index_ger.html).

Beck, N. 2001. Time-series-cross-section data: What have we learned in the past few years? *Annual Review of Political Science*, 4(1), 271-293.

Beck, N., & Katz, J. 1995. What to Do (and Not to Do) with Time-Series-Cross-Section Data in Comparative Politics. *American Political Science Review*, 89(3), 634-647.

Beck, N., & Katz, J. 1996. Nuisance vs. Substance: Specifying and Estimating Time-Series-Cross-Section Models. *Political Analysis*, 6, 1-36.

Bonoli, G. 2005. The politics of the new social policies: Providing coverage against new social risks in mature welfare states. *Policy & Politics*, 33(3), 431-449.

Bonoli, G. 2007. Time matters: Postindustrialization, new social risks, and welfare state adaptation in advanced industrial democracies. *Comparative Political Studies*, 40(5), 495-520.

Brambor, T., Clark, W. R., & Golder, M. 2005. Understanding Interaction Models: Improving Empirical Analyses. *Political Analysis*, 14(1), 63-82.

Budge, I., Klingemann, H.-D., Volkens, A., Bara, J., & Tanenbaum, E. 2001. *Mapping policy preferences: Estimates for parties, electors, and governments, 1945-1998*. Oxford: Oxford University Press.

Castles, F. G., & Mair, P. 1984. Left-right political scales: Some 'experts' judgments. *European Journal of Political Research*, 12(1), 73-88.

Crepaz, M. M. L., & Moser, A. W. 2004. The Impact of Collective and Competitive Veto Points on Public Expenditures in the Global Age. *Comparative Political Studies*, 37(3), 259-285.

Cusack, T. R. 2003. Parties, Governments and Legislatures Data Set (Publication. Retrieved March 11th, 2008, from Wissenschaftszentrum Berlin für Sozialforshung: http://www.wzb.eu/alt/ism/people/misc/cusack/d_sets.en.htm#data).

Ebbinghaus, B., & Manow, P. 2001. Introduction: Studying varieties of welfare capitalism. In P. Manow & B. Ebbinghaus (Eds.), *The Comparative Welfare Capitalism: Social Policy and Political Economy in Europe, Japan and the USA* (pp. 1-24). London: Routledge.

Esping-Andersen, G. 1999. *Social foundations of postindustrial economies*. Oxford: Oxford University Press.

Esping-Andersen, G. 2002. *Why we need a new welfare state*. Oxford: Oxford University Press.

Estévez-Abe, M., Iversen, T., & Soskice, D. 2001. Social Protection and the Formation of Skills: A Reinterpretation of the Welfare State. In P. Hall & D. Soskice (Eds.), *Varieties of Capitalism: The Institutional Foundations of Comparative Advantage* (pp. 145-183). Oxford: Oxford University Press.

Ferrera, M. 1996. The 'Southern Model' of welfare in social Europe. *Journal of European Social Policy*, 6(1), 17-37.

Greene, W. H. 2003. *Econometric analysis* (5th ed.). Upper Saddle River, NJ: Prentice Hall.

Ha, E. 2008. Globalization, Veto Players, and Welfare Spending. *Comparative Political Studies*, 41(6), 783-813.

Häusermann, S. 2006. Changing coalitions in social policy reforms: The politics of new social needs and demands. *Journal of European Social Policy*, 16(1), 5-21.

Hemerijck, A. 2008. *Welfare Recalibration as Social Learning*. Paper presented at the ESPAnet Doctoral Researcher Workshop.

Huber, E., Ragin, C., Stephens, J. D., Brady, D., & Beckfield, J. 2004. Comparative Welfare States Data Set (Publication., from Northwestern University, University of North Carolina, Duke University and Indiana University: http://www.lisproject.org/publications/welfaredata/welfareaccess.htm).

Huber, E., & Stephens, J. D. 2000. Partisan governance, women's employment, and the social democratic service state. *American Sociological Review*, 65(3), 323-342.

Huber, E., & Stephens, J. D. 2001. *Development and crisis of the welfare state: Parties and policies in global markets*. Chicago: Chicago University Press.

Huber, E., & Stephens, J. D. 2006. Combating old and new social risks. In K. Armingeon & G. Bonoli (Eds.), *The politics of post-industrial welfare states: Adapting post-war social policies to new social risks* (pp. 143-168). London: Routledge.

Huber, J., & Inglehart, R. 1995. Expert interpretations of party space and party locations in 42 societies. *Party Politics*, 1(1), 73-111.

Huber, J. D., & Shipan, C. R. 2002. *Deliberate Discretion?: The Institutional Foundations of Bureaucratic Autonomy*. New York: Cambridge University Press.

IMF. (n.d.). World Economic Outlook Databases (Publication. Retrieved March 26th, 2008, from International Monetary Fund: http://www.imf.org/external/ns/cs.aspx?id=28).

Jessop, B. 2002. *The future of the capitalist state*. Cambridge, UK: Polity.

Kautto, M., Fritzell, J., Hvinden, B., Kvist, J., & Uusitalo, H. (Eds.). 2001. *Nordic welfare states in the European context*. London: Routledge.

Kersbergen, K. v. 1995. *Social Capitalism: A Study of Christian Democracy and the Welfare State*. London: Routledge.

Laver, M., & Hunt, W. B. 1992. *Policy and party competition*. New York: Routledge.

Morel, N. 2006. Providing coverage against new social risks in Bismarckian welfare states: The case of long-term care. In K. Armingeon & G. Bonoli (Eds.), *The politics of post-industrial welfare states: Adapting post-war social policies to new social risks* (pp. 227-247). London: Routledge.

Morel, N. 2007. From subsidiarity to 'free choice': Child- and elder-care policy reforms in France, Belgium, Germany and the Netherlands. *Social Policy & Admin-*

istration, 41(6), 618-637.
OECD. 2004. Social Expenditure database (SOCX), 1980-2001 (Publication., from OECD: www.oecd.org/els/social/expenditure).
OECD. 2007a. OECD Health Data 2007 (Publication., from OECD: http://new.source oecd.org/rpsv/statistic/s37_about.htm?jnlissn=99991012).
OECD. 2007b. Population and Labour Force Statistics (Publication. Retrieved Dec. 17, 2008, from OECD: http://www.sourceoecd.org/).
Pierson, P. 1994. *Dismantling the welfare state?: Reagan, Thatcher, and the politics of retrenchment*. Cambridge: Cambridge University Press.
Pierson, P. 2001. Post-industrial pressures on the mature welfare states. In P. Pierson (Ed.), *The New Politics of Welfare State* (pp. 80-104). Oxford: Oxford University Press.
Plümper, T., Troeger, V. E., & Manow, P. 2005. Panel data analysis in comparative politics: Linking method to theory. *European Journal of Political Research*, 44(2), 327-354.
Sipilä, J. (Ed.). 1997. *Social Care Services: the Key to the Scandinavian Welfare Model*. Hants, UK: Aldershot.
Taylor-Gooby, P. 2004a. New Social Risks and Social Change. In P. Taylor-Gooby (Ed.), *New risks, New welfare: The Transformation of the European Welfare State* (pp. 1-28). Oxford: Oxford University Press.
Taylor-Gooby, P. (Ed.). 2004b. *New risks, new welfare: The transformation of the European welfare state*. Oxford: Oxford University Press.
Trifiletti, R. 1999. Southern European welfare regimes and the worsening position of women. *Journal of European Social Policy*, 9(1), 49-64.
Tsebelis, G. 2002. *Veto players: How political institutions work*. Princeton, N.J.: Princeton University Press ［『拒否権プレーヤー：政治制度はいかに作動するか』眞柄秀子・井戸正伸訳, 早稲田大学出版部, 2009年］.
Tsebelis, G., & Chang, E. C. C. 2004. Veto Players and the Structure of Budgets in Advanced Industrialized Countries. *European Journal of Political Research*, 43(3), 449-476.

■学界展望論文

国際関係論における歴史分析の理論化

―外交史アプローチによる両者統合への方法論的試み―

保城広至

> 要旨：国際関係論における歴史と理論の間には，埋められない認識論上のまた方法論上の溝が存在しており，両分野が一つになることはない，というのが通説的な理解である．これに対して本稿は，伝統的な外交史のアプローチにおいていくつかの明示的な条件と方法論があれば，両者の統合は可能であると論じるものである．本稿が提案するのは，2つの条件――「時代・空間・イシューの限定」および「因果関係の解明」――と，3つの方法――「アブダクション」，「事例の全枚挙」，「過程構築」――である．

1 歴史と理論，古くて新しい緊張関係

農村社会から近代化へと至る様々な経路を描いた，B・ムーアの『独裁と民主政治の社会的起源』(1986) は，多くの社会学者・政治学者に影響を与え，今なお読まれ続けている名著の一つである．ただしこの金字塔的研究も，他の研究者からの批判を免れてはいない．特に辛辣なのは歴史家によるそれであり，ムーアの研究は，今までに蓄積されてきた歴史研究を「事実」として扱い利用するのみであり，分析事例として選択した各国の歴史を自ら発掘し，「新たな事実」を明らかにはしていない，という点が問題とされる．これは近年の歴史社会学にも見られる傾向であるとする Goldthorpe(1991: 225) は，ムーアに代表される歴史社会学者は「自ら好きな歴史的証拠を好きなように取捨選択できる」と言う．歴史家と社会学者の違いを，前者が「史料や遺物から歴史的事実を推論する」ことであり，後者は歴史家の研究蓄積に頼ることであるとするゴールドソープは，後者の見解は言わば「解釈の解釈，そしておそらくは，そのまた解釈である」と，辛辣なムーア批判を展開したのであった（Goldthorpe, 1991: 213, 220-223)[1]．

もちろん，歴史家と理論家との緊張関係というものは，古くは19世紀末のドイツにおける経済学の「方法論争」に代表されるように，いつの時代にも存在してきた（メンガー，1986）．ゴールドソープのムーア批判のように，歴史分析を通じて社会現象の理論化を試みる社会科学者が，事実そのものには無頓着であるという理由で歴史家の反感を買ったり，冷ややかに観られたりするのは，極めてありそうなことである．また逆に，具体的な歴史的細部に拘泥して全体的理解に何ら貢献しない歴史家の視野を，理論家が狭隘だと見なすのも理由なしとしない．国際関係を専門と

する歴史家と政治学者を集め，その接点と相違とを探るために生産的な討論を行った後にエルマンら（2003：32）が出したのは，「政治学者は歴史学者ではないし，またそうなるべきでもない。両分野の間には，埋められない認識論上のまた方法論上の溝が存在する」という結論であった。図1に見られるように，一次資料を渉猟して新事実を提出する歴史家，それを利用して理論構築を行う理論家，という構図は，所与のこととされてきた。

しかしながら，従来高く評価されてきた歴史研究が，新たな史料の発見や異なった論理などを駆使した新しいそれに取って代わられることは，しばしば観察される事実である。その場合，理論家は一つの壁にぶつかることになる。図1に即して単純化すれば，歴史家Yと歴史家Zの業績が歴史家Xによって反駁されたとすれば，理論家Aと理論家Bの研究もまた，誤った歴史研究を利用していたという理由で（つまり彼らの責任外のところで），崩されてしまうだろう。理論家というものはつまり，常に脆い砂上の楼閣に立っていることにならないだろうか。歴史的な社会現象の理論化を試みる社会科学者にとって，これは無視できない——ただし等閑視されてきた——問題ではないだろうか。

本稿の目的は，国際関係論の分野における歴史と理論の溝を取り払い，上記のような乖離問題を解決することにある。ジャーヴィス（2003：258）の乱暴な言葉を借りて換言すれば，「見ればわかる」とされている両ディシプリンを，「見てもわからない」ものにするための方法を提供することにある。答えは至って単純である。図1に描かれている歴史家と理論家の役割を，同一の研究で行えば良いのである。すなわち，一方で歴史的な実証分析を行い，他方で自ら築き上げた事例でさらに理論構築を目指せば良い。その点，本稿の提案する方法は，理論をどのように歴史分析に役立てるかという先行業績とは異なり（Trachtenberg, 2006），まず歴史分析を行った後に，それを理論へと導くにはどのようにすべきか，という指針となるものである。そのためにはいくつかの，限定された条件と明示的な方法論が必要となる。本稿が提案するのは，2つの条件——「時代・空間の限定」および「因果関係の解明」——と，3つの方法——「アブダクション」，「事例の全枚挙」，「過程構築」——である。そしてこれ

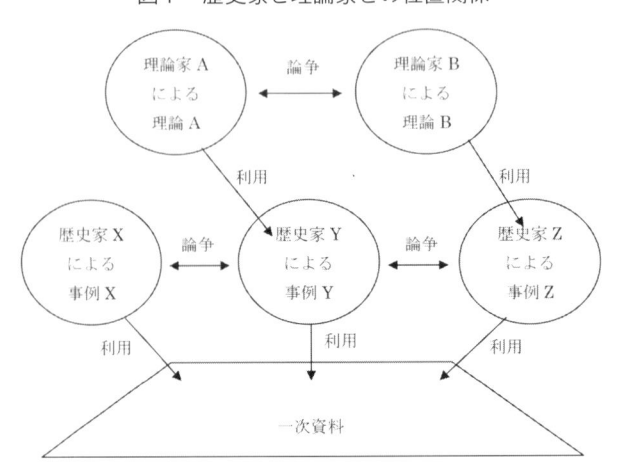

図1　歴史家と理論家との位置関係

らは，伝統的な外交史研究のアプローチによって可能になるものである。以下本稿では，国際関係論における歴史分析を理論へと導くことを目的として，上記方法論の有用性と論理的根拠を明らかにしていこう[2]。

2 中範囲の理論

理論とは，繰り返して現れる（と考えられる）個々の現象を統一的に，単純化・抽象化されたかたちで説明する体系的知識のことである。したがって，歴史とは一過性のものであると信じる歴史家にとって，歴史分析の理論化とは，そもそも自家撞着である。昨日の自分は今日・明日の自分とは異なる。そうであるなら，人間が創り出す社会の歴史に同じパターンなど現れようがなく，その理論化も無意味である。「法則定立的（nomothetic）」な研究を目指す理論家と，特殊かつ一回限りの現象に注目して緻密な分析を行う「個性記述的（idiographic）」な歴史家とはこの点で，大きな断絶が存在する。

しかしながら実際には，昨日の自分と，今日・明日の自分が大きく異なることはほとんどない。仮に人類すべてが一夜にして別人格になり，朝起きてその日の家族，隣人や同僚の性格・行動が全く予想できなかったとすれば，社会が混乱に陥るのは目に見えている。私たちが日常生活を何の問題なく過ごすことができるのは，かなりの程度の連続性がそこに存在しているからである。国際関係論においても，我々は例えば「外交交渉」「同盟の形成」「抑止」など，様々な時代や地域にちらばる現象を表現するために，抽象的・一般化された語彙を使用している。国際関係を専門とする歴史家が，上記の語彙を使用せずに研究を行うことは不可能に近い（George, 1979: 49）。したがって，人間社会の歴史において，繰り返し現れ一般化できるような，何らかのパターンがあると信じてそれを探求する理論家の試みは，非現実的であるとは思われない。さらに言えば，具体的現象というものは際限のない異なった様相を持っており，それらを完全に描写したり，説明したりすることもまた，不可能である。個別事象の詳細な分析にのみ関心を示す歴史家もその意味で，ある程度の一般化を行っているのである。

ただしこの考えを大きく敷衍し過ぎてもう一方の極に行き着くと，新たな問題が浮上する。すなわち，有史以来現在までを，かつ，あらゆる地域社会を包含するような法則が存在しており，それを発見するのが社会科学者の使命であるという考えである。このような考えに陥穽を見いだすには，国際関係論の分野において，時代と空間に限定されない研究がかつて存在しただろうかと問うてみれば十分であろう。B・ラセットらの（初期の）民主主義平和研究は，産業化されていない非国家主体や古代ギリシアからもサンプルを集めているという意味で，おそらく数少ない例外の一つと言えるかも知れない（ラセット，1996）。しかし彼らの研究の問題点は，分析の中心となる概念が歴史的に大きく変遷してきたことを考慮に入れていないことにある。すなわち近代以前，古代ギリシアにおいては，「民主主義」という概念が含意するものは「衆愚制」のことであり，否定的な意味合いの方が強かったはずである。そうだとすると，「民主主義」というような概念が，古代ギリシアと現代と

で同じ意味を持っていたと想定すること自体，誤りであると結論せざるを得ない (Cohen, 1994)。「民主主義」「革命」あるいは「国家」といった概念は，使用される時代や使用する者の置かれた状況によって変化していく。時代や空間が広がれば広がるほど，その乖離はますます大きくなる。その現実を受け入れずに，比較できないほど異なった意味内容を持った概念を，同音であるという理由で単純に一つの集合に入れてしまえば，「概念の過剰散開（conceptual stretching）」に陥る危険性が生じてしまう（Sartori, 1970）。

限定された時代と空間内の社会現象に類似したパターンが認められ，その範囲での比較と一般化が可能であることを，歴史家は理解し，少なくともその試みに寛容であるべきである。反対に，全網羅的な社会科学理論はあり得ないという現実を，理論家は受容するべきである。つまり国際関係論における理論研究と歴史研究との違いは根本的なものではなく，記述量と範囲幅の違いなのである。歴史分析の理論化への条件の一つはしたがって，歴史的実証分析の質を保ちつつ，特定の時代と空間，イシューに限定された範囲の中でのみ通用する理論——「中範囲の理論（middle-range theory）」(Merton, 1968: chap. 2) または「限定的一般化（limited generalization）」（ギャディス，2004：83）と呼ばれているもの——の構築を目指すことにある。

3　因果関係の解明

国際関係論における歴史分析の理論化に必要な第二の条件は，因果関係の解明，すなわち，一国内で生じた外交政策の原因を明らかにすることである。このことは，大方の政治学者には当たり前で物足りなく響くかも知れないが，多くの歴史家にとっては些か時代遅れに感じるかも知れない。両者にとって，因果関係に対する姿勢は大きく異なる。

北米を中心とする政治学者，特に「実証主義者（positivist）」とラベル付けされる研究者の多くは，政治現象の因果関係を明らかにすることを基本的な前提としている。古くはJ・S・ミルも「説明」を因果関係の解明であると述べているし，実証主義者に名を連ねる科学哲学の大家や近年の社会科学方法論を扱った教科書においても，「科学的説明」とは「なぜ疑問（why question）」に答えること，すなわち因果関係の解明であるとされている（Mill, 1875: chap. 12; Hempel, 1965: 334-335; Van Evera, 1997: 8-9; キングほか，2004：89-90）。すなわち，ある社会現象にはそれを生じせしめた原因があるという存在論的な同意があり，その因果メカニズムを明らかにすることが科学者の役割である，という認識論である。ただしある社会現象の因果メカニズムはあくまで蓋然的で，仮説（もしくは推論）にとどまらざるを得ないという了解もまた，存在する。

上記のような社会科学者とは対照的に，歴史学においては，因果関係の解明は決して万人に受け入れられている前提ではなく，むしろそれを否定的に論じる歴史家は少なくない(White, 1973: 11-13; Elton, 2002: 10; Vincent, 2006: 70-76)。歴史家にとっては，そもそも実証主義者が持つ上記のような存在論的な同意がないのに加えて，ある社会現象を「何であるか」を描写，理解することも「説明」(explaining what)

の一つに含まれるからである（Dray, 1959）。すなわち例えば，ある国家の「国民性」やある時期の「時代精神」を特徴付けたり，ある政策の意図や目的を「解釈」したりすることもまた，

表1　歴史学と社会科学／因果アプローチと構成アプローチの類型

	因果アプローチ (why question)	構成アプローチ (how or what question)
歴史学	古典的外交史	社会史
社会科学	実証主義	ポスト実証主義・構成主義

因果関係を解明した訳ではないにも拘わらず説明であって，重要な学問的貢献と見なされる。特に1970年代以降，伝統的な国家中心主義，あるいはアナール学派の計量歴史学や経済決定論的なマルクス主義史学に代表される「科学的歴史学」から，社会史や生活史における特定的で個別的なもの，女性など従来少数派として見過ごされてきた人々を「叙述」する傾向へと，（国際関係史を含めた）世界の歴史学が舵を切って以降，ますますその傾向が強まっている（Stone, 1979; ギンズブルグ，1984; 網野，2000; Finney, 2005）。「歴史の研究は原因の研究」であるとする外交史家E・H・カー（1970：4章）や歴史家M・ブロック（2004：167）の方法論的認識は，もはや支配的なパラダイムと言うよりは，歴史学の数ある研究プログラムの一つに後退した観がある[3]。

そして国際関係論において上記のような歴史学の傾向と軌を一にするのが，フェミニズム，批判理論といった「ポスト実証主義」と，1990年代以降国際政治学の主流の位置に躍り出た，構成主義（constructivism）である。彼らにとって，研究上の問いの中心になるのは「なぜ？」ではなく，「どのように（how?）」あるいは「何であるか（what?）」であり，この認識論が実証主義者との（決着がつきそうもない）論争の原因の一つとなっている。特にA・ウェントに代表される構成主義者は，国際社会における規範やアイディアが「構成されるのを明らかにすること」をも「説明」と呼ぶ（constitutive explanation）（Wendt, 1998: 108; Ruggie, 1998: 24）[4]。このような認識論は実証主義的な社会科学者のそれよりも，近年における歴史学のそれに近いと言える（表1）。

社会史に代表される近年の歴史学と，国際関係論における構成主義やポスト実証主義との融合や理論化という論点は興味深いものであり，今後探っていくべきテーマでもあるだろう。ただしそれを論じるのは本稿の範囲を超える。これ以降論じる方法は，表1の左側である古典的外交史と実証主義政治学との接点に限定されている。すなわち，特定の国における外交政策の原因を明らかにすると共に，その理論化を目指すことに焦点が絞られる。これが，本稿が提唱する国際関係論における歴史分析の理論化に必要な第二の条件である。

4　帰納／演繹→アブダクション

「現実の社会現象から観察された経験に基づく研究と，例外のないことを保証する理論研究とは全く別物であり，後者は経験から隔離しなければならない」という経済学「方法論争」の引き金を引いたC・メンガー（1986）のような素朴な演繹主義者や，「歴史とフィクションの間，一次資料と二次資料の間に境界はないため，歴

史家を研究することは過去を研究することと同意である」というポスト・モダニストのような立場を採るものでない限り (White 1973: 6-7; Jenkins 1991: 47-48)，社会現象の理論や一般化は経験的事実によって裏付けられなければならないという規範は，大方の研究者によって受け入れられていると思われる。「理論がある目的によく適ったものであれば，その前提 (assumptions) が現実を反映していなくとも問題ではない」とする Friedman (1953: chap. 1) でさえも，「当該理論による予測は経験的にテストされなければならない」と主張する。社会科学における歴史家と理論家が衝突する原因となるのは，理論と観察との間の時間的な位置関係である。すなわちそれは，事実観察の集積によって結論を導き出す帰納法と，前提と仮説をアプリオリに立てる演繹法（社会科学においては，その後にデータや社会現象にあたって当該仮説を検証することになる），いずれを採用するかという問題である。

　政治学の分野においては，近年の方法論教科書を概観する限り，演繹法に軍配が上がっているような印象を受ける。例えば統計学の教科書には，仮説がなければ分析をしてはならないという警告が必ずと言って良いほど出てくるし，方法論的要素が強い定性的な政治学分析においても，帰納法アプローチからは頑健で息の長い理論は生まれないと主張するものが多い (Waltz, 1979: chap. 1; Achen and Snidal, 1989: 145-146, 156; Geddes 2003, 5; キングほか, 2004: 55-58)。理論は観察データの集積から生まれなければならないとするベーコン流の帰納法は，政治学の分野ではすでに捨て去られたかのような印象すら受ける。

　なぜ帰納法からは，頑健で健全な理論は形成できないのだろうか。その問いには「帰納的飛躍 (inductive-leap)」と，「理論負荷性 (theory-ladenness)」という二つの観点から説明可能である。前者は，「帰納主義撲滅運動」（ラカトシュ，1986：318）を主唱したK・ポパーによって以下のように説明される（以下，Popper, 2002a[1963]: chap. 1; Popper, 2002b [1959]: chap. 1）。観察から得られた単称言明から普遍言明へ一般化する推論は，「帰納的推論」と呼ばれている。例えばある国際危機において，政府首脳の命令と矛盾した軍部行動が危機下にあってすら観察された事実から，「官僚組織は標準作業手続きに従って行動する」という組織理論を，ある研究者が導き出したとしよう。その研究者は，当該理論をさらに多くの事例，例えば日本の官僚組織などに適用し，追加確認し，その正しさを証明しようとするだろう。追加確認がある程度積み重なれば彼（女）は，単称言明を普遍言明へと一般化できると考えるはずである。これが帰納的推論であるが，問題となるのはこの飛躍である。つまりその組織理論は，帰納的推論によって未だ分析したこともない事例すら説明できるとされるわけであるが，このような既知の事例から（無限に広がる）未知な事例への一般化は，どのような原理においても正当化できないのである。それゆえ，上記のように新たな事例の追加によって自分の理論が正しいことを確かめているに過ぎない「帰納というようなものは存在しない」(Popper, 2002b: 18) と，ポパーは断言するのである[5]。

　「理論負荷性」の問題は，例えば「科学仮説や理論は，観察された事実から導出される (derived) のではなく，その事実を説明するために発明される (invented)

のである」とするヘンペル（1966：15 強調原文のまま）の言葉に象徴されるだろう。ラテン語源の「データ」は，元来は「与えられたもの」という意味をもつが，実はデータ解釈というものは受動的なものではなく，解釈者当人の主観的認識の産物であり，我々はそのような「理論負荷性」から逃れられないという命題である。これは元来，例えば同一の絵がアヒルにもウサギにも見えることを示した上で，万人が同意するような客観的な観察というものは存在しないことを明らかにするために，提示された概念である（ハンソン，1971）。この考えが当為となり，理論や仮説がなければ分析をしてはならない，と論じられてきたのである。仮に主観を廃した純粋な帰納法があるとすれば，同じ資料を利用している歴史家の間に意見の不一致が認められることはないはずである。これがしばしば観察される事実は，歴史家も何らかの理論や仮説を立てて研究を行っていることを示している。

　しかしながらより現実的には，アヒルにもウサギにも見えるような絵など，そうそう多くあるわけではない。政府内文書においても，多様な解釈の余地がほとんどないような「基本情報（basic information）」（Topolski, 1999: 200-201）は至るところにちらばっている。また，公文書館で資料蒐集をしたことのある外交史家であればしばしば経験することであろうが，偶然見つけた一枚の資料によって，自らの歴史解釈を大幅に変更させられることは，頻繁にあり得るのである（例えば，ギャディス，2002：261-263）。1980年代にアイゼンハワー（Eisenhower, Dwight D.）政権時の外交文書が解禁になったことで，当時は国務長官に任せきりだったと考えられていた，米国外交において大統領が果たした役割の再評価――アイゼンハワー修正主義――が（やや過剰気味に）盛り上がったのはその典型例であろう（McMahon, 1986）。したがって「理論負荷性は理論決定性（theory-determined）という意味ではない」（Bennett, 2005: 35; Ray and Russett, 1996: 447）という指摘は，正鵠を射ていると思われる。我々は最初に立てた仮説を最後まで引きずる必要はないし，その理論では説明できない新たな事実や証拠が発見されれば，当該理論はいつでも捨て去って新しい理論をつくれば良い[6]。データは「与えられたもの」というそもそもの語意も，それなりの真理を表現していると思われる。そして第5節で論じるように，歴史的資料を専ら仮説検証のためだけに使用するなら，その選択は恣意的なものにならざるを得ないし，歪んだ資料理解に陥る危険性もある（Elton, 2002: 32-35）。

　以上により，純粋な帰納法も演繹法も，国際関係論分析の手法としてそのまま適用することはできないことが明らかになった。そこで本稿が採用するのは，アメリカの論理学者・科学哲学者であったC・S・パースの発案した推論の方法，「アブダクション（abduction）」である。これは簡単に述べれば，ある事実やデータ（これは我々の信念や習慣から逸れるような，変則的な場合が多い）が観察された場合，それはなぜかと問い，何らかの作業仮説を作って説明・検証する方法のことである（邦語解説として，ハンソン，1986：178-194；米盛，2007参照）[7]。「作業仮説」である以上，それは新たなデータ観察次第で絶えず自己修正していくことも可能であるし（演繹との違い），観測データをそのまま一般化することなく，推論を働かせて因果関係や理論を発案する「発見的機能」をも持つことにもなる（帰納との違い）

8。

　本稿の提案する方法論は,「なぜ疑問」に答えることであると第2節で述べた。したがって,ある外交政策の結果あるいは状態が「何であるか」は,すでに所与のものであり,論争の種にはしない。例えば日米安保改定は1960年に行われたし,沖縄返還は1969年に決まり,その3年後に実現したことは事実として受け入れる。それがなぜ生じた／それまで生じなかったのか,という問いに答えることが,研究の目的となる。その原因を明らかにするために様々な作業仮説を作り,それら仮説の裏付けをとるためにインタビューや公文書館などでの資料蒐集が行われるだろう。当初の仮説はその過程で捨てても構わないし,新たな作業仮説を加えていっても良い。換言すれば,従属変数は固定したままで,独立変数・介在変数は柔軟に改変可能にしておくのが,アブダクションである。以上示した方法によって,次節以下に提示する分析手法を円滑に行うことができるのである。

5 「構造的」問いと全枚挙

　理論を形成するためには,適切なリサーチ・デザインが不可欠である。特に1990年代以降,事例選択に関する研究書が数多く世に出されるにつれ,政治学者は分析事例の選択に対して無自覚ではいられなくなった。例えば,従来の理論を反証するために,その理論で説明できないことが前もってわかっている事例(いわゆるイージー・ケース)を選ぶことは,ほぼタブーとなりつつある(Geddis, 2003: chap. 3; キングほか,2004：154－62)。なぜ当該事例を選択したのかという理由を,説得力を持って述べない限り,いかに緻密な実証を行っても,その研究価値が損なわれる事態になりかねないのである。それに対して歴史家は,基本的にリサーチ・デザインに対しては無頓着であったと言えるだろう。彼らの研究目的が理論の構築や反証ではなく,事例そのものに関する新しい事実の発見や従来解釈の反論にあるため,理論のための事例分析とその選択方法の必要性が,そもそも存在しないからである(分析対象を「事例(case)」と呼ぶこともまれである)。さらには,今まで誰も手を付けていなかった領域の実証分析を行うことも,我々の知識の増大という学術的貢献ができるとされている。

　では外交史家が通常行うように,ある一つの外交事例を詳細に分析することは,理論化に貢献するのだろうか。単一事例が理論に貢献することは,少なからずの政治学者も認めている。例えばEckstein(1975: 118-119)は,ある理論の有効性／非有効性を論ずるにあたって,それが説明する「最もあり得そうな事例(most likely case)」の分析によって当該理論が反証されれば,あるいは逆に「最もあり得そうにない事例(least likely case)」においても当該理論が有効であることが検証されれば,それは単一であっても分析するに値すると主張する。Lijphart(1971: 692)も,いわゆる逸脱事例(deviant case)は,従来見過ごされてきた独立変数の発見と理論化に繋がる場合があり,分析価値があるとする。ただし両者は同時に,単一事例の限界も認めている(Eckstein, 1975: 126; Lijphart, 1971: 686-687)。主な限界点として第一に,ある理論を反証するような事例を発見するのは決して容易ではない点,第二に,仮

にある理論が反証されそうな「決定的事例」が見つかったとしても，新たに救済用のアド・ホックな仮説をつけ加えたり，当該事例をマイナーな逸脱事例として扱ったりすることで，「理論の核」あるいは「理論全体」をその反例から救い出すことが可能である点[9]，第三に，単一事例が理論化に貢献すること，つまり発見的（heuristic）な役割を果たすことは確かにあるが，それ自体を一般化して理論を構築するのは，明らかに過剰な飛躍であるという点，などが挙げられよう。統計的には，独立変数の数が同じであれば，観察数が多ければ多いほどいわゆる「自由度（degree of freedom）」が高まり，その理論の有意確率は高まる。したがって「観察の数を増やせ」という提言は，やはり説得的である（キングほか，2004：6章）。つまり類似した複数の事例間比較を通じて初めて，当該事例を相対化することができ，最終的に理論化も可能になるのである。

　その点，外交史の事例間比較を行うにあたって最も参考になるのは，A・L・ジョージらの「構造化，焦点化された比較の方法（method of structured, focused comparison）」であろう。ジョージらによれば，「構造化，焦点化された比較の方法」とは，様々な事例に対して，研究の目的に沿った同じ問いを投げかけることによって「構造的」な比較を行い，分析対象事例のある特定の側面に「焦点」を当てて，「過程追跡（process-tracing）」（後述）によって詳細に分析した後に理論化を目指す手法のことである（George, 1979; George and Mckeown, 1985; George and Bennett, 2005: chap. 3）。つまりある社会現象が観察された際に，それはなぜ生じたのかという問いを立て，その問いを固定したまま複数の同種事例で詳細に検証していくことで，外交史家の行うような質の高い実証を保った上で，体系的な事例間比較が可能になるのである。ただしジョージらの方法は，どの事例を選択すれば良いのかは必ずしも明らかにしてくれない。そのため，例えばそれを適用した浩瀚なアメリカの抑止外交研究（George and Smoke 1974）は，事例選択が恣意的（あるいは従属変数からの事例選択）であると，リサーチ・デザインに意識的な論者から批判を浴びたのである（Achen and Snidal, 1989: 160-163）。すなわち，「構造的」であればどのような事例を選択しても構わないというわけではない。

　そこで本稿が提案するのが，「事例の全枚挙」――歴史学的に言えば，「通史分析」――である。我々は前節で，ポパーによる帰納主義批判の論理を見た。それは，観察可能な事例は無限の広がりを持っているために，有数の単称言明から普遍言明へ一般化することは正当化できない，というものであった。ただし本稿は第1節で，歴史分析の理論化の条件も一つ述べておいた。それは時間・空間・イシューに限定された一般化を行うこと，「中範囲の理論化」を目指すことであった。ここにおいて，ポパーの批判をかわす道が開けるのである。つまり時間と空間，イシューを区切るとすれば，観察可能な事例の数は自ずと有限数になる。その有限数をすべて分析対象に含めてしまえば，既知の事例から未知の事例への一般化という帰納的飛躍を行う必要がなくなるし，恣意的な事例選択という問題もクリアできるだろう[10]。すなわち外交史の理論化のためには，「構造化，焦点化された比較の方法」を，特定の時間と空間に限定されたすべての事例に適用しなければならない。

もちろん，どこからどこまでの時代を分析対象期間とするのか，あるいは個々の事例をどう定義するかは，慎重に定める必要がある（様々な事例の定義については，Ragin and Decker, 1992 参照）。原因と結果が比較的短期間で完結している事例，例えば米国による個別の国への軍事介入などは，個々の事例を定義し易いが，先に例示した沖縄返還などは結果が一つであり，時代区分と事例の複数化には問題が生じてくる。この点，実現しなかった結果も事例に含めることで事例間比較が可能になる。すなわち，日本政府による沖縄返還の要求は，すでに主権を回復した1952年から潜在的に存在していた。したがって沖縄返還が実現した要因を明らかにするには，1952年から1972年の期間，日本が米政府に返還を求めて拒否／受諾された個々の政策過程——例えば，1957年の岸・アイゼンハワー会談を巡る政策過程や，1962年における琉球立法院の施政権返還決議に至る政治などが候補となろう——を，すべて分析する必要がある。

6　過程構築から抽象化そして理論化へ

「構造化，焦点化された比較の方法」と事例の全枚挙によって，分析するべき事例が特定できた。次の作業は，どのように当該事例の因果関係を明らかにし，そして最終的に理論化に繋げていくかである。この点，前節で述べたように，ジョージらは個々の事例を「過程追跡」によって分析することを提唱している。「過程追跡」とは，制度などの様々な要因の内，どれが政策決定者に注意を向けさせるのかを明らかにし，それら要因が最終的にどのように決定と行動に至るのか，その過程を追うことである（George and McKeown, 1985: 34-41; George and Bennett, 2005: chap. 10）。ジョージら自身，この手法を歴史学から借りてきたと述べているように，これは外交史家にとっては何ら斬新な方法ではないだろう。ただし外交史研究と「過程追跡」との決定的な違いは，前者が事例そのものの過程を明らかにしていくのに対して，後者は理論の検証に使われるという点である。そして理論の検証に使われる限り，「過程追跡」は外交史分析にそのまま適用することはできないのである。

例えば Van Evera(1997: 36, 65) は，「過程追跡」による仮説の検証法を，政策決定者の日記・回顧録・文書などの中に，仮説を証明するものがあるかどうかを探すこと，と述べている。換言すれば，仮説を裏付けるような言説が一次資料の中から発見できれば，それは過程追跡で検証できたということになる。「自分の仮説に合った証拠に飛びつくのではなく，新しいデータが発見されたら，絶えず仮説の再修正を試みよ」というジョージらの戒告にも拘わらず（George and Bennett, 2005: 91, 99, 148, 219, 241, 253)，過程追跡はこのように歪んで解釈されてしまっている[11]。それがどのような結果を生むのかを，我々はいくつかの研究で見ることができる。典型的な一例は，プロスペクト理論によるキューバ危機の説明である。近年多くの研究者に注目されてきたプロスペクト理論は，ある状況下において意思決定者は，うまくいっている時は敢えて危険な行動をとることはないが，何かを失うかもしれないと考えた場合にある程度の実現可能性があれば，その損失を回避するためにリスクを厭わない行動に出ることを説明した理論である。キューバの沿海に海上封鎖を行

うという，米国が最終的に選択した政策を Haas(2001: 258-260) はこの理論で説明し，そして自らの主張の正しさを，ケネディ・テープという一次資料を利用して確認する。しかしながらその分析では，政策形成過程の分析がほとんど抜け落ちており，ケネディ・テープからほんの数回の（理論にとって都合の良い）ケネディ（Kennedy, John F.）大統領の発言が取り上げられているに過ぎず，恣意的な資料選択を行っているという印象は拭えない。このような検証法であれば，どのような仮説を立てようとも，膨大なケネディ・テープの中から当該仮説に沿った発言を見つけてくることは，決して困難なことではない。大統領の発言がいつ，どの文脈でなされ，それがどのように政策へと繋がって行ったかを示さない限り，実際の政策形成と発言との関係は不明確なままである。つまり一次資料を利用しているとしても，それが前もって立てた仮説や理論の検証という目的に使われる限り，ハースの犯した誤りは避けられないと思われる。

　上記の問題を解決するには，政策決定に至るプロセスを，始めから最後まで明らかにしなければならない。すなわち，まずは分析すべき政策の発端（point of no return）を突き止め（Roberts, 1996: 116），その政策に関係する人物・組織を特定し，彼らの関係や言動とそれを取り巻く環境を，政策形成に沿って時系列的に分析していかなければならない。もちろんその作業の途上で，重要な役割を果たしていた関係者が新たに発見されることもあるだろうし，国際環境の変化が大きな影響を及ぼしていたことが明らかになることもあるだろう。そのような新事実を取り込みつつ（前節で述べたアブダクションを想起せよ），政策形成の核となる流れを見失わないように，緻密に分析が行われなければならない。このような分析手法を，「過程構築（process creating）」と呼ぶことができるだろう。「過程追跡」が仮説をもって資料に当たる，言わば遡及的な検証法なのに対して，「過程構築」はあくまで原因から結果へ至る時間の流れに忠実に，現れ出る支流を次々と取り込んで大きな流れへと描いていく外交史の方法である。またそれは，事例そのものを明らかにする最も堅実な方法であるとも言える。かつて資料へのアクセスが英米と比較して困難であった日本外交史研究においても，情報公開法の施行以来，その制約は大幅に改善されてきており，「過程構築」を行える素地は固まってきている。

　「過程構築」という手法はしかしながら，そう易々とは実践に移せないことは指摘しておかなければならない。それを実施するためには，分析事例の時代状況や関係組織・制度・人物に対する幅広くかつ深い予備知識や，膨大な一次資料の渉猟が必要不可欠であるし，一から過程を築き上げる以上，先行研究に対する仮借のない批判的姿勢が求められる。ただしそのような困難な作業を成し遂げることで我々は，個々の事例の全体像を歴史的に明らかにすることができ，「過程追跡」にありがちな資料選択の恣意性も回避できるのである。

　「過程構築」が終了すれば，理論化まで残された作業はそれほど多くない。我々はここまでにおいて，構造的・体系的な問いによって分析事例を特定した上で，各事例の政策形成過程を詳細に明らかにして，様々な要因を抽出してきた。Eckstein (1975) の用語を借りれば，それらは「個別記述の形態（configurative-idiographic）」

をとっているはずである。理論化のためには，これら独立変数をさらに抽象化させて（ただし過度な抽象化は極力避け，一定の時代に限定されたある程度の具体性は維持しつつ），「概念の階段」を昇らなければならない（Sartori, 1970: 1040-1046; Goertz, 2006）。その後，各事例のすべての抽象化された独立変数を分割表（contingency table）にまとめ，比較分析の方法や類型論を通じて，理論化を行うことになる[12]。独立変数の体系的な比較が可能なのは，最初に「構造的な問い」を行っていたからである。換言すれば，従属変数は「統制された記述形態（disciplined-configurative）」をとっているからである。

　例えば，国内では積極的に推進されるべきであるという規範があるにも拘わらず，国際的な反対によって断念せざるを得ない外交政策が存在したなら，これは「外圧」の影響と抽象化することができる。このような事例が一定の期間内で繰り返し観察されたなら（つまり分割表に頻繁に現れたなら），外圧反応型国家やミドルパワーの限界論として理論化することが可能であろう。あるいは，主要な政策決定者が，過去に犯した失敗を活かして政策を変更したことが確認できたのなら，「歴史の教訓」が重要であったと主張することもできるだろう。これは時代横断的な比較を通じて，どのような状況や条件下で，あるいは他の要因と結びついた際に「歴史の教訓」が有効／非有効であるのかという，「教訓理論（leaning theory）」（Levy, 1994）へと繋げていくことができる。

　以上のような通史的比較や類型論によって，なぜある事例においては特定の要因（あるいは複数要因の結合）が結果に影響を与えているのに，他の事例ではそうでないのかという問いに答えることが可能であり，またすべての事例において相対的に重要な要因――繰り返されるパターン――を明らかにすることもできる。すなわち，「過程構築」によって外交史分析の実証の質を保ちつつも，分析後に独立変数を抽象化し，それを体系的に比較することによって，国際関係論における歴史分析の理論化への道が開けるのである。

7　「『棲み分け』を超えて」を超えて

　田中明彦（2009）は，日本の国際政治学会には三つの潜在的な論争が存在していたとして，外交史と理論研究との関係を巡る論争を第一の例として挙げる。そして従来潜在的であった論争を顕在化させ，双方向の活発な議論が求められると田中は論じている。もちろん，沈黙を保っていた両者がお互いを意識して対峙し，論争することは望ましいことである。ただし論争を顕在化させるだけでは，「外交史家」「理論家」といった自らのアイデンティティを再確認する結果になり，「我々」と「彼ら」との棲み分けはますます深まっていく結果にならないだろうか。現在の政治学は，計量や数理を取り入れた分析のみならず，コンピュータ・シミュレーションや神経心理学など，多様なアプローチ，多様なディシプリンが入り交じり，相互作用をおこし，そして従来になかった優れた研究成果が現れている。このような現状において，歴史と理論を別々の枠の中に閉じこめておく必要性はどこにもないだろう。本稿が論じたのは，田中の指摘する「棲み分け」を顕在化させた上で，さらに

それを乗り超え，統合する試みであった。

　もちろん本稿の内容が，歴史と理論を結びつける唯一の方法論であると主張しているわけではなく，これを他の研究者に独断的に押しつけるつもりはない。また，本稿の方法論にもいくつか限界があることを認めるのも吝かではない。ここで提示した方法を実践するためには，ある程度の記述量が必要不可欠であって，小論文の分量ではおよそ不可能であろうし，（外交史研究に常につきまとう問題ではあるが）資料の開示状況によって，事例選択の幅は大きく左右されてしまうだろう。さらに資料があったとしても，適切な事例を発見することは決して容易ではなく，かなりの根気強い努力が要求される。そのような限界にも拘わらず――あるいはそれゆえに――，歴史と理論を論じる上で，本稿のような試みや論争がこれから盛り上がりを見せ，さらに洗練された方法論が生み出されていくのならば，本稿の存在意義もあるだろうし，学問の発展にとってこれ以上望ましいことはない。

【記】　本稿は，保城広至『アジア地域主義外交の行方：1952-1966』（木鐸社，2008年）で展開した方法論に，若干の思考修正を施した上で明示化したものである。言わば本稿の実践編として，拙著を参照していただければ幸いです。また本稿は，文部科学省科学研究費補助金（特別研究員奨励費20・10325）による研究成果の一部であり，草稿・初稿の段階において，2名の匿名査読者及び遠藤晶久，岡部恭宜，織田恵梨子，湯川拓の諸氏からは貴重なコメント・助力をいただいた。記して感謝したい。

（1）　ただしいわゆる一次資料を使用することは，歴史研究として認められることの十分条件ではない。それがある理論の検証に使われる限り，資料選択が恣意的になる可能性は常につきまとう。ゴールドソープが見落としたこの問題点とその対処法は，第6節で論じる。
（2）　査読者の一人が指摘されたように，本テーマに関して重要な学術的貢献を行っているのはフランスの学界であろう。ただしそこまで検討射程を広げることは今の筆者の能力を超えているため，後の課題としたい。以下で展開する分析は，主に日米の学界状況を土台としている。
（3）　もちろん例外も少ないわけではない。例えば政治学者から好んで引用されるRoberts (1996) は，歴史的因果関係についての包括的な解説書である。
（4）　ただし，これを「説明」と呼ぶことに対しては，実証主義はもとより，ポスト実証主義の立場からも批判があり，ウェントは両者に挟撃される形になっている。実証主義的な立場からの批判としては，Dessler (1999: 123-130)，ポスト実証主義者からのそれは，Smith (2000: 156-160) 参照。本稿は単純化のために構成主義とポスト実証主義を同一の枠に入れたが，以上の理由により，この類型に問題がないわけではない。
（5）　この帰納的推論と追加確認に対する批判的な態度から，ポパーの「反証可能性」は生まれた。すなわちポパーは，擬似科学と科学との境界線を，「どのような証拠が見つかれば自分の理論が確認されるか」ではなく，「どのような反証が見つかれば自分の理論が棄却されるか」という点に置いたのである。帰納的飛躍を回避する方法は，次節で論じる。
（6）　ちなみにPopper (2002b[1959]: 7) は，このような新たな観察による発見の文脈を，「ある論理を考案あるいは発明するという最初の段階は，論理的分析を必要としないし，論理分析ができるものでもない」と述べ，彼の「科学的発見の論理」からは排除

した。この切り捨て態度に対して科学史家 Hanson(1961: 31) は，科学者が仮説をどのように見つけたかという推理プロセスを示すことは，「(仮説発見の) 物語の一つの本質的部分」であると述べ，反論を加えている。もちろん本稿は，後者の見解に同意する。
(7) パース自身は，「アブダクション」を「仮説」と同義のものとしているが，仮説演繹法の「仮説」と誤解されるため，本稿では「作業仮説」という語を使用する。さらには，アブダクションを (広義の) 帰納法の一部とする考えもあるが，本稿では両者は区別して考えている。
(8) ちなみに，構成主義者である Ruggie(1998: 34) は，このアブダクションを研究手法として採用していると明示的に述べている。歴史家である W・H・マクニールの論じる方法もまた，アブダクションと言って良いだろう (ギャディス，2004：66)。
(9) このような決定的実験の不可能性は，「デュエム＝クワイン・テーゼ」と呼ばれている。ラカトシュ (1986：1章) も参照。
(10) ただし本稿は，事例の全枚挙が常に可能であると主張しているわけではない。新たな資料公開や根気強い周辺調査によって，従来見過ごされてきた事例が発見されることもあり得る。このような新事実の発見は，歴史研究の醍醐味でもあるだろう。さらに言えば，このような事例選択方法で明らかになるのは必要条件のみである。十分条件をも明らかにしたいならば，次節で論じる「過程構築」によってまず独立変数を抽出し，それらが存在したにも拘わらず結果に繋がらなかった事例を再度検証する必要がある。
(11) 新たな証拠に従って仮説を再修正せよという助言自体は，本稿のアブダクションと同じものである。ただしジョージらは，自らの「過程追跡」を歴史的手法と比較する際には「理論的問題意識」を強調し，独立・介在変数は固定させておくことを訴える (George and McKeown, 1985: 45; Bennett, 2005: 32)。これは仮説―検証という演繹法に他ならない。このようにジョージらのスタンスは，理論家に対する際と歴史家に対する時とにズレがあり，必ずしも一貫していないように思われる。
(12) 比較分析や類型論について詳しくは，(Mill, 1875: chap. 8; Lijphart, 1971; Ragin, 1987; Elman, 2005) などを参照。

引用文献
網野善彦 (2000) 『「日本」とは何か』講談社。
エルマン，コリン＆ミリアム・F・エルマン (2003) 宮下明聡訳「国際関係研究へのアプローチ：歴史学と政治学の対話」エルマン＆エルマン編，渡辺昭夫監訳『国際関係研究へのアプローチ：歴史学と政治学の対話』東京大学出版会。
カー，E・H (1962) 清水幾太郎訳『歴史とは何か』岩波新書。
ギャディス，ジョン・L (2002) 五味俊樹ほか訳『ロング・ピース：冷戦史の証言「核・緊張・平和」』芦書房。
ギャディス，ジョン・L (2004) 浜林正夫・柴田知薫子訳『歴史の風景：歴史家はどのように過去を描くのか』大月書店。
キング，G，R・O・コヘイン，S・ヴァーバ (2004) 真渕勝監訳『社会科学のリサーチ・デザイン：定性的研究における科学的推論』勁草書房。
ギンズブルグ，C (1984) 杉山光信訳『チーズとうじ虫：16世紀の一粉挽屋の世界像』みすず書房。
ジャーヴィス，ロバート (2003) 野口和彦訳「国際関係史と国際政治学：なぜ研究の仕

方が異なるのか」エルマン&エルマン編『国際関係研究へのアプローチ』。
田中明彦 (2009)「日本の国際政治学:『棲み分け』を超えて」日本国際政治学会編『日本の国際政治1:学としての国際政治』有斐閣。
ハンソン, N・R (1986) 村上陽一郎訳『科学的発見のパターン』講談社文庫。
ブロック, マルク (2004) 松村剛訳『新版・歴史のための弁明:歴史家の仕事』岩波書店。
ムーア, バリントン Jr. (1986) 宮崎隆次ほか訳『独裁と民主政治の社会的起源』岩波書店。
メンガー, カール (1986) 吉田昇三訳『経済学の方法』日本経済評論社。
米盛裕二 (2007)『アブダクション:仮説と発見の論理』勁草書房。
ラカトシュ, イムレ (1986) 村上陽一郎ほか訳『方法の擁護:科学的研究プログラムの方法論』新曜社。
ラセット, ブルース (1996) 鴨武彦訳『パクス・デモクラティア:冷戦後世界への原理』東京大学出版会。
Achen, Christopher H. and Duncan Snidal. 1989. "Rational Deterrence Theory and Comparative Case Studies," *World Politics*, 41 (2).
Bennett, Andrew. 2005. "Case Study Method: Design, Use, and Comparative Advantages," in Detlef F. Sprinz and Wolinsky-Nahmias Yael, eds. *Models, Numbers & Cases: Methods for Studying International Relations*, University of Michigan Press.
Cohen, Raymond. 1994. "Pacific Unions: A Reappraisal of the Theory that 'Democracies Do Not Go to War with Each Other'," *Review of International Studies*, 20 (3).
Dessler, David. 1999. "Constructivism within a positivist social science," *Review of International Studies*, 25 (1).
Dray, William. 1959. "'Explaining What' in History," in Patrick Gardiner, ed. *Theories of History*, NY: Free Press.
Eckstein, Harry. 1975. "Case Study and Theory in Political Science," in Fred I. Greenstein, ed. *Handbook of Political Science*, Vol. 7, Addison-Wesley.
Elman, Colin. 2005. "Explanatory Typologies in Qualitative Studies of International Politics," *International Organization*, 59 (2).
Elton, Geoffrey R. 2002. *The Practice of History, second edition*, Blackwell.
Finney, Patrick. 2005. "What is International History?" in Patrick Finney, ed. *Palgrave Advances in International History*, Palgrave Macmillan.
Friedman, Milton. 1953. *Essays in Positive Economics*, University of Chicago Press.
Geddes, Barbara. 2003. *Paradigms and Sand Castles: Theory Building and Research Design in Comparative Politics*, University of Michigan Press.
George, Alexander L. 1979. "Case Studies and Theory Development: The Method of Structured, Focused Comparison," in Paul Gordon Lauren, ed. *Diplomacy: New Approaches in History, Theory, and Policy*, NY: Free Press.
George Alexander L. and Richard Smoke. 1974. *Deterrence in American Foreign Policy: Theory and Practice*, Columbia UP.
George Alexander L. and Timothy J. McKeown. 1985. "Case Studies and Theories of Organizational Decision Making," in Robert Coulam and Richard Smith, eds. *Advances in Information Processing in Organizations*, Vol. 2, JAI Press.
George Alexander L. and Andrew Bennett. 2005. *Case Studies and Theory Development in the*

Social Sciences, Cambridge, MIT Press.
Goldthorpe, John H. 1991. "The Use of History in Sociology: Reflections on Some Recent Tendencies," *British Journal of Sociology*, 42 (2).
Goertz, Gary. 2006. *Social Science Concepts: A User's Guide*, Princeton UP.
Hempel, Carl G. 1965. *Aspect of Scientific Explanation, and other essays in the Philosophy of Science*, NY: Free Press.
Hempel, Carl G. 1966. *Philosophy of Natural Science*, Englewood Cliffs.
Haas, Mark L. 2001. "Prospect Theory and the Cuban Missile Crisis," *International Studies Quarterly*, 45 (2).
Hanson, Norwood Russell. 1961. "Is there a logic of Scientific Discovery?," in Herbert Feigl and Grover Maxwell, eds. *Current Issues in the Philosophy of Science*, Holt, Rinehart and Winston.
Jenkins, Keith. 1991. *Re-thinking History*, Routledge.
Lijphart, Arend. 1971. "Comparative Politics and the Comparative Method," *The American Political Science Review*, 65 (3).
Levy, Jack. 1994. "Learning and Foreign Policy: Sweeping a Conceptual Minefield," *International Organization*, 48 (2).
McMahon, Robert J. 1986. "Eisenhower and Third World Nationalism: A Critique of the Revisionists," *Political Science Quarterly*, 100 (3).
Merton, Robert K. 1968. *Social Theory and Social Structure*, NY: Free Press.
Mill, John Stuart. 1875. *A System of Logic, Ratiocinative and Inductive: Being a Connected View of the Principles of Evidence and the Methods of Scientific Investigation*, 9th ed., London, Vol.1.
Popper, Karl. 2002a[1963]. *Conjectures and Refutations: The Growth of Scientific Knowledge*, Routledge.
Popper, Karl. 2002b[1959], *The Logic of Scientific Discovery*, New edition, Routledge.
Ragin, Charles C. 1987. *The Comparative Method: Moving Beyond Qualitative and Quantitative Strategies*, University of California Press.
Ragin, Charles C. and Howard S. Decker, eds. 1992. *What is a Case?: Exploring the Foundations of Social Inquiry*, Cambridge UP.
Ray, James Lee and Bruce Russett. 1996. "The Future as Arbiter of Theoretical Controversies: Predictions, Explanations and the End of the Cold War," *British Journal of Political Science*, 26 (4).
Roberts, Clayton. 1996. *The Logic of Historical Explanation*, The Pennsylvania State UP.
Ruggie, John G. 1998. *Constructing the World Polity: Essays on International Institutionalization*, Routledge.
Sartori, Giovanni. 1970. "Concept misformation in comparative politics," *American Political Science Review*, 64 (4).
Smith, Steve. 2000. "Wendt's World," *Review of International Studies*, 26 (1).
Stone, Lawrence. 1979. "The Revival of Narrative," *Past and Present*, 85 (1).
Topolski, Jerzy. 1999. "The Role of Logic and Aesthetics in Constructing Narrative Wholes in Historiography," *History and Theory*, 38 (2).
Trachtenberg, Marc. 2006. *The Craft of International History*, Princeton UP.
Van Evera, Stephan. 1997. *Guide to Methods for Students of Political Science*, Cornell UP.

Vincent, John. 2006. *An Intelligent Person's Guide to History*, Overlook TP.
Waltz, Kenneth N. 1979. *Theory of International Politics*, Addison-Wesley.
Wendt, Alexander. 1998. "On Constitution and Causation in International Relations," *Review of International Studies*, 24 (Special Issue).
White, Hayden V. 1973. *Metahistory: The Historical Imagination in Nineteenth-Century Europe*, Johns Hopkins UP.

■研究ノート

投票行動における福祉と防衛の比較考量
―戦後日本の有権者にとっての「大砲」と「バター」―

大村華子

> 要旨：戦後日本の有権者にとって，福祉政策と防衛政策の比較考量は投票政党の選択を規定していたのであろうか。既存の日本政治研究では，「大砲（安全保障）」と「バター（社会保障）」の2側面を自民党に求めた有権者の姿が繰り返し強調されてきた。本稿は，先進諸国の有権者が一般的に直面するとされる政策間の比較考量と投票選択に関する理論に基づき，日本の有権者の政党選択を再検証する。

I. はじめに

　従来の日本政治研究では，1955年体制下における自由民主党（以下，「自民党」）の一党優位体制の維持について，同党が西側陣営との協力を日米関係を基軸に維持し，安全保障の安定的供給に努めたことに加え，国内福祉の充実に成功した結果，主要野党である日本社会党（以下，「社会党」）や日本共産党（以下，「共産党」）を「残り物の政治」に封じ込めることに成功したからだとする説明が提示されてきた（村松 2006：5；建林 2004：2 – 3）。また社会党の政権党としての，ひいては社会保障担当政党としての信頼性（credibility）の低さについても，自民党支配の裏面である「野党の失敗」として分析がなされている（新川 1999，2007；的場 2003；森 2001；Scheiner 2005）。これらの理解は，有権者の投票行動について，日米同盟の強化や防衛力の強化を望む有権者が自民党に投票する傾向にあり（三宅 1985；蒲島 2004，1986），現状の経済状態に満足する有権者も自民党政権に期待ないしは信頼を寄せてきたとする推論を長く可能にした（平野 2007；三宅・西澤・河野 2001；小林 1991）。
　これを別言すれば，戦後日本の有権者にとって「大砲か，バターか（Guns versus Butter Problem）」（Powell 1993）という選択肢は，他国の有権者ほどには重要でなかったことが示唆されてきたということになる。「大砲（安全保障）」が米国との紐帯によって確保される以上さほど問題とならず，「バター（社会保障・民生）」についても自民党議員が政策的ニッチを総花的に埋めたことが奏功し（建林 2004），有権者は充分な福祉を享受できたと考えられたからである[1]。
　しかし，55年体制下の日本で「大砲か，バターか」の選択肢に有権者は本当に直面しなかったのだろうか。日本の有権者は社会保障政策と安全保障政策それぞれへ

の期待に基づいて，投票する政党を峻別していなかったのだろうか。投票時の政党選択は候補者評価，政党評価および政策評価の複合的帰結であるため，政策評価だけにとりわけ注目することはまれであり，福祉政策と防衛政策間の比較考量[2]の様子は上述の自民党が提供した政治的リソースに関する議論が有力だったためか，明示的に検証されてはこなかった。

その一方，その他の先進諸国についての既存理論は，有権者が政党から提供される福祉量と防衛量に基づいて政権党を選択するというメカニズムを示唆してきている（Powell 1993; Garfinkel 1994; Hess and Orphanides 1995, 2001; Ishida 1998; Alesina and Spolaore 2005）。もし仮に，有権者が福祉政策，防衛政策に基づいて投票時の政党選択を行っているなら，(i) 福祉拡充に期待したり，防衛強化を望むという態度が，固有の政党の選択や敬遠といった行動を促すはずであるし，また (ii)「福祉より防衛を望む有権者」および「防衛より福祉を望む有権者」に特徴的な投票行動が確認されるはずである。そのように考えると，55年体制下の日本の有権者にもそれらが観察されたのかどうかを改めて確認してみる必要があるといえよう。本稿は，日本の有権者が諸外国の既存理論にあるように，福祉と防衛という2つの政策の検討，あるいはそれら政策間の比較考量を経て投票選択を行っていたのかを検証し，ひいては自民党がどの政策への信任を以って一党優位体制を維持しえたのかを再度推論し直そうと試みる。

以下2節では，福祉と安全保障に関わる効用を最大化しようとする有権者の意思決定問題を扱った先行研究を紹介しながら，(i) 自民党が高くない防衛費と恒常的な安全保障を提供してきたことで，安全保障の充実を望む有権者は自民党に投票し，(ii) 現状の経済政策に満足する有権者は自民党に投票していたが，社会保障の充実を望む有権者は，先進諸国の有権者と同様に左派政党である社会党に期待し，投票しており，加えて (iii) 安全保障よりも社会保障の充実を求めた有権者は社会党に投票し，社会保障よりも安全保障の充実を求めた有権者は自民党に投票していたとする本稿の理論的主張を導く。3節では理論から導かれた仮説を検証するべく，「政策態度に固有の投票選択」と「政策分野間の比較考量と投票選択」について多項ロジット推定とシミュレーションを用いることで分析する。その結果，(i) 日米関係の強化や防衛強化を望むものほど社会党よりも自民党に投票していた一方，福祉拡大を望む有権者は社会党に投票していたこと，(ii) 福祉よりも防衛を望むものが自民党に，防衛よりも福祉を望むものが社会党に投票していたことが明らかになり，日本の有権者が大砲とバターそれぞれについて異なる政党に期待し，それが投票政党選択の差異を生み出していたことが示される。

II. 理論の検討

1. 既存理論

本稿は，有権者が安全の恒常的な保障と経済的な福利厚生の増大を求める存在であり，各政党の政策がそれに照らしてどの程度魅力的かを検討しながら投票方向を

定めていることを明らかにしようとするものである。対外的問題と国内問題の双方に関心を抱く有権者の効用最大化問題の定式化については，政治学のなかでも国際関係理論や経済学による学際的アプローチから諸モデルが提出されてきた。本稿は，分析に有用となるであろう既存理論を，主に (i) 国際関係論における紛争解決モデル，(ii) 防衛経済学における福祉と防衛への資源配分に関する理論の2つの系統に求めることにした。以下においてそれらを概観した後，本稿の理論的主張を提示する。

まず国際関係における紛争解決理論モデルとして，パウエルは国家の意思決定問題を設定し，「大砲か，バターか」に揺れる有権者の効用最大化問題を明示した (Powell 1993)。パウエル・モデルが取り組んでいるのは，限られた財を軍事と国内の福祉に振り分けねばならない国家の意思決定と，そういった国家間どうしのゲームである。本稿は国家の意思決定問題ではなく，有権者のそれに注目するので，この効用モデルは直ちに本稿の理論モデルとして反映されるわけではない。しかし本稿における理論的主張を検討する上で，パウエル・モデルがとりわけ有用なのは，政治家が民生の拡大を望む国内の社会的圧力に対処せねばならない様子をモデル化している点である。パウエル・モデルは国内の社会的圧力を構成する有権者が，政権を担当する政党あるいは在野のそれらについて，限りある財を軍事費と社会保障費にいかに分配するかに関心を抱き，その評価に基づいて政権党を選択する存在であることを示唆しているのである。

パウエル・モデルは国家の意思決定問題と，それから派生する有権者の意思決定問題に関するシンプルな状況を描写しているが，防衛経済学の分野でも社会保障と防衛の分配問題に関心を払う有権者の効用最大化問題が定式化されている。ガーフィンケルは，「政党ないしは議員が再選という目的のためだけでなく，選挙区の福利厚生最大化 (welfare maximization) のために政策選択を行っている」(Garfinkel 1994: 1294) とした上で，各国の政党（指導者ら）が選挙区利益の不確実性に対峙することによって，国家間紛争の激化が抑制されるメカニズムを示した。ガーフィンケルによれば，有権者の効用関数は社会保障と安全保障，および税率によって決定される。この効用関数のもとで「有権者によってなされる重要な選択は，唯一どの政党を選ぶべきか」(1297-1298) ということだけであり，有権者は自分たちにとって充分大きな社会保障，安全保障を実現してくれる政党を，その政党の税率に注目しながら選ぶ存在であることが示唆されている。具体的には，政党が充分な軍事資源を維持できない場合に政党間対立は激化し，政権交代の可能性が高まることが命題として提示された (1301)。

また石田 (Ishida 2001) は，有権者の効用を有権者の消費関数と安全保障のレベルに基づいて記述した。石田によれば，他国の防衛費が上昇した場合に，有権者は高税率を許容するが，それには有権者の所得が充分に高いことが前提となるという (178, 183)。石田モデルに基づけば，防衛費の上昇を有権者が承認できる場合は限定的であり，それは有権者が享受している防衛量と福祉量に依存することが示唆される。

これらの含意を総合すると，有権者の効用最大化問題は (i) 有限である資源の社会保障と国家安全保障への分配，(ii) その比較考量に基づいた投票の選択という2つの主要なプロセスによって規定されていることが分かる。一方これらのモデルでは，有権者と政党の関係から資源の分配比率が決定され，さらに国家間の友敵状態（紛争か平和）が規定されるというメカニズムを扱うが，本稿では，(i) 相手国の存在にまで議論を拡張しない点，(ii) 特にパウエル・モデルでは，有事と平時で異なる有権者の効用関数が設定されていたが，本稿では平時のそれのみが関心となる点，および (iii) パウエルや石田のモデルでは全資源から軍事費充当分を引いた値が社会保障費用であるのに対して，本稿は，両政策分野間の費用決定に際して比較考量がなされ，社会保障費用と軍事関連費用がゼロ和的な関係ではない有権者の意思決定と，政府の政策決定に基づく世界を想定しているという3点で異なっている。

　そして何より，これらの研究は有権者の選好情報が政党にとって不確実な場合に国内の防衛予算割合はどのようになり，それが他国との軋轢にどのように影響するかを示そうとしており，その究極的な関心は政党（政治家），ひいては国家の意思決定問題である。従って，政党が提供する社会保障と安全保障の比率が，どの程度有権者の意思決定に影響するのかについては，必ずしも明示的な解答を得られるわけではない。

　その点に留意した上でも，われわれは先行研究から，有権者が政党選択において加味するであろう資源の最大化問題について必要な知見を導くことができた。それは，有権者が安全保障と社会保障の比較考量に基づいて，投票する政党を選んでいるらしいということである。

2. 日本の場合

　では上述の理論は日本の有権者の政党選択の説明に，どのように反映させうるだろうか。日本の場合，日米関係を維持・発展させようとする自民党と，破棄させようとする社会党・共産党といった左派野党との間には政策上も，イデオロギー上も懸隔があり，その保革対立は国内経済政策にも反映され，有権者の投票行動に影響してきたことはよく知られる（蒲島 2004；北岡 1995）。自民党は，防衛費の応分の負担問題を米国側と調整しながら，80年代後半には防衛費の対 GDP 比1％枠を越えるか否かの政治イシューに直面し，その費用負担も在日米軍駐留の存廃問題と抱き合わせで常に国民の関心となった。しかし，いわゆる吉田ドクトリンを端緒に，軽武装・国内経済優先の方針を堅持し続けた（五百旗頭 2003：69－72, 197－198）。

　加えて自民党は，60年代の「所属倍増計画」以降，田中政権，三木政権下での老人医療，年金，健康保険政策の整備を経て（新川 2005：2－4章），中選挙区下での選挙区の個別利益にも対応しながら（建林 2004），再分配政策においても主導的立場を維持した。これは低い防衛費用下での，安定的な安全保障の提供に自民党が概ね成功し，マクロ経済政策においても有権者にとって魅力的なパフォーマンスを継続しえたことを意味しているようである。これに対して，社会党を初めとする左派野党は，実現可能性に関する信頼性はともかく，東側陣営との接近・関係発展を企

図し続け，経済政策では大きな財政支出も辞さない福祉の実現も視野に入れた政策セットを有権者に印象付けていた。この政策的，イデオロギー的コントラストから，55年体制下の日本において有権者は政権党に自民党を選択し続けたのであった。

このように，戦後日本政治に関するマクロな政治動態に基づけば，有権者が安全保障も社会保障も自民党に期待したと考えられたのはもっともなことである。55年体制下の日米関係は，上述のモデル群で想定されているほど軍事紛争の蓋然性は高くなく，この状況下で，もしある政党が継続的に高福祉と安定的な防衛を比較的低い税率のもとに運営することに成功するなら，有権者はそれらの資源を低いコスト負担のもとで享受しているので，その政党への支持・投票行動を変えるインセンティヴが低いことが予想される（Garfinkel 1994: 1301-1302; 参考：Ishida 2001）。結果，その政党は自己増幅的に政権党に就き続けることが可能だとするのは，確かに無理のない推論であろう。日本の有権者の関心も，平時におけるより少ない社会保障負担と防衛負担，そしてより充実した福祉と安全保障の実現であり，有権者がその評価に基づいて投票方向を定めていたとするなら，自民党への長期にわたる有権者からの信任は，自民党が提供し続けた福祉と防衛関連の資源と，それに伴う有権者のインセンティヴ構造の固定化から説明可能ともいえる。

また，社会党については55年体制下，政権に就くことはなかったために，有権者は社会党が高福祉を実現する政党として有能（capable）であるのかを知り得なかった。ここに，有権者にとっての社会党の能力（type）に関する不確実性が存在し，よって有権者は社会党を政権与党として信頼に足る政党であると認めなかったとも考えられる。加えて，日本型福祉論の代表的な研究者である新川（1993, 1999, 2005, 2007）や，政党システム分析の立場から的場（2003）などが論じているように，（i）日本の有権者の福祉に対する期待は私的セクターの発展を背景として，政党よりも企業に向けられたこと，（ii）企業が自民党から受益していたことを背景に，企業内労働者としての顔も持つ有権者は福祉政策に関して社会党よりも自民党に期待していたとする説明もなされてきた。

しかしここで，社会保障の供給を期待される政党についての一般的前提に目を向ける必要がある。社会主義政党は自由主義政党よりも高税率，高インフレのもと，低失業率などの高福祉状況をもたらすとの仮定が合理的党派モデルなどで受け入れられ（Hibbs 1987, 1994; Alesina 1988, 1994; Drazen 2000），その仮定の妥当性は米国やOECD諸国のデータをもとに検証されてきた（Alesina, Roubini, and Cohen 1997; Alesina and Roubini 1992）。実証的知見はしばしば左派政権下での物価上昇や失業率の悪化を支持しなかったが（Hibbs 1977），この前提は広く後の研究に受け入れられている。少なくともこれらの先進諸国を対象とした理論が示唆していることは，右派と左派に分類可能な2つ以上の政党がある場合に，左派政党が右派政党よりも社会保障の充実を期待される存在であり，1回限りの政権選択ゲームやゲームの初期においては左派政党のパフォーマンスに依存せず，「社会保障担当政党としての社会主義政党の役割」が仮定可能な点である。

この先進国一般の前提に基づけば，日本の事例においても，現状の福祉に満足す

る有権者は諸研究が示すように自民党に投票する傾向にあったが(平野2007)，福祉の拡大については政権党に就いたことのない社会党が期待されていたことが予測され，それが安全保障や対外政策への期待とどのような対照をなしていたのか，あるいはなしていなかったのかが検証される必要があると考えられる。

また，日本の事例についての従来の経験的分析では，社会保障政策の担い手として自民党の信頼性が社会党よりも高かったことや，それゆえに社会党が政権党に就けなかったことは充分説明されているように思える。しかし，それは社会党が政権党にならなかった政治的帰結から遡って，同党の信頼性の欠如を推測ないしは推論しているのではないだろうか。本来，社会党の社会保障政策に関する信頼性の欠如が社会党の万年野党化を助長してしまったと主張したり，ひいては戦後日本の有権者が，社会党に社会保障政策の担い手の役割を期待しなかったと結論するためには，有権者の政策に対する期待，および態度が彼らの投票選択をどの程度説明していたのかを検討せねばならないはずである。

それを明らかにするための手続きは自ずと，政党の政策と政治的帰結の間のマクロな分析を離れ，ミクロな有権者の意思決定の分析を志向することになるだろう。これについては的場自身が，社会党支持の有用性の低下がもたらされたことをめぐって，「選挙政治のレベルで検証することは，政党研究者や選挙研究者の焦眉の課題である」としているように（的場2003：279），マクロ次元での政権党の性質と社会保障政策の帰結間の分析だけでなく，ミクロ次元での有権者の政策認知と投票政党選択間の検証結果を示してはじめて，社会保障の充実を求める有権者がやはり自民党こそが適任だと考えていたのか，あるいは社会党ないし他野党に期待していたのかを確認することができる。よって，本稿は従来の説明の妥当性を確認するためにも，左派政党に関する一般的仮定に基づいて理論的主張を設定し，作業仮説を導こうとする。

ここまでの既存理論と日本の事例の検討から，本稿の理論的主張は (i) 自民党が高くない防衛費と恒常的な安全保障を提供してきたことで，安全保障の充実を望む有権者は自民党に投票していたこと，(ii) 現状の経済政策に満足する有権者は自民党に投票していたが，社会保障の充実を望む有権者は，先進諸国の有権者と同様に，左派政党である社会党に投票していたこと，そして (iii) 安全保障よりも社会保障の充実を求めた有権者は社会党に投票し，社会保障よりも安全保障の充実を求めた有権者は自民党に投票していたことの3点となる。つまり，日本の有権者も，他の先進諸国の有権者と同様に，政党の福祉政策と防衛政策の評価に基づきながら，そして「大砲か，バターか」の考量に根ざして投票選択を行っていたと考えるのである。では，これらの主張はどのような検証仮説として，またどういった方法で検証されるのが望ましいだろうか。次節において，実証分析に関連しての先行研究を紹介しながら検討する。

III. 検証仮説とその実証

1. 検証仮説

本稿と関連する関心から，包括的な計量分析を行った基盤となる研究に三宅（1985：249-281）がある[3]。同著の分析結果から日米安保体制の強化を望み，福祉の充実を企図していた有権者が自民党に投票していたという傾向を，既にうかがい知ることができる。一方で（i）離散型確率変数の推定に関する問題，（ii）係数の符号条件の問題，（iii）データの時系列方向への拡張などで改善が必要とされ，幾多の追試もなされてきてはいるが，本稿の計量分析も三宅（1985）以降，政策評価について扱われてきた因果経路を踏襲することにする。具体的には，「政策態度が投票行動に与えた影響」について，ミシンガン・モデルにおける他の主因である「政党評価」や「候補者評価」，および社会的属性（social predisposition）を制御した統計モデルに依拠する[4]。

以上の理論的主張や実証分析の先行研究を踏まえ，有権者の政策態度が投票行動をどのように規定したかに関する仮説群を検証し，自民党がなぜ社会党よりも有権者にとって魅力的な政党であったかを考察してみよう。5つの検証仮説は以下のとおりである。

仮説1：日米同盟の強化を望んだ有権者は，自民党に投票する傾向にあった
仮説2：防衛強化を望む有権者は，自民党に投票する傾向にあった
仮説3：福祉の維持・拡大を望む有権者は社会党に投票する傾向にあった
仮説4：福祉と防衛の比較考量において，福祉拡大を求めた有権者ほど自民党より社会党に投票していた
仮説5：福祉と防衛の比較考量において，福祉拡大を求めた有権者ほど社会党に投票していた

2. 計量分析

（1）データ，従属変数，独立変数

本節の分析では，既述の選挙研究において広く使用されてきたデータセットを含んだ，レヴァイアサン・データ・バンク監修の「Japan Election Studies: JES」データのうち，55年体制下の有権者の投票行動を分析することから1976年，83年，93年分のデータを用いる。

メインの独立変数には，各政策項目への有権者の態度を指標化したものを採用するが，ここで，有権者が政策分野について「比較考量」を行っている状態とは，具体的にどのような場合のことかをまずは検討する必要があろう。どういった投票行動が確認されたとき，有権者は福祉と防衛の比較考量のもとに投票政党を選択していたといえるだろうか。これについては，（i）各政策態度に固有の投票行動と，（ii）政策分野間の比較考量と投票選択による投票行動の2つの検証が必要と考えられる。

第一は，福祉拡充を求める有権者と防衛強化を求める有権者が，それぞれどの政党を選択する傾向にあったかを特定することである。よって，各政策分野の充実を望む態度がある政党への投票政党選択を促すのかを確かめることで，社会保障を重

視する有権者に固有の，あるいは安全保障を重視する有権者に固有の投票行動が観察されるのかを確かめていくことになる。しかしこの分析だけでは，政策分野間の比較考量が有権者の投票行動を促していたかどうかについて，充分な推論を導くことはできない。本稿の問いは，「福祉拡充よりも防衛強化を求めていた有権者」と「防衛強化よりも福祉拡充を求めていた有権者」の投票行動を併せて明らかにする必要性を示唆しているからである。そこで第二のメインの独立変数として，どちらの政策の充実を望んでいたかを表す操作化を試み，「安全保障より社会保障を求めていた有権者（並びに，その逆）」の投票行動を明らかにしようとする。

　そこで，本分析におけるメインの独立変数の具体的な操作化と指標化について説明していく。まず，独立変数として取り上げる政策項目は，理論的主張の関心に沿って福祉拡大，防衛強化[5]，日米同盟強化[6]である。そして，本稿の操作化において必要とされるのは，有権者と政党間の客観的な政策距離ではなく，有権者のより素朴な主観的な政策的態度を関知することである（参考：大村 掲載予定）。よって各政策分野への態度を操作化する際して，当該分野の充実に賛成か，反対かをめぐる設問を加工して変数を設定することにした。「福祉拡大」に関する設問を例にとって，スコアリングの方法を説明する。設問は「年金や老人医療などの社会福祉は財政が苦しくても極力充実するべきだ」とのステートメントに対して賛否を問う形式となっており，回答は「賛成」，「どちらかと言えば賛成」，「どちらとも言えない」，「どちらかといえば反対」，「反対」，「わからない」，「答えない」から構成される。この回答について，「賛成」ならば「5」，「どちらかといえば賛成」ならば「4」，「どちらとも言えない」ならば「3」，「どちらかといえば反対」ならば「2」，「反対」ならば「1」をそれぞれスコアとして与えることで具体的な指標化とした。これは「福祉拡充」に賛成である場合により大きな数値，反対である場合により小さな数値を採ることで，有権者の社会保障分野に対する「忌避から，どちらでもないを経て，好感」に至る有権者の政策態度の推移を順序値（ordering alternatives）によって表現しようとするスコアリングである。そして「防衛強化」と「日米同盟強化」についても同様の設定を行う。そしてこの3つの独立変数が，第一の分析である「各政策態度に固有の投票行動」を特定するために推定モデルに組み込まれる。想定される結果は，防衛強化と日米同盟強化を望む有権者ほど自民党に投票し，福祉拡充を求める有権者ほど社会党に投票するというものである。

　第二の分析である「政策分野間の比較考量と投票選択」については，防衛強化より福祉拡充を求めた有権者の投票選択を明らかにするための指標化が必要となる。そこでどちらの政策により賛成していたかを示す指標として，福祉拡充変数から防衛強化変数の値を差し引くことで，「社会保障を安全保障よりどの程度望んでいるか，あるいはその逆か」を表すことにした。具体的には福祉拡充も防衛強化もそれぞれ反対である「1」から，賛成である「5」までの順序値なので，差し引いた値は，安全保障よりも社会保障の充実に賛成の度合いが最も高い人が「4」を，社会保障よりも安全保障の充実に賛成の度合いが最も高い人が「−4」を，そして両政策分野の充実に同じぐらい賛成している（反対している）人が「0」を採る形状に

なる。まずは，これを「政策賛否比較考量変数」として定義する。

この変数に加えて，どちらの政策を「より重視していたか」を，政策重視度についての質問への回答を加工した変数を用いることで分析する[7]。指標化は，まず福祉拡充あるいは防衛強化は重要であるとの設問に対して，「重要である」との回答への「4」から「重要ではない」とする「1」までの順序値のスコアを割り振る。そして，賛否をめぐる比較考量変数の場合と同様に，「福祉拡充重視」から「防衛強化重視」の値を差し引くことで，安全保障をよりも社会保障を重視している度合いの最も高い人が「3」を，社会保障よりも安全保障を重視している度合いの最も高い人が「－3」を，そして両政策分野を同程度に重視している（重視していない）人が「0」を採る変数を作成した。この変数を「政策重視比較考量変数」として定義する。

これら2種類の比較考量変数をメインの独立変数として，投票政党選択を従属変数とする回帰分析に投入することで，第二の分析である政策分野間の比較考量と投票選択の関係を明らかにすることが可能となろう。仮説の構造とここでの指標化に従えば，2つの比較考量変数の値の高い，つまり，福祉を防衛より充実してほしいと希望した有権者ほど社会党に投票するという結果が期待される。他方，スコアの値の低い防衛問題の方を充実してほしいと希望した有権者ほど自民党に投票するとの結果が予測される。

次に主要な制御変数として，「選挙前政党支持」と「利益誘導」をモデルに組み込む。本稿では，55年体制下における自民党と社会党間の選択がとりわけ問題となるので，「選挙前政党支持」変数には自民党支持か，それ以外か，社会党支持か，それ以外かを操作化する選挙前自民党支持ダミーと選挙前社会党支持ダミーの各変数を投入し，それ以外の政党との支持の違いがそれぞれの政党への投票を促したり，抑制したりする効果を測定する。なお「選挙前政党支持」変数は，三宅（1985）以降，新党登場時や制度改革以降の流動性が指摘されながらも，追試ごとにその投票選択への説明力が確認されてきたことを踏まえ，それらの知見に沿ってモデルに含めている。

次に候補者評価について，それを「利益誘導」変数によって操作化することにした。有権者が候補者からどの程度の利益供与を受けているか，あるいは供与を受ける機会があるかを表すために，「公共事業における利益誘導（道路建設など）」，「個人的な利益誘導（職業の斡旋など）」，「候補者の地域密着性」，「職業上の利益誘導」，「後援会加入」の有無をそれぞれダミー変数とし，それらを和することで，0点から5点までのスコアで構成される「利益誘導」変数を作成した。中選挙区制下の議員行動と投票行動における一般的知見に基づくと，候補者からの利益誘導を多く受けている，あるいはそのように認識している有権者ほど，自民党に投票していたことが想定される。

また理論的主張によって示唆される他の変数として，情報処理と投票参加をめぐるコストがある。有権者のこれらに対する費用感覚はデータから直接看取できないので，「選挙への関心」変数を投入し，選挙に関わる情報処理コストや投票コスト

を高く，あるいは低く見積もっている有権者がそれぞれどの政党に投票する傾向にあるかの説明力を測ろうとする。これらに加え，他の制御変数として有権者の社会的属性（social predisposition）である性別，年齢，学歴，職業，家計収入，居住地域をそれぞれ回帰分析に投入する[8]。

最後に，従属変数は衆議院選挙後に申告された投票政党についてのカテゴリ変数である[9]。この従属変数に対して，多肢選択型モデルの推定として，多項ロジット・モデル（Multinominal Logit Model: MNL）を援用した分析を行う[10]。このMNL推定により，ある政党を底（base outcome）にした場合のほか政党との選ばれ方の違いが，福祉と防衛の政策評価によってどのように規定されていたのかが明らかとなろう。なお，各変数の記述統計は表1に報告した。

(2) 第一の分析「政策態度に固有の投票選択」の結果

MNL推定量が妥当なものであるためには，IIA(Independent from Irrelevant Alternatives: IIA)仮定が満たされていなければならない。本稿の分析において，全選択肢を含めた推定量と他政党をそれぞれ除外していった場合との差について，ハウスマン検定によりすべての場合を検討したところ，新生党の選択を除去した場合に10％水準でIIA仮説は棄却されたが，他の主要な政党を除外した場合の検定結果は全て統計的に有意にならなかった。よって，「全選択肢を含めた統計量と部分的なそれとの間に有意な差がある」とする帰無仮説は棄却されず，ほぼすべての場合においてIIA仮定が満たされ，選択肢数の変化によってもある政党の選ばれ方の態様は保存されていることが明らかになった。よって，この結果から，条件付きロジット・モデル（Conditional Logit Model）や入れ子ロジット・モデル（Nested Logit Model）による推定量を頑健な推定量として代替する必要がないことが示唆されており，MNLを用いることの妥当性が明らかになっている。

表1　従属変数と独立変数についての記述統計

変数名＼統計量	投票政党	自民党投票	社会党投票	福祉拡充	防衛強化	同盟強化	比較考量	選挙前自民党支持	選挙前社会党支持
観察数	5262	11842	11842	5324	4952	4359	4876	7183	7183
平均	4.809	0.188	0.080	－	－	－	－	0.310	0.110
中央値	2	0	0	2	3	3	2	0	0
最大値	20	1	1	5	5	5	4	1	1
最小値	1	0	0	1	1	1	-4	0	0

変数名＼統計量	利益誘導	選挙関心	性別	年齢	学歴	職業	家計収入	居住地域
観察数	1877	5542	11846	7183	11671	7040	7902	11738
平均	－	－	0.458	45.927	－	0.182	－	0.581
中央値	1	2	0	45	2	0	2	1
最大値	5	3	1	90	3	1	3	1
最小値	0	0	0	20	1	0	1	0

注1：「選挙前政党支持」変数については，本稿の関心に沿って，紙幅の関係から「自民党支持」と「社会党支持」について掲載したが，各政党支持についても最小値と最大値は同様である。
注2：各モーメント（平均，分散，歪度，尖度）については，質的変数の性質を考慮して報告しない。

ではハウスマン検定の結果を受け，表2に報告した MNL の推定結果を順次検討していく[11]。まず自民党への投票を底にした場合の社会党への投票行動は（自民党への投票行動と比較した場合に），福祉拡充変数の係数が正の符号条件を10％水準で有意に満たしており，社会保障の充実を望む有権者ほど自民党に投票せず，社会党に投票する傾向にあることが示唆された。一方で防衛強化，日米関係強化の各変数の係数は負の符号条件を有意に満たしており，それらを望む有権者ほど社会党で

表2　第一の分析「政策態度に固有の投票政党選択」のための多項ロジット推定結果
（底：自民党）

政党名 独立変数	社会党	公明党	共産党	新自由クラブ	新生党	日本新党	棄権
福祉拡充	0.28 (0.16)*	0.50 (0.24)**	0.13 (0.22)	0.14 (0.45)	−0.22 (0.16)	0.29 (0.27)	−0.00 (0.16)
防衛強化	−0.30 (0.12)***	0.20 (0.17)	−0.53 (0.19)***	0.24 (0.34)	−0.15 (0.14)	−0.00 (0.20)	−0.14 (0.14)
日米同盟強化	−0.40 (0.13)***	−0.15 (0.18)	−0.67 (0.19)***	−0.85 (0.40)**	−0.12 (0.15)	−0.24 (0.21)	−0.10 (0.15)
選挙前 自民党支持	−2.74 (0.38)***	−4.10 (0.65)***	−4.14 (0.75)***	−1.40 (0.82)*	−1.91 (0.36)***	−2.43 (0.55)***	−1.63 (0.35)***
選挙前 社会党支持	2.20 (0.39)***	−	−	−	−	−	−
利益誘導	−0.04 (0.14)	0.61 (0.16)***	−0.14 (0.21)	0.15 (0.38)	−0.14 (0.16)	−0.29 (0.25)	−0.06 (0.18)
選挙関心	0.01 (0.17)	0.53 (0.27)**	0.09 (0.22)	−0.03 (0.51)	0.55 (0.23)**	0.50 (0.30)*	−0.69 (0.19)***
性別	−0.05 (0.30)***	0.33 (0.45)	−0.09 (0.39)	−0.60 (0.84)	−0.04 (0.34)	−0.62 (0.47)	0.08 (0.34)
年齢	−0.03 (0.01)	−0.04 (0.02)***	−0.01 (0.01)	−0.01 (0.03)	0.00 (0.01)	−0.01 (0.02)	−0.08 (0.01)***
学歴	−0.20 (0.20)	0.27 (0.29)	−1.02 (0.29)***	−1.04 (0.62)*	0.15 (0.24)	0.48 (0.33)	−0.17 (0.24)
職業	0.23 (0.33)	0.74 (0.43)*	0.24 (0.45)	1.24 (0.83)	−0.61 (0.45)	0.14 (0.54)	0.04 (0.39)
家計収入	0.41 (0.24)*	0.12 (0.34)	0.58 (0.32)*	0.78 (0.69)	0.55 (0.27)**	−0.27 (0.40)	0.20 (0.26)
居住地域	−0.49 (0.29)*	−0.45 (0.42)	0.50 (0.38)	0.64 (0.83)	−0.57 (0.34)*	0.10 (0.48)	0.42 (0.34)
定数項	−0.89 (0.97)	−0.40 (1.36)*	−3.52 (1.38)	−4.52 (2.91)	−4.17 (1.15)***	−1.85 (1.57)	2.71 (1.02)***
観察数	762						
[尤度比検定] χ^2値/p値	769.23 0.00						
マクファーデン 疑似決定係数	0.27						

注1：***p<.01, **p<.05, *p<.10；（ ）内は標準誤差。以下の推定結果も同様の表記に従う。
注2：マクファーデンの疑似決定係数と一般の決定係数については，疑似決定係数の値が [0.1, 0.2, 0.3, 0.4, 0.5] に対し，一般の決定係数値が [0.3, 0.5, 0.6, 0.8, 0.9] という対応関係にあるとされる (Domenich and McFadden 1975)。
注3：「選挙前社会党支持」については，全ての政党との対比で推定量が算出されているが，「社会党と他野党」という対比は「自民党と野党」というそれほど，大きな意味を持たないことから結果の報告については割愛している。表3でも同様の扱いである。

はなく，自民党に投票することが示されている。この結果から仮説1と2の妥当性は確かめられた。

これを受け，防衛強化や日米同盟強化を望む有権者に固有の投票行動として，政権党である自民党を選択する傾向が確認された[12]。従って有権者が自民党の対外・安全保障政策に期待していたことにより，同党は政権党に就き続けることができたとする1つの解釈を提示することが可能と考える。

一方，仮説3について，日本の有権者は，日本型福祉論にあるように自民党から供給される社会保障に満足していたことを完全に否定できないにしても，少なくとも社会保障の拡張を望む有権者ほど社会党に投票していたことが明らかになった。この結果は，たとえば，三宅（1985）で福祉拡大が自民党への投票方向に，正の統計的有意性を示していた結果とは異なっており，それ以降の追試においても，平野（2005）以外では確認されていない傾向が本稿においては認められた。

次に，その他の主要な変数の結果をまとめておこう。まず社会党への投票との比較について概観する。最も説明力が顕著であった「選挙前政党支持」変数についてである。（他の政党ではなく，）自民党を支持することで自民党への投票が促されていることがわかり，また社会党を支持している有権者ほど社会党に投票するという結果であった。半ば自明であるが，これは三宅（1985）以降の諸研究の知見にも沿う結果であり，その投票選択に対する説明力は最も顕著であった。そして「利益誘導」変数をめぐっては，候補者が選挙区民への再分配に熱心であったり，接触が多いことが自民党への投票を促すことが想定されたが，その有意な説明力は確認されていない。

そして自民党と他政党への投票選択の違いについては，他に（i）年齢と政党選択，（ii）共産党選択に関する防衛強化，日米同盟強化への政策意見の影響，（iii）公明党選択の特徴，（iv）「選挙関心」変数をめぐる結果の4点が注目に値する結果であった。

最初に，高齢者ほど野党（たとえば公明党）よりも自民党に投票する傾向にあったことがうかがえ，若い有権者ほど棄権する傾向も明らかになっている。次に，防衛強化や日米同盟に反対の立場である有権者が，共産党に投票する傾向にあったことが示されているが，そういった有権者が社会党に投票した程度よりも，共産党に投票した程度の方が大きいことが係数の値からも明らかである。3点目に，（i）福祉拡充を求め，（ii）候補者からの利益誘導によく反応し，そして（iii）選挙関心が高いものほど，自民党よりも公明党に投票していたという結果であった。この結果については，福祉や利益がもたらされ，選挙関心が高まるメカニズムが他政党の場合とは異なるという公明党投票者に特有の宗教的背景を考慮せねばならない。公明党投票への動機付けが，他政党の場合と異なることについては，宗教政党に固有の投票選択として今後さらに検討を加える必要があろう。そして最後に選挙関心について2点言及する。一点目は，棄権行動に関する直観的理解にも沿って，選挙への関心の低い人ほど棄権を選択する傾向がみてとれた。そして二点目に，93年時の新党への投票選択については，選挙関心が高いものほど新生党と日本新党に投票する

傾向にあったことが示されている。

(3) 第二の分析「政策分野間の比較考量と投票選択」の結果

本項の MNL 推定量についても，ハウスマン検定によってその妥当性を検討している。それによると前項の場合と類似して，新生党の選択肢を除外した統計量と全

図1　賛否比較考量変数の変化に伴う自民党への投票確率の分布の推移

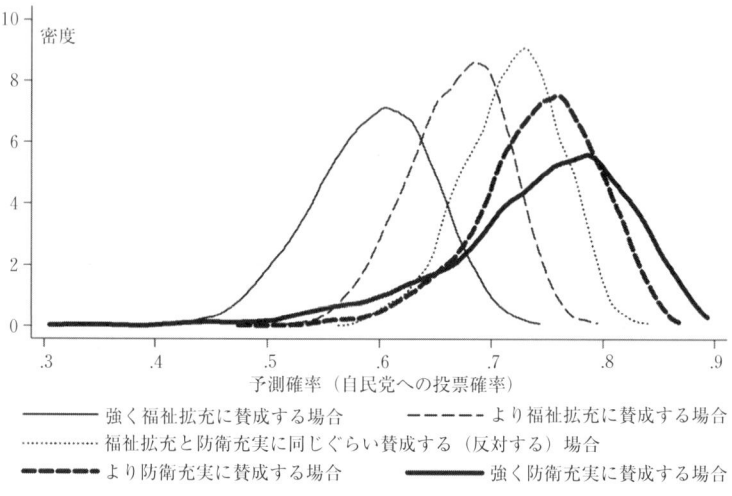

予測確率（自民党への投票確率）
―――― 強く福祉拡充に賛成する場合　　　―――― より福祉拡充に賛成する場合
……… 福祉拡充と防衛充実に同じぐらい賛成する（反対する）場合
▬ ▬ ▬ より防衛充実に賛成する場合　　　▬▬▬ 強く防衛充実に賛成する場合

出典：筆者作成

図2　賛否比較考量変数の変化に伴う社会党への投票確率の分布の推移

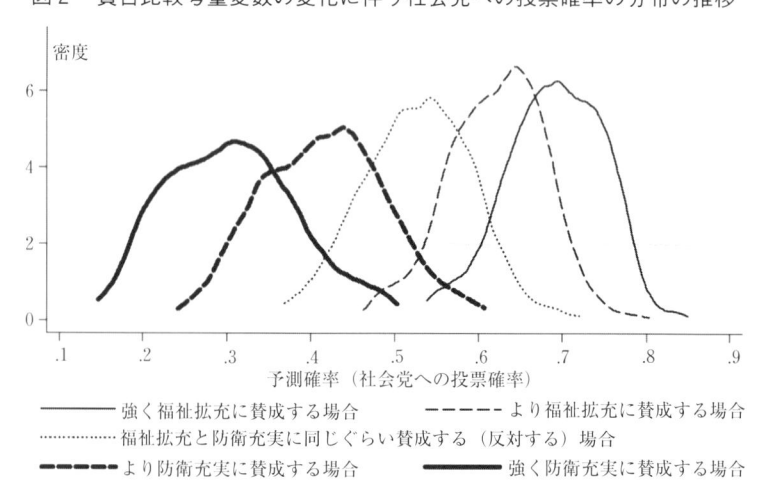

予測確率（社会党への投票確率）
―――― 強く福祉拡充に賛成する場合　　　―――― より福祉拡充に賛成する場合
……… 福祉拡充と防衛充実に同じぐらい賛成する（反対する）場合
▬ ▬ ▬ より防衛充実に賛成する場合　　　▬▬▬ 強く防衛充実に賛成する場合

出典：筆者作成

体のそれとの差について，5％水準でIIA仮説は棄却され，選択肢間の独立性が保存されているかは境界的であった。しかし，他の選択肢の除外によってはIIA仮説が棄却されず，政党の選ばれ方に有意な差がないことがハウスマン検定より示されたことから，本稿においてもMNLによる推定量が妥当なものであると考え，結果の解釈を進めることにする。また得られたMNL推定量をもとにシミュレーションを行い，「より社会保障を望む有権者」と「より安全保障を望む有権者」が自民党ま

図3 重視比較考量変数の変化に伴う自民党への投票確率の分布の推移

――― 強く福祉拡充を重視する場合　　― ― ― より福祉拡充を重視する場合
……… 福祉拡充と防衛充実を同じぐらい重視する（重視しない）場合
━ ━ ━ より防衛充実を重視する場合　　━━━ 強く防衛充実を重視する場合

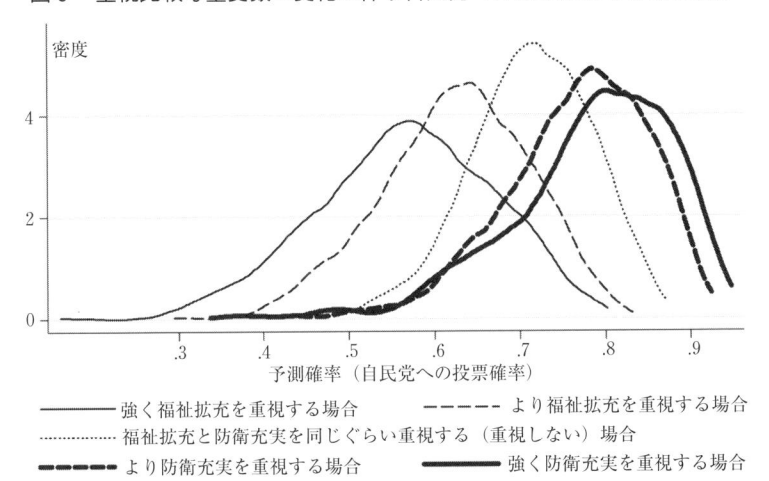

図4 重視比較考量変数の変化に伴う社会党への投票確率の分布の推移

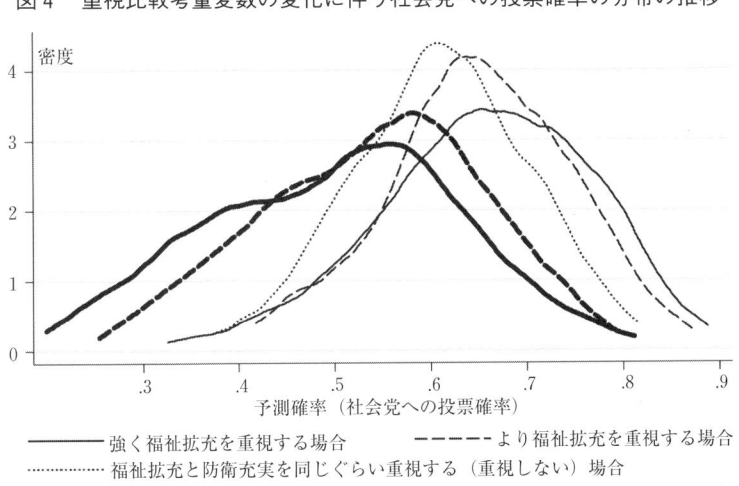

――― 強く福祉拡充を重視する場合　　― ― ― より福祉拡充を重視する場合
……… 福祉拡充と防衛充実を同じぐらい重視する（重視しない）場合
━ ━ ━ より防衛充実を重視する場合　　━━━ 強く防衛充実を重視する場合

出典：筆者作成

たは社会党を選択する確率の分布を図1から図4に示している[13]。

まず賛否比較考量の分析結果は表3に報告した。それによると政策賛否比較考量変数は正の符号条件を1%水準で有意に満たしている。これは同変数の値が大きい有権者，すなわち安全保障よりも社会保障の充実により賛成しているものほど社会党に投票する傾向を明示したものである[14]。次に，表4に挙げた「政策重視比較考量変数」の結果については，利益誘導変数を含めて分析した場合には統計的に有意とはならなかったが，除外して分析すると正の符号条件を10%水準で満たしている。これは社会保障をより重視する有権者ほど，社会党に投票していたことを示す結果であるといえよう。これらの福祉と防衛の比較考量をより直接的に操作化した変数の分析により，社会保障の充実を安全保障の強化よりも重視した有権者ほど社会党に投票していたこと，またその逆として，安全保障の強化を社会保障の充実よりも望んだ有権者ほど自民党に投票していたことが明らかになった。

そしてこの傾向をシミュレーション分析によって，より直観的に理解することが

表3　第二の分析「政策賛否比較考量と投票選択」のための多項ロジット推定結果
　　　　　　　　　　　　　　（底：自民党）

政党名＼独立変数	社会党	公明党	共産党	新自由クラブ	新生党	日本新党	棄権
賛否比較考量	0.36 (0.08)***	0.08 (0.11)	0.64 (0.12)***	0.09 (0.25)	0.06 (0.09)	0.11 (0.13)	0.05 (0.09)
選挙前自民党支持	−2.65 (0.34)***	−3.61 (0.51)***	−3.66 (0.55)***	−1.40 (0.81)*	−1.93 (0.34)***	−2.30 (0.50)***	−1.60 (0.31)***
選挙前社会党支持	1.96 (0.34)***	−	−	−	−	−	−
利益誘導	−0.05 (0.13)	0.55 (0.14)***	−0.15 (0.18)	0.12 (0.36)	−0.06 (0.15)	−0.32 (0.24)	−0.11 (0.16)
選挙関心	0.01 (0.15)	0.66 (0.24)***	0.16 (0.20)	0.14 (0.49)	0.62 (0.21)***	0.58 (0.28)**	−0.58 (0.17)***
性別	0.01 (0.26)	0.09 (0.39)	0.00 (0.35)	−0.49 (0.81)	0.04 (0.32)	−0.63 (0.45)	0.12 (0.31)
年齢	−0.03 (0.01)***	−0.04 (0.01)***	−0.01 (0.01)	0.00 (0.03)	0.00 (0.01)	−0.01 (0.02)	−0.07 (0.01)***
学歴	−0.18 (0.18)	0.18 (0.25)	−0.96 (0.26)***	−0.98 (0.63)	0.16 (0.23)	0.60 (0.32)*	−0.03 (0.21)
職業	0.08 (0.30)	0.74 (0.38)*	0.12 (0.41)	1.18 (0.81)	−0.68 (0.43)	0.25 (0.51)	0.19 (0.34)
家計収入	0.33 (0.21)	0.19 (0.30)	0.33 (0.28)	0.57 (0.65)	0.48 (0.26)	−0.31 (0.38)	0.20 (0.23)
居住地域	−0.36 (0.26)	−0.08 (0.37)	0.65 (0.35)*	0.61 (0.82)	−0.44 (0.32)	0.23 (0.46)	0.51 (0.30)*
定数項	0.18 (0.70)	−1.91 (0.98)*	−0.62 (0.93)	−3.20 (2.32)	−3.27 (0.97)	−2.78 (1.26)**	2.36 (0.76)***
観察数	878						
［尤度比検定］χ^2値	769.13						
	0.00						
マクファーデン疑似決定係数	0.241						

可能である。図1と図2ともに，太い実線が防衛充実に福祉拡充よりも強く賛成している，つまり比較考量変数のスコアにすると「-4」の値を持つ有権者の選択を表しており，普通の実線が福祉拡充に防衛充実よりも強く賛成している，すなわちスコアでは「4」の値を持つ有権者の選択を示している。図1の自民党の選択確率のシミュレーション結果によれば，太い実線で示されている防衛充実により賛成の有権者ほど自民党への投票確率が高くなっていることが分かり，その平均はおよそ74.05％であるが，それとは逆に福祉拡充により賛成の有権者の自民党への投票確率は，その分散の大きさに留意せねばならないものの59.39％程度と低くなっている。またこれと同様の傾向は，重視比較考量変数の結果である図3からも読み取れる。他方，図2にあるように，社会党については福祉拡充をより重視する有権者の同党への投票確率は約69.05％であるのに対し，防衛強化を求める有権者では7.13％と限定的であることが明らかである。図4の重視比較考量変数についてのシミュレーション結果も，類似の傾向を示唆している。このようにシミュレーションの結果にも，「安全保障よりも社会保障を望む有権者」と「社会保障よりも安全保障を望む有権者」に固有の投票選択の様子が明示されているといえよう。

加えて，表3に関して補足的に注目すべきは，公明党と共産党に関する結果であろう。前項の分析において，福祉拡大を求める有権者が自民党に比べて公明党に投票する傾向が示唆されたが，福祉と防衛の比較考量の結果，福祉拡大を期待するものが公明党に投票していたという証拠までは得られなかった。一方で，防衛強化よりも福祉拡充を望む有権者が自民党より社会党に投票する程度以上に，共産党に投票する程度の方が大きいということも，共産党に関する結果から明らかである。この社会党と共産党に関する結果より，安全保障よりも社会保障を求めた有権者が自由主義政党ではない，左派革新系政党群に期待していたことが示唆されている。

表4 第二の分析「政策重視比較考量と投票選択」のための多項ロジット推定結果

変数名 \ モデル	利益誘導変数（有）	利益誘導変数（無）
重視比較考量	0.224 (0.184)	0.221 (0.121)*
選挙前自民党支持	-3.490 (0.641)***	-2.840 (0.372)***
選挙前社会党支持	2.007 (0.426)***	2.268 (0.320)***
利益誘導	-0.034 (0.182)	
選挙関心	0.483 (0.211)**	0.344 (0.142)**
性別	-0.744 (0.383)*	-0.292 (0.244)
年齢	-0.010 (0.013)	-0.017 (0.009)*
学歴	-0.103 (0.258)	0.205 (0.166)
職業	-0.185 (0.433)	-0.253 (0.310)
家計収入	0.393 (0.296)	0.036 (0.189)
居住地域	0.155 (0.173)	-0.006 (0.108)
定数項	-1.387 (1.232)	-0.526 (0.748)
観察数	417	828
［尤度比検定］χ^2値	356.87 0.000	542.04 0.000
マクファーデン疑似決定係数	0.2708	0.2008

注1：自民党を底とした場合の社会党の選ばれ方についての結果のみを表示している。

これらの分析結果より，55年体制下において自民党が有権者にとって満足のいく福祉を提供したことにより，社会保障提供政党であるはずの社会党への信頼が低下し，それが社会党の低得票率，ひいては万年野党化をもたらしたとする説明は，少なくとも微視的な有権者レベルの分析に基づいた場合，そのまま受け入れることはできないことが明らかである。有権者の政策認知と投票行動の関係の検証に拠れば，自民党が日米同盟の維持や防衛力の維持・強化といった現実主義的な政策によって有権者から必要とされていたことは確かであろう。しかし，社会保障の充実を求める有権者は，その実現可能性への信頼は別としても，社会党やある場合には共産党に期待していたのであり，自民党が防衛・対外問題担当政党として期待されたのに加えて，社会福祉担当政党としても魅力的であったことで長期政権を維持できたとまでは結論できない結果であった。

なおここまでの計量分析は1976，83，93年の調査結果をプールしたデータに対して行われたが，それぞれを分離させて分析した場合，比較考量変数の説明力は全ての年度において正の符号条件を有意に満たしており，福祉拡充を求める有権者が社会党に投票するという傾向は全ての時点で確認された。特に76年の調査が行われた当時は三木武夫政権下にあり，田中政権の大規模な財政出動からの疲弊にもかかわらず，老人医療無料制度の継続を決定するなど日本型福祉が主要政策上で標榜された時期である。ここでの結果は，自民党政権が福祉政策の充実にとりわけ努めていたときでさえ，福祉拡大を期待する有権者は社会党に期待していたことを示すものであった。

IV. 結論：理論と検証結果の総合

本稿の分析を通して，対外政策・安全保障政策の充実に対する期待が自民党への投票を促し[15]，同党の長期にわたる政権党化を可能にしたとする知見に加え，福祉拡充を防衛強化や日米安保体制の強化よりも重視する有権者は社会党に投票する傾向にあったことが示された。この結果より，本稿の理論的主張に関して，それらを支持する量的証拠が得られたといえよう。

無論，自民党が政権を維持しえた理由は，有権者の認知構造に照らして，単一の要因で説明しうるものではない。三宅（1985）以降脈々と受け継がれているように，候補者評価，政党評価，そして政策評価の複合的な因果メカニズムに依存したアウトプットであり，各要因の影響力の多寡も時期によって変動する。しかし，政策態度の効果にとりわけ注目しつつ，その信憑性の高い推定結果に鑑みた場合，日本の有権者が「大砲（安全保障）」は自民党に，「バター（社会保障）」は社会党にという投票政党の峻別を行っていたことも明らかであった。本稿の結果からは，戦後日本政治において，有権者が福祉も防衛も自民党に委ねていたという姿は少なくとも確認されなかったわけである。

今日，連立による政権運営の蓋然性が55年体制下とは大きく異なるとはいえ，民主党か自民党か，あるいは他政党かという政権内の主流政党（mainstream party）[16]の決定は，日本の有権者にとって最も重要な政治選択の1つであろう。55年体制下の

有権者にとっての「大砲か，バターか」という考量が投票政党の峻別を助けていたように，それは今後の有権者の選択を規定していくのだろうか。その答えは多分に否であると予想されるが，この問いが，本稿によって示唆される今後の検証課題の最たるものである。

加えて，残る課題2点に言及して本稿を終える。第一に，万年野党であった社会党の能力（type）が有権者にとって不確実であったことにより，自民党が福祉政策に加えて対外・安全保障政策の立案・運営者として有権者に期待されたという一連の状況を，数理的に一貫したモデルで描写する必要がある。その後，数理モデルから導かれる妥当なパラメーターのサイズや条件などを明示した上での，計量モデルの特定，推定法の工夫が求められよう。

第二に，計量分析においては，何らかの離散型確率変数に対する最尤法を用いた分析が必要となろうが，その際に混合ロジット・モデル（Mixed Logit）の汎用を検討する必要がある。混合ロジット推定量は解析的に求められないためにシミュレーションを用いねばならないといった難点はあるが，IIA仮定の緩和に加えて，有権者の選好の多様性や，選択肢の代替パターンに関する非制約性，および時系列方向での自己相関などの問題に対処しうる（Train 2006）。特に，多肢選択型のモデルをパネルデータ・セットに対して，時系列情報を活かしたままで援用することは難しいとされてきたため，本稿がそうであるようにデータセットを連結させて用いるか，年次ごとに断絶させて分析を行うことが一般的であった。混合ロジット推定は，IIA条件問題への解決を与えるだけでなく，技術的制約を緩和することも可能な方法と考えられ，政党支持，投票政党分析への応用が今後期待されよう。

【謝辞】 本稿の執筆において，指導教授である待鳥聡史先生のほか，ローレンス・エズロウ（Lawrence Ezrow）先生，城戸英樹先生，城下賢一先生，鈴木基史先生，砂原庸介先生，曽我謙悟先生，多湖淳先生，南京兌先生，藤村直史先生，久保浩樹氏，大村啓喬氏，から，初期の原稿に多くのご教示を賜ったことに厚く御礼申し上げたい。また本稿について，2009年1月の神戸政治学研究会で発表する機会を頂戴した。同研究会の幹事である平野淳一先生をはじめ，参加者の方々から大変有益なコメントをいただいたことにも併せて感謝申し上げる。最後に，匿名の査読者の方々には，本稿の主要な改善につながる貴重なアドバイスをいくつも頂戴した。この場をお借りして，心より感謝の意を表したい。

付録

モデルについての説明

有権者iの効用 は次式のような線形関数で表わされると仮定する[17]；

$$U_i = (\varphi_i^1 \pi_i^1 + \varphi_i^2 \pi_i^2 \cdots + \varphi_i^{11} \pi_i^{11}) - c_i^v(f,v) + \mathbf{Z}\varsigma + \varepsilon, \quad j=1,2,\cdots,11 \tag{1}$$

ここで$\pi_i^j = w_i^j + d_i^j - t_i^j$で，$\varphi_i^j$は政党$j$が政権党に就く確率であり，単独政権の場合に0または1の値をとり，連立政権の場合に区間$0 \leq \varphi_i^j < 1$を採る。$c_i^v(f,v)$は情報処理（f）と投票（v）からなる関数で$-c_i^v(f,v) < 0$となる。π_i^jは政党jから得られる利潤であり，福祉によって得られる利益w_i^jと，安全が保障されている

ことによる利益 d_i^j の和から, 政党 j によって徴収される税 t_i^j を引いたものからなる。またここでの効用関数 U_i は, ランダム効用理論に基づき, 有権者 i の効用のうち独立変数によって説明されるもの u_i と, 説明されないランダムな投票行動の規定要因（候補者評価, 政党への愛着, 社会的属性（social predisposition）からなる行列 $\mathbf{Z}$ とその係数 ς, 並びに第一種極値分布（Type I Extreme Value distribution/ extreme value distribution of the first kind: $F(x) = -\exp(-\exp(-\varepsilon_i^j))$)[18]に従う独立変数によって説明されない誤差項 ε_i^j からなると仮定されている（Greene 2003: 719-720）。これによると, 政党 j が単独政権に就くことを有権者 i が選択した場合に, 有権者 i が得られる効用は, 次式の線形関数によって与えられるが,

$$u_i^j = \varphi_i^j \pi_i^j - c_i^j(f,v), \tag{2}$$

政党 j が選択されるためには, 任意の政党 k から有権者 i が得られる効用,

$$u_i^k = \varphi_i^k \pi_i^k - c_i^k(f,v), \tag{3}$$

に関して, 以下の条件が満たされていなければならない；

$$u_i^j + \varepsilon_i^j > \max_{j \neq k}[u_i^k + \varepsilon_i^k]$$

$$\Leftrightarrow \varphi_i^j(w_i^j + d_i^j - c_i^v(f,v)) + \varepsilon_i^j > \max_{j \neq k}[\varphi_i^k(w_i^k + d_i^k - c_i^v(f,v)) + \varepsilon_i^k]. \tag{4}$$

ここで簡略化のために, 一旦ランダムな要因 $\mathbf{Z}\varsigma$ を略記している。この条件式より, 福祉, 防衛の効用について, 有権者 i が任意の政党 k よりも, 満足が高いと認知する政党 j が選択されることがわかる。この制約下で有権者 i が得られる効用を最大化し, 政党 j に投票する確率は次のようになる；

$$\Pr(y_{i=j}) = \Pr(u_i^j + \varepsilon_i^j) = \max_k[u_i^k + \varepsilon_i^k]. \tag{5}$$

いま, 有権者 i が各政党間から政党 j を選択するに際して, そのパフォーマンスを検討するために考慮する要素は福祉, 防衛, そして諸費用（コスト）からなることが, 上記より明らかである。それぞれの大小関係が, 政党 j に関する有権者 i の投票行動を規定するメカニズムが想定されている。ここで, 福祉に関する利益 w_i^j を有権者 i の第1番目の属性ベクトル $\mathbf{x}_{welfare}$, 防衛に関する利益 d_i^j を第2番目の属性ベクトル $\mathbf{x}_{defense}$, 諸費用 $c_i^v(f,v)$ を第3番目の属性ベクトル $\mathbf{x}_{cost}$ とすると, 有権者 i の属性に関する行列は,

$$\mathbf{X} \equiv [\mathbf{x}_{welfare} \ \mathbf{x}_{defense} \ \mathbf{x}_{cost}], \tag{6}$$

で表わされ, 再び $\mathbf{Z}$ を加えて整理すると, 有権者 i が効用を最大化したうえで政党 j が選択される確率は,

$$\Pr(y_{i=J}|\mathbf{X},\mathbf{Z}) = \Pr(u_i^j + \varepsilon_i^j = \max_k[u_i^k + \varepsilon_i^k]|\mathbf{X},\mathbf{Z}), \tag{7}$$

となる。この属性ベクトルから説明される効用が，(2)，(6)式より以下の線形関数で表わされるとする；

$$u_i^j = \beta_0 + \beta_{welf} x_{i,welf} + \beta_{def} x_{i,def} + \beta_{cost} x_{i,cost} + \varepsilon_i = \mathbf{X}\beta + \varepsilon. \tag{8}$$

ここで β_j は u_i^k が u_i^j に変化する際に各属性ベクトルが与える，マージナルな効果を示す係数である。その上で，(1)から(8)の準備並びに誤差項の分布の仮定に基づくと，次の MNL モデルが得られる；

$$\Pr[y_i^j | \mathbf{X}] = \frac{\exp(\mathbf{X}\beta_j + \mathbf{Z}\varsigma)}{[1 + \sum_{k=1}^{11} \exp(\mathbf{X}\beta_k + \mathbf{Z}\varsigma)]}. \tag{9}$$

但し，$j=1, 2, \cdots, 11$。本稿は，データがこの MNL モデルに従うと仮定し分析を行う。

(1) パウエル・モデル (Powell 1993) の邦訳については，鈴木 (2000：111-115) を参照した。
(2) 本稿における比較考量とは，「福祉政策の拡充よりも防衛政策の充実を希望するのか」，あるいは「防衛政策の充実よりも福祉政策の拡充を希望するのか」という，有権者による政策間の意見形成の様子を指している。よって，「福祉拡充には賛成で，防衛強化には反対」，あるいは「防衛強化には賛成で，福祉拡充には反対」といった政策意見に違いがある状態は「意見のレヴェルでの比較考量」であるとの指摘もありえようが，それはあくまで政策意見が異なる状態と考えるのが妥当であろう。この政策意見が形成されるプロセスにおいて，比較考量がなされているとも考えられるが，それは本稿の分析対象外の因果経路であることから本文中では分析に付さない。
(3) この他にも関連の研究として平野 (2005) がある。
(4) なお，ここで問題となるのは，本稿のメインの独立変数である政策態度が何によって規定されるのかという点である。三宅・西澤 (1992) での分析からも明らかなように，ミシガン・モデルにおいて外生的な独立変数として扱われてきた諸変数（特に「政党支持態度」変数）は，日本の選挙研究の文脈では，時に他の独立変数によっても説明される内生的なものであることが指摘されている。それを考えれば，本稿において主因として扱う福祉や防衛に関する政策評価態度が，「選挙前の政党支持」などによってどの程度規定されるのかが明らかにされる必要もある。これについて，本文中には掲載しないが，福祉と防衛に関する政策評価を従属変数に採る「一般化順序ロジット推定 (Generalized Ordered Logit：GOL)」(Williams 2007) を行ったところ，(i) 自民党を支持しているものほど防衛強化や日米関係の強化に賛成で，社会党を支持しているものほど反対であること，そして (ii) 社会党支持者ほど福祉拡充に賛成で，自民党支持者ほど反対の傾向にあることが明らかになっている。
(5) 「日本の防衛力はもっと強化するべきだ」(codebook 125)。
(6) 「日米安保体制は現在よりもっと強化するべきだ」(codebook 132)。
(7) 最も理想的な分析は，2つの政策分野に同程度に賛成している有権者のうち，福祉政策をより重視した人ほど社会党に投票していたこと，そして防衛政策をより重視した人ほど自民党に投票していたことを明らかにするものかもしれない。しかし，本稿が扱うデータにおいては，その論理に基づいて分析を進めることで欠損値の問題が極めて深刻となる。政策重視をめぐる比較考量についての分析で，仮に福祉拡充と防衛強化に同じくらいに「賛成」と答えている有権者の場合にサンプルを限定して分析

を行うとき，その条件を設けないときで828のサンプルが確保されるのに対して，観察数は79にまで低下する。この場合，推定すべきパラメータ数に比しての観察数の不足から統計的有意性の検定は困難となり，推定量の妥当性も侵害される。よって本稿では次善の方法として，政策賛否をめぐる比較考量と政策重視をめぐる比較考量の両面について検討することによって，政策評価の諸段階での福祉と防衛の比較考量が有権者の投票政党選択を規定していた様子を論証することにした。

(8)　「性別」は男性の場合に「1」，女性の場合に「0」のダミー変数，「学歴」は小卒，中卒が「1」，高卒が「2」，大卒が「3」の順序値，「職業」は管理職の場合「1」で非管理職が「0」，「家計収入」は上位17-24％に「3」，中位49-57％に「2」，下位24-28％に「1」を割り振った順序尺度，そして「居住地域」は東京か大都市，または人口10-20万人以上の地域である場合に「1」，それ以下の地域や農村部に「0」を与えるダミー変数である。

(9)　選択肢は「1. 自民党」，「2. 社会党」，「3. 公明党」，「4. 民社党」，「5. 共産党」，「6. 新自由クラブ」，「8. 新生党」，「9. 新党さきがけ」，「10. 日本新党」，「15. 無所属」，「20. 棄権」から構成されている。但し，推定結果の報告については，主要与野党についての推定結果の中でも，本稿の論旨にとって必要と考えられる政党の結果と，主要新党についての結果にとどめた。特に，76年以降93年までの間に新党として発足した4つの政党について「新党」というカテゴリを作成することも考えられたが，(i) 76年時と93年時の新党の成り立ちが異なっていること，また (ii) 93年時の3新党についても，それぞれ有権者による選択のされ方が異なることなどを配慮し，政党ごとにカテゴリを充てることで分析を行っている。

(10)　ダウとエンダースビー (Dow and Endersby 2004) は，MNLと多項プロビット・モデル (Multinominal Probit Model: MNP) の選択について，アメリカとフランスの選挙データの分析などを通して検討し，有権者のサーヴェイ・データの欠損値の問題や，MNPの推定量の同定 (identification) の困難さなどを考慮した場合，IIA侵害などの問題点がありながらもMNLの汎用性の方が高いことを論じている (参考: Schofield and Sened 2006)。これにより，選挙分析における「MNLかMNPか」という論争はMNLの暫定的使用ということで合意を得たかに見えたが，その後，チェンとロング (Chen and Long 2007) によって，IIA仮定およびIIAを確認するための3種類の検定の精度についての疑義が呈され，IIAに大きく依るMNLを応用計量分析に適用することの問題点が指摘されている。

　　また日本の選挙分析においても，有権者の政策評価に関して政党と有権者間の政策距離が導入されるようになって以降，この値が選択肢の変動によって変化する「"非"選択肢固有変数」であることから，MNLモデルにそれを加えることへの疑義が呈され (堀内 2001: 102; 中村 2003: 165-166; 山本 2006: 174, 198)，支持政党選択・投票政党選択分析に対するMNLの汎用は概して慎重になされてきたという経緯がある。しかし本稿では，(i)「"政策態度"であって，"政策評価"ではないメインの独立変数」の性質と，(ii)「政党の非匿名性を重視する従属変数」の性質を根拠にMNLの採用を試み，後にIIA条件の検定に付すという手続きを採ることにした。

(11)　特に「利益誘導」変数について，おそらく設問の性質上回答数が少なくなっている。そのために，同変数を含まない場合には観察数が1500強になるものの，含んだ場合では観察数は約760にまで低下してしまう。ここで欠損値を埋める工夫も必要と考えられ，それは今後の課題ともいえようが，利益誘導変数を含めた場合と除去した場合で主要な独立変数の係数の大きさ，係数の符号条件には大きな違いは認められなか

った。具体的には，福祉拡充変数の係数が「0.263」となり有意確率は0.1％水準に，防衛強化変数の係数が「－0.223」となり有意確率は同じく0．1％水準に，そして日米同盟の係数は「－0.357」となって有意確率も0.1％水準であった。利益誘導変数を除くことで係数の大きさは若干穏当になったが，その統計的確からしさは増し，またトレンドは温存されるという結果を得ている。

(12) 防衛強化への期待と日米関係強化への期待は，日本の事例を考慮した場合，有権者が同時にそれらを望むことの非一貫性から，解釈が困難な結果である。なぜなら，日米同盟強化を望むのは低い防衛費を期待してのことであると考えられるからである。しかし，本稿では自民党が提供している防衛が安価に提供されていることから，更なる防衛強化を同党に望む余地があり，ゆえに自民党が防衛強化を根拠に票を集めたとする解釈を採ることにしたい。

(13) シミュレーションはMNL推定量の結果から，1,000回の試行によって正規分布に従う20,000個の乱数を発生させることで行っている。自民党の選択確率のシミュレーションに際しては自民党支持者で男性，選挙に割と関心があり，都市部に住む大卒の管理職で，給与は中位49～57％に属し，年齢は46歳という設定を行っている。全て変数の平均値，または中央値に依拠して設定した。また社会党選択確率については社会党支持者で，あとは自民党選択確率の場合と同様の設定に依っている。

(14) なお，ここでも選挙前政党支持は自民党，社会党への投票をそれぞれ規定しており，候補者評価としての「利益誘導」の説明力は確かめられていない点は注目に値する。

(15) なお少ないながら，本稿は日米関係研究にも若干の含意を持つ。日米間の国家関係が，特に1980年代以降同盟と公にも認知され，今日まで破棄されることなく継続してきた要因については多くの研究が政治的エリートの態度，行動，機能などに注目し，詳細な歴史的過程の追跡を通してそれらを特定しようとしてきた。従来，政治的エリートが関与する政策決定過程が注目されてきた日米関係研究であるが，政治的大衆（political mass）が政権与党への信任を通して，充分に日米関係強化や防衛強化への賛意のシグナリングを発信していたことが本稿の分析によって示された。今後の日米関係を扱った研究においては，大衆は看過できないアクターとして，説明に組み込まれる妥当性・必要性が本稿の量的証拠より示唆されているといえよう。

(16) ここでの「主流政党（mainstream party）」は，アダムス等の定義に依拠している（Adams, Clark, Ezrow and Glasgow 2006）。

(17) ここでの表記は，Train (2006: chapters 2-3)，Greene (2003: chapter 21)，Maddala (1983: chapter 3) を参考にした。

(18) 二重指数分布（double exponential distribution）またはガンベル分布（Gumbel distribution）とも呼ばれる。それぞれの選択肢に固有の誤差が第1種極値分布に従う時，誤差どうしの差（例：$\varepsilon_i^{LDP} - \varepsilon_i^{JSP}$）はロジスティック分布に従うことが知られている。それに基づくと，たとえば，社会党よりも自民党を選ぶという選択の差はロジスティック分布に従い，後述の多項ロジット・モデルが導出されるという手順である。

参考文献

Adams, James F., Michael Clark, Lawrence Ezrow and Garrett Glasgow 2006. "Are Niche Parties Fundamentally Different from Mainstream Parties?: The Causes and the Electoral Consequences of Western European Parties' Policy Shifts, 1976-1998," *American Journal of Political Science*, Vol. 50, No. 3, 513-529.

Alesina, Alberto 1988. "Credibility and Policy Convergence in a Two-Party System with Rational Voters," *American Economic Review*, Vol. 78, No. 4, 796-805.

Alesina, Alberto and Nouriel Roubini 1992. "Political Cycles in OECD Economies," *Review of Economic Studies*, Vol. 59, No. 4, 663-688.

Alesina, Alberto, Nouriel Roubini and Gerald D. Cohen 1997. *Political Cycles and the Macroeconomy*, Cambridge: MIT Press.

Alesina 1994. "Macroeconomic Policy in a Two-Party System as a Repeated Game," Torsten Persson and Guido Enrico Tabellini eds., *Monetary and Fiscal Policy*, Cambridge: MIT Press, pp. 71-98.

Cheng, Simon and J. Scott Long 2007. "Testing for IIA in the Multinomial Logit Model," *Sociological Methods and Research*, Vol. 35, No. 4, 583-600.

Dow, Jay K. and James W. Endersby 2004. "Multinomial Probit and Multinomial Logit: A Comparison of Choice Models for Voting Research," *Electoral Studies*, Vol. 23, Issue 1, 107-122.

Drazen, Allan. 2000. *Political Economy in Macroeconomics*, Princeton: Princeton University Press.

Garfinkel, Michelle R. 1994. "Domestic Politics and International Conflict," *American Economic Review*, Vol. 84, No. 5, December, 1294-1309.

Greene, William H. 2003. *Econometric Analysis*, 5th ed., New Jersey: Prentice Hall.

Hibbs, Douglas. A., Jr. 1977. "Political Parties and Macro Economic Policy," *American Political Science Review*, Vol. 71, No. 4, 1467-1487.

—— 1987. *The American Political Economy: Macroeconomics and Electoral Politics in the United States*, Cambridge: Harvard University Press.

—— 1994. "The Partisan Model of Macro Economic Cycles: More Theory and Evidence for the United States," *Economics and Politics*, Vol. 6, 1-24.

平野浩 2005.「日本における政策争点に関する有権者意識とその変容」, 小林良彰編『日本における有権者意識の動態』 慶應義塾大学出版会, 61-80頁。

—— 2007.『変容する日本の社会と行動』木鐸社。

堀内勇作 2001.「非序列化離散変数を従属変数とする統計モデルの比較—政治学への応用上の留意点」『選挙研究』 第16号, 101-113頁。

五百旗頭真 2003.『戦後日本外交史』有斐閣。

Ishida, Atsushi 2001. "Electoral Incentives and the Political Economy of National Defense Spending Decisions," Randolph M. Siverson ed., *Strategic Politicians, Institutions, and Foreign Policy*, Ann Arbor: University of Michigan Press.

蒲島郁夫 1986.「争点, 政党, 投票」, 綿貫譲治・三宅一郎・猪口孝・蒲島郁夫 『日本人の選挙行動』東京大学出版会。

—— 2004.『戦後政治の軌跡—自民党システムの形成と変容』岩波書店。

北岡伸一 1995.『自民党—政権党の38年』読売新聞社。

小林良彰 1991.『現代日本の選挙』東京大学出版会。

Maddala, G. S. 1983. *Limited-Dependent and Qualitative Variables in Econometrics*, Cambridge: Cambridge University Press.

的場敏博 2003.『現代政党システムの変容:90年代における危機の深化』有斐閣。

三宅一郎 1985.『政党支持の分析』創文社。

三宅一郎・西澤由隆 1992.「日本の投票行動モデルにおける政党評価要因」『選挙研究』

第7号, 63-79頁。
三宅一郎・西澤由隆・河野勝 2001.『55年体制下の政治と経済―時事世論調査データの分析』木鐸社。
森裕城 2001.『日本社会党の研究―路線転換の政治過程』木鐸社。
村松岐夫 2006.「戦後政治過程における政策アクターの立体構造」,村松岐夫・久米郁男編『日本政治変動の30年』東洋経済新報社。
中村悦大 2003.「経済投票モデルと政党選択」『選挙研究』第18号, 164-173頁。
大村華子　掲載予定.「政党の政策に対する有権者からの注目－支持,投票からの離脱に関する継時的検証」『法学論叢』168巻6号。
Powell, Robert 1993. "Guns, Butter, and Anarchy," *American Political Science Review*, Vol. 87, No. 1 March, 115-132.
Scheiner, Ethan 2006. *Democracy without Competition in Japan: Opposition Failure in a One-Party Dominant State*, Cambridge: Cambridge University Press.
Schofield, Norman and Itai Sened 2006. *Multiparty Democracy: Elections and Legislative Politics*, Cambridge: Cambridge University Press.
新川敏光 1993.『日本型福祉の政治経済学』三一書房。
―― 1999.『戦後日本の政治と社会民主主義―社会党総評ブロックの興亡』法律文化社。
―― 2005.『日本型福祉レジームの発展と変容』ミネルヴァ書房。
―― 2007.『幻視のなかの社会民主主義』法律文化社。
鈴木基史 2000.『国際関係』　東京大学出版会。
建林正彦 2004.『議員行動の政治経済学―自民党支配の制度分析』有斐閣。
Train, Kenneth E. 2006. *Discrete Choice Method with Simulation*, Cambridge: Cambridge University Press.
Williams, Richard 2007. "Generalized Ordered Logit/ Partial Proportional Odds Models for Ordinal Dependent Variables," *Stata Journal*, Vol. 6, No. 1, 58-82.（閲覧先：http://www.nd.edu/~rwilliam/gologit2/gologit2.pdf.）
Wooldridge, Jeffrey M. 2001. *Econometric Analysis of Cross Section and Panel Data*, Cambridge: MIT Press.
山本耕資 2006.「投票選択と投票―棄権選択を説明する」『レヴァイアサン』第39号, 170-206頁。

■書評論文

政権交代の「曲解」？

田中愛治＋河野勝＋日野愛郎＋飯田健／読売新聞世論調査部
『2009年，なぜ政権交代だったのか——読売・早稲田の共同調査で読みとく日本政治の転換』勁草書房，2009年
菅原琢著『世論の曲解——なぜ自民党は大敗したのか』光文社［光文社新書］，2009年

岡﨑晴輝

はじめに

　2009年8月30日の衆議院議員総選挙の結果，約10年間続いた自民党・公明党連立政権が崩壊し，民主党を中心とする連立政権が発足した。選挙による政権交代が実現したのである。この政権交代をめぐっては，今後さまざまな研究がなされるであろうが，いちはやく2つの研究成果が公刊されている。1つは田中愛治＋河野勝＋日野愛郎＋飯田健／読売新聞世論調査部『2009年，なぜ政権交代だったのか——読売・早稲田の共同調査で読みとく日本政治の転換』（勁草書房，2009年10月）であり，もう1つは菅原琢『世論の曲解——なぜ自民党は大敗したのか』（光文社［光文社新書］，2009年12月）である。この日本政治史上の一大事件にたいする学問的分析をいちはやく，しかも一般読者にアクセスしやすい形で提供してくれたことの意義は極めて大きい。本稿では，この2つの著作の内容を紹介し，規範的政治理論——政治的価値に照らして現実政治を批判的に考察する——の立場から批判的に検討していきたいと思う。

『2009年，なぜ政権交代だったのか』

　最初に採りあげたいのは『2009年，なぜ政権交代だったのか』である。本書は，早稲田大学・読売新聞世論調査部の共同研究グループが2009年の政権交代を分析したものである。「はじめに」によれば，本書は，2009年の主役が一部の政治エリートではなく有権者であったことを重視し，2009年の政権交代が1955年や1993年を超える「政治変動」であったと捉えている。そして，さまざまなデータを用いつつ，有権者の政治態度・投票行動を分析している。

　本書の内容を概観しよう。まず，巻頭論文において田中愛治は，2009年総選挙の背景をなす自民党の得票構造の変化，政策対立軸の変化を分析している。それによれば，1993年以降，自民党の支持基盤は弱体化してきた。しかし，投票率が低下していたため，また公明党との選挙協力があったため，自民党は衆議院第1党の座にとどまりつづけることができたのである。しかるに2005年総選挙では，無党派層が自民党に投票し，自民党に大勝をもたらした。他方，2009年総選挙では，無党派層

は今度は民主党に投票し，民主党に大勝をもたらした。無党派層は，2005年総選挙では小泉自民党に投票し，2009年総選挙では民主党に投票したが，矛盾を感じる必要はなかった。なぜなら，2005年総選挙では「改革」を志向する小泉自民党に投票し，2009年総選挙では同じく「改革」を志向する鳩山民主党に投票したと考えられるからである。結局，2009年総選挙では，民主党・自民党の「気迫の違い」が民主党大勝，自民党大敗という選挙結果をもたらしたという（第1章）。

こうした総論ないし導入の後，河野勝が2009年総選挙の構造を分析している。第2章では，民主党圧勝＝自民党大敗の諸要因を列挙している。すなわち，民主党に「地力」がついてきたこと。投票率が上昇し，民主党に「風」が吹いたこと。社民党や国民新党との選挙協力が民主党に有利に作用したこと。加えて「共産党空白区」が民主党に大きな恩恵をもたらしたこと。自民党支持層が自民党から離反したこと。そして，小泉人気からの「リバウンド」効果があったこと。河野は，これらの諸要因を列挙し，2009年の政権交代が「さまざまな原因によって起こった複雑な政治的大事件」（56頁）であったと総括している。続く第3章では，こうした分析からこぼれおちる，近年の総選挙の変化を分析している。それによれば，第1に，自民党と民主党の2大政党化が確実に進展している。第2に，政党ごとに異なってはいるが，概ね当選者・候補者の平均年齢は安定している。また，女性候補者が微増している。第3に，有権者の投票参加も変化している。すなわち，投票率が上昇しつつある一方，無効票は減少しつつある。また，小選挙区と比例代表での2票の使い分けも進んでいるという（第2章・第3章）。

本書の後半では，7回にわたる面接調査（2008年10月〜2009年9月）等のデータを活用し，2009年総選挙における有権者意識を分析している。読売新聞世論調査部が有権者意識の推移を概観した後（第4章），日野愛郎は，自民党支持者と無党派層を中心に，総選挙前後の有権者意識の推移を分析している。それによれば，すでに総選挙の半年前には，政権交代の諸要因が出揃っていた。すなわち，自民党支持者や無党派層で民主党に投票した人は，暮らし向きが悪化していると感じ，麻生内閣の政策や自民党に不満を抱く一方，民主党に期待を寄せていたというのである。「政権交代は一日にして成らず」というわけである（第5章）。続いて飯田健は，有権者が政党に抱く「失望」と「期待」という感情に注目し，政権交代の一般理論を構築しようと試みている。それによれば，与党への失望が高く野党への期待も高いとき，政権交代は起こりやすい。逆に，与党への失望が低く野党への期待も低い場合には，政権交代は起こりにくい。その中間には，与党への失望が高く野党への期待が低い場合や，与党への失望が低く野党への期待が高い場合がある（135頁）。飯田は，こうしたモデルを2009年総選挙に適用し，自民党に失望し民主党に期待する有権者ほど投票に参加し，しかも民主党に投票するという仮説の検証を試みている（第6章）。

最後に，読売新聞世論調査部による小泉内閣以降の10年史（第7章）と，諸々のデータが掲載されている（巻末資料）。

さて，こうした内容の本書は，2009年政権交代に関するさまざまなデータを記録

しており，その意味で多大な貢献をなしている。今後の研究においても繰り返し参照されていくであろう。にもかかわらず，本書に難点がないわけではない。最大の難点は，常識的な命題の提示と論証にとどまる論文が多いことである。ここでは，河野論文（第2章）と飯田論文（第6章）を俎上に載せたい。

すでにみたように，河野は，なぜ2009年総選挙では民主党が圧勝し，自民党が大敗したのかと問い，さまざまな要因を列挙している。そして，2009年の政権交代は「さまざまな原因によって起こった複雑な政治的大事件」(56頁）であったと総括している。なるほど，人々が漠然と感じているさまざまな要因を，データによって裏づけていく作業に意味がないわけではない。しかし私は，河野論文を読んだとき，E．H．カーの次の言葉を想起せずにはいられなかった。すなわち，ロシア革命の原因について訊ねられた受験生が1ダースの原因を1つひとつ挙げただけでは「良」をとることはできても「優」をとることは難しい。「知識は十分だが，想像力が不足」というのが試験官の評釈になるだろう，と（E．H．カー『歴史とは何か』清水幾太郎訳，岩波書店［岩波新書］，1962年，131頁。一部訳語を変更）。しかも，河野が列挙しているさまざまな要因は，新聞やテレビに接している一般読者の常識に属すものばかりなのである。

他方，飯田は，政権交代の一般理論の構築という課題に果敢に挑み，次の2つの命題を提示している。すなわち，「仮説1：自民党に対して失望し，かつ民主党に期待する有権者ほど，投票参加するだろう。仮説2：自民党に対して失望し，かつ民主党に期待する有権者ほど，民主党に投票するだろう」(136頁）。このような「仮説」を提示されたとき，多くの読者は「それはそうだろう」という反応を示すのではないだろうか。なぜ有権者が民主党に投票したのかという問いにたいして，有権者が自民党に失望し民主党に期待したためであると答えただけでは，何も説明したことにならない。再びカーを援用すれば，第2次世界大戦が勃発したのはヒトラーが戦争を欲したせいである，と言っているのと同じようなものである（『歴史とは何か』，127頁）。飯田論文は，仮説・検証というスタイルに固執するせいであろうか，仮説自体の有意性（レレヴァンシー）に無自覚になっているように思えてならない。

ただし，本書にも，常識を覆すような命題を提示している論文がないわけではない。第1章で田中は，「それらの有権者にとっては，2005年に小泉自民党を支持したことと，2009年に鳩山民主党を支持したことには矛盾はない」(2頁）との興味深い命題を提示している。たしかに，多くの有権者が2005年には小泉自民党を支持し，2009年には鳩山民主党を支持したことは逆説的であり，探究に値する問題であるだろう。しかし残念なことに，肝心の論証のところで致命的ミスを犯しているように思われる。田中の命題を論証するためには，2005年の小泉と2009年の鳩山＝小沢の政策上の立場が近いことを明らかにしなければならないであろう。ところが田中は，2005年の小泉と2005年の前原や岡田が近いことしか明らかにしていないのである。それどころか，田中が示しているデータは，2005年の小泉と2009年の小沢＝鳩山が近くはないことを示している。これでは，命題を論証したことにはならない。

このように『2009年，なぜ政権交代だったのか』は常識的な命題の提示と論証に

とどまり，残念ながら，読者の思考を刺激するものではない。そもそも，選挙による政権交代ということが繰り返し報道されたように，2009年の政権交代の主役が有権者であり，それゆえ1955年や1993年を超える「政治変動」であったとする本書の視座自体，常識に属しているのではないだろうか。これにたいして，次に検討する菅原琢『世論の曲解』は，さまざまな常識的見解に果敢に挑み，菅原自身が述べているように「挑戦的な議論と検証を行う種類の本」（20頁）になっている。次に，『世論の曲解』の紹介・検討へと移ることにしよう。

『世論の曲解』

菅原琢『世論の曲解』は，2005年総選挙以降，いかに自民党政治家や報道関係者などが世論を「曲解」してきたのか，それゆえ2009年総選挙における自民党の大敗がいかに必然的だったのかを論じている。その際，多くのデータを丁寧に解釈しつつ，さまざまな常識的見解の反駁を試みている。

同じく，本書の内容を概観しよう。菅原によれば，自民党が大勝した2005年総選挙について，メディアでは，有権者が小泉に騙されたという解釈が定着している。しかし実際には，都市部の若年・中年層を中心に小泉構造改革を支持し，小泉自民党に投票したのである。ところが，古い自民党政治家は，そうした有権者の期待に2005年総選挙の勝因を求めるのではなく，党首人気のおかげであると解釈してしまった（第1章）。

続く2007年参院選では，自民党は1人区で大敗を喫した。菅原によれば，この大敗は，小泉構造改革によって農村部が衰退したせいである，と解釈されることが多い。しかし菅原は，こうした解釈――菅原の命名では「逆小泉効果」――を退ける。2007年参院選で自民党が大敗したのは，小泉構造改革による農村衰退のせいではない。1人区において野党間協力が成功したからである（第2章）。しかし，それだけではなく，安倍自民党の側にも原因があるという。すなわち，安倍自民党は，郵政造反組の復党が象徴しているように，新しい自民党から古い自民党への「逆コース」をたどった。そこで，小泉構造改革を支持する都市部の若年・中年層は，安倍自民党から離れていった。単に「お灸を据えられた」わけではないというのである（第3章）。

結局，安倍晋三は辞意を表明し，自民党総裁選がおこなわれた。そこでは「人気」のある麻生太郎が自民党総裁に選出されることになる。しかし菅原の分析では，麻生には国民的人気などなかった。ネット上の人気や若者のあいだで人気があったとしても，ごく限定されたものにすぎなかった（第4章）。こうした「麻生人気」の証拠とされたのが，さまざまな「次の首相」調査である。そうした調査は，一見すると，麻生人気を示しているようにもみえる。しかし，麻生が「次の首相」候補として浮上したのは，彼が総裁選に出続けていたからであり，また，メディアに露出しつづけていたからにすぎない。派閥内外で実力が評価されて「次の首相」候補になったわけではない（第5章）。それでは，なぜ自民党政治家や報道関係者は「麻生人気」なるものを信じてしまったのであろうか。菅原によれば，それは「ネット

の見過ぎ」のせいであるという。ネット上の「世論」は世論の一部にすぎないにもかかわらず，そうした「ネット小言」を信じてしまい，それに適合的なデータに飛びついてしまったというのである（第6章）。

　こうして菅原によれば，世論とは反対の方向に舵を切った自民党が大敗を喫したのは，当然の帰結だった。一部の人々は，2005年の自民党大勝と2009年の民主党大勝を票の「行ったり来たり」で捉え，「振り子」が戻れば自民党は政権に復帰できると期待している。だが，自民党を支えてきた農村部の自民党支持は確実に融解し，民主党が自民党の「壁」を打ち破りはじめている。それゆえ「振り子」は戻らない（第7章）。結局のところ，自民党は世論を見誤ってしまった。なぜなのであろうか。菅原によれば，現場で実感する「世論」やネット上の「世論」と，本当の世論とは異なっている。にもかかわらず，そうした「世論」に合わせてデータを解釈してしまうからである。たしかに，世論を読解するのは難しい。しかし，世論の「曲解」を繰り返さないためにも，とりわけ専門家には世論を読解するリテラシーを鍛えることが求められているというのである（終章）。

　このように『世論の曲解』は論争的な書物であり，ここに本書の最大の魅力がある。単純化して言えば，『2009年，なぜ政権交代だったのか』は，人々が漠然と抱いている常識を実証しようとする試みであるが，『世論の曲解』は，むしろそうした常識を反証しようとする試みであるといえるであろう。菅原は，自民党政治家や報道関係者の通俗的解釈だけではなく，研究者の学術的解釈にたいしても批判の手を緩めない。その批判は，小気味良くすらある。菅原の鋭い批判に接して，読者は「目から鱗が落ちる」経験をするだけでなく，世論調査を読み解くリテラシーを鍛えあげていくことができるであろう。

　とはいえ，『世論の曲解』も難点を免れているわけではない。菅原自身の要望（21頁）に応え，批判的に検討していこう。第1に，世論の「曲解」という概念化が不適切なのではないか，ということである。『広辞苑』によれば，「曲解」とは「相手の言動・心中を，素直でなくわざと曲げて解釈すること」を意味する。ところが，本書で論じられているのは，そうした意図的な歪曲ではなく，無自覚の歪曲であるように思われる。菅原は，自民党政治家や報道関係者などが世論を見誤った背景に，自身に都合のよいデータだけを選択してしまう習性＝「確証バイアス」があると論じているからである（16‐17頁）。「曲解」という概念が本書の中心概念である以上，より慎重に言葉を選ぶべきだったのではないだろうか。この批判が妥当であるとすれば，より適切な概念へと修正することが必要になってくるであろう。

　第2に，菅原が本書の主要命題の論証に成功しているかどうかは疑わしい。私の理解では，菅原は，2009年総選挙における自民党大敗の原因を，小泉後の自民党が古い自民党に回帰し，また党首人気に頼ったことに求めている。この命題を論証するためには，しかし，そのことを実証するだけでは足りない。加えて，小泉構造改革のせいで「格差社会」が深刻化し，自民党大敗を招いたとする，有力な対抗仮説を反証しなければならないであろう。ここで，今井＝蒲島論文批判（79‐85頁）がそうした反証に該当するのではないか，と考える人もいるかもしれない。しかし今

井＝蒲島論文批判は，小泉構造改革が農村部の離反を招いたとする対抗仮説を批判しているにすぎない。菅原が重視する都市部に与えた影響については反証できていないのである。

それどころか，菅原が提示しているデータは，むしろ自民党大敗の１つの要因として小泉構造改革の負の遺産があったことを示しているように思われる。菅原は「小泉政権と安倍政権の評価の差異」に関する一覧表を作成し，2007年参院選でも安倍自民党に投票した「忠実層」と，2007年５月段階で安倍自民党に見切りをつけた「早期離反層」のあいだでの評価点の差異を示している（112－113頁）。その際，「評価が大きく割れている40点差以上の項目は白抜きで示している」(111頁)。注目すべきは，小泉内閣の業績全般に関して33.6点もの差異があることである。しかも，財政改革や景気対策については，それぞれ33.1点，33.9点もの差異があるだけでなく，早期離反層の評価点は－0.6，－5.3とマイナスの数値を示している。この数値は，自民党大敗の少なくとも１つの要因として小泉構造改革があったことを示しているのではないだろうか。ところが菅原は，40点で区切ることで，こうした別の解釈の可能性を切り捨ててしまう。そもそも，この調査自体が自民党支持層にたいする調査であり，いわゆる無党派層にたいする調査でも，菅原が重視するところの都市部の若年・中年層にたいする調査でもない。菅原は，異なる仮説を想起しそれを潰す作業をすると述べているが（17頁），本書においてそうした作業が貫徹できているとは言いがたい。

　第３に指摘したいのは，思考様式のバイアスである。菅原は，政党の採りうる路線を，小泉構造改革かそれとも「逆コース」＋麻生人気か，という二者択一的枠組みで思考しているように思われる。その結果，第３の選択肢として，小泉構造改革とは別の＜改革＞がありうる，ということが見えなくなっている。実際には，たとえ小泉後の自民党が小泉構造改革を継承したとしても，民主党の掲げる＜改革＞には敵わなかったかもしれない。これに関連して示唆的なのは，本書の副題である。本書は「なぜ自民党は大敗したのか」という問いを発しているが，「なぜ民主党は大勝したのか」という問いを発していないのである。「なぜ民主党は大勝したのか」と問うていれば，民主党は，小泉構造改革とは別の＜改革＞を掲げたがゆえに大勝したのではないか，との命題が当然にも浮上していたであろう。

　このように『世論の曲解』には幾つかの難点がはらまれているように思われる。そして，第２の難点と第３の難点には，菅原自身の価値――小泉構造改革を留保付とはいえ評価している（71－72頁）――が無自覚のうちに混入してしまっているように思われる。しかし私は，このような刺激的な書物を公刊してくれた菅原に最大限の賛辞を送りたい。

政治科学の自己革新を！

　以上，規範的政治理論を専門とする者の立場から，政権交代を分析した２つの著作を批判的に検討してきた。私は，少し厳しすぎたかもしれない。こうした厳しい批判は，しかし，政治科学者にたいする期待の裏返しでもある。私が政治科学者に

期待したいのは，次の2点である。

　第1に，命題の有意性ということに自覚的になってほしい。問題を設定し，それに関連する先行研究を批判した後，独自の命題を提示し，その命題を論証する。そうした作法は大事である。しかし，論証しようとしている命題自体に意義，すなわち，あえて主張するに足りる理論的・実践的価値がなければならないであろう。もちろん，何が意義のある命題であり，何が意義のない命題であるのか，ということを他者が判断することには危険が伴なわざるをえない。しかし，そうした基準を立てなければ，政治科学は時に無意味な「パズル解き」の森のなかにさ迷い込んでしまうであろう（この点に関しては，すでに菅原琢が「研究テーマの矮小化」ということで指摘しているように思われる。菅原琢「「アメリカ化」する日本の政治学——政権交代後の研究業界と若手研究者問題」，『思想地図』第5号，2010年3月，391－393頁を参照）。

　政治科学者に期待したいのは，第2に，不可避に紛れ込むバイアスに自覚的になってほしいということである。すでに指摘したように，批判精神に溢れた『世論の曲解』でさえ，著者自身のバイアスを紛れ込ませているように思われる。もちろん，バイアスから完全に自由な政治学などありえない。しかし，研究者自身のバイアスに無自覚な政治学研究は，科学的であることを装うことで，かえって価値に呑みこまれてしまうであろう。丸山眞男が古典的論文「科学としての政治学」において述べたように，「政治的思惟の存在拘束性の事実」を認めることで「政治的現実の認識に際して，希望や意欲による認識のくもりを不断に警戒し，そのために却つて事象（ザッヘ）の内奥に迫る結果となる」であろう（丸山眞男『現代政治の思想と行動』増補版，未来社，1964年，357頁）。自身のバイアスに自覚的になること。そして，自由闊達な論争を通じて，そうしたバイアスを不断に反省していくこと。政治科学者にも，こうした厳しい——しかし楽しくもある——知的営為が求められるであろう。この書評論文にたいしても，関係諸氏からの忌憚のないご批判を期待したい。

■書評

国際組織法が説明する国際秩序とは何か

山田哲也著『国連が創る秩序：領域管理と国際組織法』
東京大学出版会，2010年

篠田英朗

　本書は，紛争後社会に対する国際組織による支援に関連する諸問題について，長きにわたって精緻な研究を続けてきた著者による労作である。「領域管理」という，いささか堅苦しい概念を中心テーマにしているが，本書は，今日の国際社会において決定的な重要性を持つ焦眉の課題を鮮やかに分析するものである。著者が属する「国際組織法」の分野において，紛争後社会対応の問題への信頼できる良書が生まれたことは，非常に喜ばしい。現実の政策的課題が先行して学術的検討が後追い的になりがちである問題であるだけに，本書が今後の国内の学術研究に大きく寄与するものとなることは間違いない。

　序章において「国際秩序の中の領域管理」という問題提起を行った後，第Ⅰ部では「冷戦後国際秩序と国連」という視点で，冷戦後世界で国連がどのような位置づけを与えられるようになったのかを論じる。第Ⅱ部において，いよいよ「領域管理の系譜と活動」が紹介され，「領域管理」の歴史，そして実施権限，法的性質，任務などが論じられる。第Ⅲ部は「領域管理と国際組織法」と題されて，「国際組織法」という学問分野において「領域管理」がどのような意味を持つのかについて，議論が進められていく。

　このような構成を持つ本書には，『国連が創る秩序』という題名が付けられているが，その内容は「国際組織法から見た領域管理という問題」についてのものである。本書は，体系的な「国際組織法から見た領域管理」研究として成立しており，本書の内容的な特徴は，「国際組織法から見た領域管理」という概念によって象徴的に示されているとも言える。本書がいったい何について貢献するのかは，この「国際組織法から見た領域管理」という概念によって示される。

　著者は「領域管理（territorial administration）」を，「人間が居住可能な領域に対して，国際組織が直接または間接に一定の統治権限を及ぼす活動」と定義する。本書によれば，これは「コソヴォや東ティモールにおける国連の活動といった冷戦後の事例を中心に，類似の先例を含めて検討するための概念規定である」という（1頁）。つまりここで「領域管理」と呼ばれているものは，冷戦後の世界で頻発した武力紛争に国際社会が様々なやり方で対応する中で生まれ，通常は「平和維持・平和構築」などのより広範な名称で呼ばれているものと，部分的にではあるが重なり合うところが大きい。

しかし,「国際組織法」の専門家である著者は,「平和」の達成という目的志向的な活動範疇ではなく, ある「領域」を「国際組織」が「管理」するという行為形態に, より大きな関心を持っている。つまり, 本書の中心的な問題関心は, 研究対象となっている活動が効果的に平和をもたらすか否かではなく, それが「国際組織法」においてどのような特徴を持つか, に置かれている。最近の平和維持・平和構築に関する研究 (特に政策的関心を強く持っていたり, 国際的研究動向に強く影響されていたりするもの) の多くが目的志向的なものであるとすれば, 本書は国際法における確立された学術的分野区分を強く意識したものである。

確かに, 本書においても, 個々の国連活動等が成功をおさめたものであるかどうかに関心が払われていないわけではない。それぞれの活動内容の妥当性に, 平和の達成という目的から, 検討を加えられていないわけではない。しかし本書の議論は, そうした目的志向の強い関心を, 少なくとも主要な要素として, 展開していくものではない。平和という目的にしたがって, 必ずしも体系的な一貫性がある形で事例が積み重ねられてきたとまでは言えない事例のいくつかを, 本書は,「領域管理」という特徴をとらえて抽出し, 国際組織法の観点から分析検討している。平和という目的を主要な関心とするならば,「領域管理」はあくまでも状況の産物であり, 政策道具の一つでしかない。国連にとっても,「領域管理」は, 何らかの活動や政策を代表したり, 総括したりするものではない。国際法の観点からしてみても,「領域管理」は重要であり, 興味深い事例を提供しているとしても, 必ずしも一つの独自の法的範疇を形成するものではない。しかし,「領域管理」がそれ自体として持つ大きな意義と, より広く国際平和活動に対して持つ含意とを視野に入れつつ, あくまでも「領域管理」という一つの問題群を構成するものとして描き出したところに, 本書の価値は存在する。

本書は, 堅実に先行研究をおさえつつ,「国際組織法」において,「領域管理」研究がどのような位置づけを与えられるべきかについて慎重に論を進める。同時に, 当然ながら,「領域管理と国際組織法」という本書の副題が示す視点に合致しない問題については, 本書の分析射程からは外れる。たとえば, 多くの読者は, 最初から明確にイラク戦争後の米国による占領体制などを,「領域管理」研究の対象から除外するという態度に, いくぶんかの物足りなさを感じるだろう。本書の「領域管理」概念の定義から, イラク占領体制が逸脱することは, よくわかる。しかし, それではなぜそのような定義付けで「領域管理」という概念を狭く理解しなければならないのか, という問いへの答えは, 必ずしも本書では用意されていない。それは, 本書が「国際組織法」の学術的分野に属するという端的な事実によって, 示唆されるのみである。

「国連が創る秩序」(本書題名) を,「領域管理と国際組織法」(本書副題) という視点から捉え直すという試みには, 枠組み設定の部分において, いくつかの確認作業が必要になる。まず, 本書は,「領域管理」は「国際組織」によってだけなされ,「国際組織」によらない「人間が居住可能な領域に対して統治権限を及ぼす活動」は,「領域管理」には含まれない。その上で本書は,「国際組織」を国連とほぼ同一視し,

一方では国連と国際連盟の連続性は自明視するが，たとえば「地域機構」と「国際組織」は異なる範疇に属する問題であることも自明視しており，「国際組織」の定義を「国連」の存在に引き寄せている。また，本書は，「領域管理」の要件である「統治権限」を，ほぼ国内の立法・行政・司法を含む全権の掌握という意味で用いており，部分的な「統治権限」の行使などは分析対象から外すという厳密な立場をとっている。

　「領域管理」の実態面だけに着目すれば，一定の類似性を持つ活動は，本書が扱わない事例の中にも見出すことができるだろう。たとえば本書は，軍事占領の事例を「領域管理」の対象から外し，植民地の歴史もまた，「領域管理」の系譜には含めない。結果として，冷戦後世界において，あるいは20世紀全体を含めても，「領域管理」は，どちらかと言えば数少ない例外的な事例であることが明らかになる（カンボジア，東スラヴォニア，コソヴォ，東ティモール）。本書は，政治的影響力等も考慮した上での「新植民地主義」と「国際組織法から見た領域管理」の議論を峻別し，政策の実態面では比較に意義があるとも思われる軍事占領や植民地経営の事例も，分析対象から取り除く。このような視点は，たとえば国連PKOという枠組みを重視したり，「領域管理」を可能にした軍事介入との連続性を重視したりする立場からは，生まれえないだろう。

　本書は，必ずしも「領域管理」の定義から必然的に曖昧にされる事例を，その曖昧さに着目して論じると言うことまではしていない。たとえば本書は，ボスニア・ヘルツェゴビナにおける「上級代表」の権限についていささか曖昧な形で若干ふれているが（76-78頁），結局「上級代表」の事例が「領域管理」の定義から分析対象になるのか，ならないのかは，明確には論じていない。背景には，たとえば第二次世界大戦後の日本やドイツに対する国際管理体制は「領域管理」ではないのか，あるいは上級代表事務所（Office of High Representative）は本当に一つの国際組織と言えるのかどうか，などの論点があると言えるだろう。これらを「領域管理」の定義に合致するものとして扱うのであれ，除外するのであれ，「領域管理」に関連する問題群として扱っていくことには，いくぶんかの面白みがあるとも思われるが，本書が提示する「国際組織法」はそのような視点の曖昧な広がりを簡単に許すものではない。

　本書の題名である「国連が創る秩序」という問題設定は，慎重に国連が制度的に「領域管理」を行ったわけではない事例を取り除いていくことによって，より純化され，一貫性のあるものになっていく。「国連が創る秩序」の性質や効果は，実は国連以外の組織や国々が行っている多くの重要事例と関係の中で，あるいは平和といった政策的目的の達成度によって，決まってくるものであるかもしれない（たとえば Eric de Brabandere, *Post-conflict Administrations in International Law*, Martinus Nijhoff Publishers, 2009 を参照）。しかしそれは本書の主要な問題関心ではない。

　著者は，「国連が創る秩序」という題名で意味しているのは，「国連が領域管理を通じて，どのような新しい秩序を創ろうとしているのか」ということであり，そこには「国連が創ろうとする秩序がいかなる国際秩序観を反映したものなのか」とい

う問題意識が含みこまれる。「国連が創る秩序」と「その他の機関が類似活動で創る秩序」との関係や、国際秩序全体における「国連が領域管理を通じて創る秩序」の目的論的意義は、本書が明らかにするものではない。それらの課題は、国際組織法における本書の視点にもとづく成果を踏まえた、さらなる研究成果によって、より発展的に論じられていくことになるだろう。そのような今後の研究の発展にとって、本書が果たす貢献は、非常に大きなものである。

46号山本論文に誤りがございましたので、お詫びして訂正致します。

誤り：86頁図3，4の表注　0.7　　正：0.75

92頁第3行
（誤）
$$\partial L/\partial q_{Ai} = \alpha_{Ai} - \beta_{Ai} c_{Ai} - \lambda = 0$$

（正）
$$\partial L/\partial q_{Ai} = \alpha_{Ai} c_{Ai} + \beta_{Ai} c_{Ai} - \lambda = 0$$

■書評

チャレンジがもたらす"おもしろさ"

北村亘著 『地方財政の行政学的分析』有斐閣, 2009年

名取良太

　地方税財政制度は,「中央地方関係あるいは統治機構全体における地方自治のあり方」(5頁) を規定する。したがって日本の中央地方関係の特徴を解明するためには, 地方税財政制度の分析が不可欠である。ところが地方税財政制度の中核をなす地方交付税制度については, それが「中央地方関係の制度的特徴が凝縮されている核心的な要素」(5頁) であるにも拘わらず, その算定方法が高度に技術論的で, 一見すると非政治的に決定されることが強調されがちなことから, 静学的な法制度論に依拠した研究が中心であった。政治学・行政学の関心は, 政治性が強く反映する個別補助金に偏っており, 地方交付税は十分に扱われてこなかったのである。しかし地方交付税をめぐっては, 地方の財源不足額と交付税原資との「ギャップをどのようにして埋めるかについて, 政府内部で激しい政治的ゲームが毎年展開」(8頁) されている。したがって, 地方交付税をめぐる地方自治所管省庁と中央財政所管省庁, そして政権与党の行動を動学的に分析し, 政治学・行政学的観点からそれを解明する必要がある。

　本書は, 地方税財政に関する政治・行政過程について優れた研究業績を残している著者が, 上記の問題意識に基づいて, 地方交付税をめぐる政治・行政過程をダイナミックに描き, チャレンジングな議論を展開した好著である。本書に対しては既に2編の書評ならびに著者自身による解説が発表されており, 多くの論点が示されている[1]。そこで本稿では, 著者が地方税財政システムの分析を通じて, 日本の中央地方関係あるいは地方自治のあり方をどのように捉えたのかという点を中心に評していきたい。

　「なぜ, 国家財政が危機に瀕した状況の下で, 地方財源の不足が完全に補填されたのか。また, なぜ, あるときに一転して地方への移転財源が削減されたのか」(16頁)。これが本書のリサーチクエスチョンであるとともに, 動学的な説明が必要とされる所以でもある。

　地方交付税額は, 形式的には, 自治体の基準財政需要と基準財政収入の差を積み上げて算出された財源不足額を完全に補填するように決定される。しかし実際のところ, ほぼ毎年, 地方の財源不足額は, 地方交付税法第六条の規定により算出された地方交付税に充当される国庫財源額を上回っており, 完全には補填できない。そこで地方交付税法附則第三条「政府は, 地方財政の状況等にかんがみ, 当分の間,

(地方交付税法）第六条第二項の規定により算定した交付税の総額について，法律の定めるところにより，交付税の総額の安定的な確保に資するため必要な特例措置を講ずることとする」という規定に基づき，調整が行われ，交付税額が決定される。すなわち地方交付税額は，ほぼ毎年，「なんらかの特例措置」が講じられて決定されるのである。そこで著者は，「どのような特例措置が，なぜ講じられたのか」を明らかにする。そしてその措置の講じられ方が毎年変化することから動学的な説明を進めていく。

それでは毎年の特例措置は，どのようなプロセスを経てある特定の帰結にたどり着くのか。著者はゲーム理論に基づいた枠組みを用意して，それを説明する。ゲームのプレーヤーは，交付金総額を要求する「地方自治所管省庁」（自治省・総務省），各省庁の予算要求を査定する「中央財政所管省庁」（大蔵省・財務省），省庁間の決定を最終的にオーソライズする「政権与党幹部」の3者である。ゲームの手番は，「地方自治所管省庁」の予算（補填）要求からスタートし，「中央財政所管省庁」の選択，「地方自治所管省庁」の選択の順に進み「与党幹部」の選択で終了する。それぞれの選択次第では，後の手番に進まずにゲームが終了することもある。終了時点でとられうる選択肢は，交付税率の変更等による「恒久的補填措置」，交付税特別会計の借入や地方債発行への優遇措置による「暫定的補填措置」，「補填措置をとらない」のいずれかである。

このゲームでは，地方自治所管省庁と中央財政所管省庁が，最終決定者である与党幹部の選好を基に「逆戻り推論」を行い，それぞれの戦略を選択する。与党は補填措置を講じて財政の健全性を損ねるコスト (l) よりも，補填措置を講じずに地方の支持基盤から反発を受けるコスト (s) が大きい (l＜s) と判断する場合は恒久的か暫定的かいずれかの補填措置を講じ，その逆 (l＞s) と判断する場合は補填措置を講じない[2]。省庁側の利得は与党の選択に依存するので[3]，与党の選好が特定されれば，ゲームの解は導かれる。そして1970年代，1990年代，2000年代における政治過程の丹念な記述により，このゲームから予想される帰結が，実際の政治過程における帰結と合致していることが検証される。すなわち，地方交付税額の決定過程においては与党の選好が決定的な意味をもつのであり，地方自治所管省庁と中央財政所管省庁は，たとえ与党と異なる選好を有していたとしても，与党選好の実現を前提にした次善の戦略を選択する。これが本書で一貫して述べられる主張であり，重要な知見である。

そして著者は，自治体の行政能力を高めたという観点から，このシステムと決定メカニズムが，日本の地方自治を発展させたと主張する。活動量が大きく自律性が高いという理想的な地方自治に到達するためには，先に自律性を高める経路と，先に活動量を高める経路の2つの発展経路が考えられる。ここにおいて日本の地方税財政システムとその決定メカニズムは，もともと意図されていたわけではないが，後者の経路，すなわち地方の行政能力を十分に向上させてから地方分権を推進するという経路を辿らせるための合理的な仕組みであったとする。

国家財政の健全性を重視する省庁と地方自治を重視する省庁，および政権の維持・獲得を目指す政党が，それぞれ合理的に行動した結果，地方の財源不足は補填され，広い活動範囲と大きな活動量を財政面で支え続けた。それによって自治体は，自律的に行動するのに十分な行政能力を蓄えた。一見すると中央集権的なシステムは，この意味で，全国一律水準での公共サービスの提供という全体的な利益と，地方の裁量を重視する地方の利益の調和を図ってきたのである。こうして著者は，日本のシステムを，理想的な地方自治をもたらす発展経路の一つのあり方として評価する。

　この見解は，中央政府が地方財政に過剰にコミットすることで，自治体の自己決定権を制約するとともに，放漫な財政運営を促すインセンティブを与える，といった従来の議論とは一線を画しており，非常に興味深い。そして評者は，この見解こそが著者が最も強く主張したかった点と捉えている。

　自らを常に厳しい環境に置き続けるのは難しいことである。人は，しばしばその困難を避け，「自分の出来る範囲で」事を進めようと妥協してしまう。ただし，その妥協によって自らの能力を高める機会を失ってしまう。これを自治体に当てはめて考えれば，著者の見解には「なるほど」と大いに納得させられる。

　地方自治所管省庁は，戦争によって疲弊した社会において地方自治を発展させる使命を負った。しかし，はじめから自律的な運営を求めれば，その時点の行財政能力に基づく「身の丈にあった」活動しかできない。そこで中央から事業と財源を与え，強制的に自治体を「困難な環境」に置くことで行政能力を向上させた。もちろんこの見解には多角的な実証が必要とされるだろうが，自治体に対するマイナス面が強調されがちな地方交付税の効果に関して，正面からプラス面を主張する著者の議論は，実に痛快である。

　ただし評者は，このシステムとメカニズムを「合理的な仕組み」と解釈することに対して，いささか懐疑的である。第1に，この仕組みを維持するために，日本は大きな代償を支払ってきた。国・地方が抱える膨大な政府債務の一部は，地方債の発行等による補填措置を繰り返した結果によるものである。視点の置き方次第で評価は変わるだろうが，やはりこの点を踏まえず"合理的"と評することには疑問が残る。

　第2に，この仕組みの下では，与党が"国家財政の危機を回避する"という選好をもたない限り，自治体に財源と事業が提供され続け，その行政能力を高めることになる。著者が示すゲームの構造では，与党が補填選好を持つ限り，地方自治所管官庁は補填を要求し続けることが合理的戦略となる。また，自治体も，（このゲームの構造を理解しているならば）逆戻り推論によって補填要求戦略をとり続けると予測される[4]。その結果，自治体の行政能力を，中央政府のコミットによってもたらされるべき水準以上に向上させてしまうことが考えられる。また，行政能力の向上に対する事業量や移転財源の増加の効果が漸減関係にあるならば，あるポイントからは非効率な仕組みとなる。このように，地方交付税システムと決定メカニズムが，著者が述べるような合理的仕組みかどうかは，より多面的な検証に基づいて評価さ

れねばならないだろう。

こうした疑問が残るとはいえ，明快かつチャレンジングな著者の主張は魅力的である。それゆえ，本書の主張に反論もしくは補強する数多くの研究が，今後生まれてくるだろう。その意味で，本書は，著者自身の目論みどおり，中央地方関係の研究を通じて，政治学・行政学の理論的発展に貢献する貴重で"おもしろい"一冊となったといえよう。

（1） 書評として金井（2009），砂原（2010），著者自身の解説として北村（2009）が既に発表されている。
（2） 文中のアルファベットは本書で用いられたものに準じている。
（3） 正確には，与党選好の特定だけでは解が導けない。中央財政所管省庁が，政治的介入により発生するコスト(p)と責任追及の回避に失敗するコスト(d)のどちらを大きく捉えるかにより，彼らの戦略は異なる。
（4） 自治体をプレーヤーとしたゲームの構造については，赤井他（2003）に詳しい。

参照文献
赤井伸郎・山下耕治・佐藤主光（2003）『地方交付税の経済学－理論・実証に基づく改革』，有斐閣。
金井利之（2009），「書評：北村亘著『地方財政の行政学的分析』」，『季刊行政管理研究』，No. 127, 62－63頁。
北村亘（2009），「地方財政の行政学的おもしろさ」『書斎の窓』，No. 585, 31－35頁。
砂原庸介（2010），「書評：北村亘『地方財政の行政学的分析』」，『年報行政研究』，No. 45, 208－213頁。

■書評

アジア外交の構図を探る

保城広至著『アジア地域主義外交の行方 1952-1966』木鐸社，2008年

宮城大蔵

　鳩山民主党政権が「アジア共同体」を掲げるなど，近年アジアにおける地域統合が注目を浴びているが，実はそれは新しい現象ではない。この種のアジア地域主義の試みは1950年代，60年代にも存在したのであり，それを最も積極的に追求したのが他ならぬ日本政府であった。しかし結局日本の試みは実を結ぶことなく終わった。それはなぜか。

　これが本書の「問い」であり，これに答えるため本書は方法論においても以下のような意欲的な手法を採用した。著者によれば，外交史家は一次史料を用いた実証的なアプローチを取る一方，テーマの選択にあたっては無頓着で，恣意的に選択した事例だけで全体を語るという陥穽に嵌りがちである。このような恣意性を排除するために著者は，当該時期の当該テーマ，すなわち1950年代，60年代における日本政府によるアジア地域主義構想の「すべて」を抽出・分析することで，そこに通底する構造を明らかにしようとした。この意欲的な試みは果たしていかなる成果をあげたであろうか。

　本書では分析の対象を，日本政府が外交政策として実際に打ち出したものに限定するとしている。従って具体性を欠いた構想や議論の域を出なかったもの，あるいはアジア開発銀行のように，日本政府の外交政策が発端ではなかった事例は除外される。

　その結果として分析対象となるのが，鳩山一郎政権期の「アジア決済同盟」や「地域開発基金」構想，岸信介政権下の「東南アジア開発基金」構想，池田勇人政権期の「西太平洋友好帯」構想など7つの事例である。結論を先取りして言えば，これら日本主導のアジア地域主義構想はわずかな例外を除き，アメリカの歴代政権がアジアにおける地域的枠組みを構想するのに連動して浮上した。経済的余力を欠いた当時の日本は，アメリカの資金に期待し，そこに介在しようと種々の構想を打ち出したというのが本書の分析である。以下で本書の内容を概観してみよう。

　第1章では，アジア冷戦の本格化とともにアメリカが，日本を資源・市場の供給地たる東南アジアと結びつけ，アジアにおける冷戦体制を構築しようと構想したこと，日本側にはアメリカの構想に伴う巨額の資金に介在しようとする思惑があったことが指摘される。アメリカのアジア地域構想と，それに伴う資金拠出への日本側の期待とが，この後，日本でアジア地域主義構想が繰り返し浮上する主要な要因で

あった。

　第2章では，従来の研究において日本政府が戦後初めてアジア地域構想を打ち出したのは吉田政権末期であったとされているのは，「ジャーナリズムと後世史家が作り上げた幻想」であって，日本側の具体案が完成したのは鳩山政権時であったことが指摘される。

　第3章では，鳩山政権期の「アジア開発基金」構想など4つの構想が，いずれもアメリカによる対アジア援助を期待し，そこに日本が介在することを意図した点で吉田時代と変わらぬ構図を持っていたことが指摘される。「吉田＝対米協調」，「鳩山＝対米自主」という構図がここでは当てはまらないことも著者が強調する点である。

　第4章は岸首相が1957年に打ち出した「東南アジア開発基金」構想を扱う。著者によれば従来の研究の多くは，岸がアメリカへの打診なしに自主的に立案したこと，アジアに直接打診したことなどをもって，これを岸の「対米自主」の表れだと見なしてきた。だが実際には構想の発端はアメリカからの打診にあったのであり，アメリカの資金に期待する点で，従来の構図を踏襲するものであった。

　第5章では，池田首相がアジア地域主義に関心が薄かったように見えるのは，この時期のアメリカがその種の構想に熱意を持たなかったためだとされる。

　第6章では，池田が1963年に打ち出した「西太平洋友好帯」構想が取り上げられる。日豪，インドネシアなど五ヶ国の枠組みを創設しようというこの構想は，当時スカルノ大統領の下，急進的路線に傾きつつあった東南アジアの大国・インドネシアを自由主義陣営につなぎ止めることを意図したものであった。この構想は政治的なものであり，かつアメリカから独立して打ち出されたという点で特異であり，「池田＝対米協調」という「通説」が妥当ではないことが確認されるというのが著者の主張である。

　第7章で扱われるのは，戦後日本が主催した初の大規模な国際会議とされる東南アジア閣僚開発会議（1966年）である。先行研究ではこの会議を東南アジアに対する日本の援助増大の機会となったと位置づけてきたが，そのような実態はない。またそもそもこの会議を日本が提唱したのは，ベトナム戦争を背景にしたアメリカの大規模な対アジア援助計画構想を受けたからであり，従来の構図はここでも変わることがなかった。

　以上の分析を受けて，次のような結論が導き出される。当該期の日本のアジア地域主義構想は，わずかな例外を除いて「開発援助枠組み」と「貿易決済枠組み」を中心とするものだが，そこではアメリカによる支出を前提としながらもアメリカの関与を限定し，日本が介在する必要があると考えられた。なぜならアメリカの対アジア政策はあまりに反共イデオロギーに傾斜しており，アジアのナショナリズムを理解していない。そこで「アジアの一員」たる日本が「橋渡し」を行う必要がある。このような日本側の認識を，著者は「戦後アジア主義」と名づけている。

　だがそれらは結局すべて挫折した。諸構想が前提としたアメリカによる大規模な支出が実現しなかったこと，それにもましてアジアは政治情勢をみてもあまりに多

様で地域としての一体性を欠いており，反日感情や各国相互の反目といった要素も色濃かった。その意味で日本の地域主義外交は，「真のアジアの主体性」を考慮したものではなかった。今後はアジアの多様性の理解と尊重が，日本がアジアに「融解」していくための鍵となるというのが，著者の結語である。

　これまで実証的なアプローチを中心に行われてきた戦後日本外交研究に，新たな方法論で切り込もうという意欲と，「対米自主か，対米協調か」といういささかステレオタイプと化した戦後外交を整理する際の基軸に代わる新たな見取り図を提示したいという著者の問題意識に，評者はほぼ全面的に賛同する。その一方で，本書の内容についてはいささか違和感を覚える点もある。以下，三点について述べておきたい。

　第一に本書の分析枠組みについてである。著者は外交史家が陥りやすい恣意性を排除するため，当該時期について「すべて」の事例を検討の俎上に載せるとした。しかしその結果取り上げられた7つの構想と，そこから漏れ落ちることになった事例との境界は曖昧なものに見える。

　たとえば第2章で著者は，1954年に吉田が訪米した際に演説で述べたアジア地域構想を取り上げ，これが「非常に大雑把な略図」（吉田）にすぎず，事務当局で具体的な案が詰められたのは鳩山政権になってからだとして，その意味を否定する。しかし見方によっては，首相が訪問先で行った政策演説はやはり一つの画期だと見なすこともできよう。分析対象に含めるか否かの判断基準として著者は，「曖昧模糊として具体的な計画とはならなかった構想」「国内で議論されるに留まったような計画」は除外すると述べている。

　しかし評者には，本書が第6章で取り上げている池田政権期の「西太平洋友好帯」構想など，上記の吉田の演説よりはるかに池田の「思いつき」という性格が強いものであったように見える。著者自身もこの池田の構想について「具体的なものは何一つ固まっていない稚拙なもの」であったと結論づけている。なぜ吉田の場合は除外され，池田の構想は分析対象となるのか。「具体的な計画」か否かというだけでは，本書の議論の根幹を成す基準としては，曖昧かつ恣意的なものとなる余地があるのではないだろうか。また終章で大来佐武郎などに言及し，「戦後アジア主義」といった概念を持ち出すのであれば，著者が除外する「国内で議論されるに留まったような計画」こそが重要になるであろう。

　第二に本書は「真のアジアの主体性」を重んじる必要性を結論として主張しているが，そうであるならば本書におけるアジア諸国についての分析はいかにも希薄である。アジア諸国が登場するのは，日本の構想にどう反応したかという局面に限定されており，それも日本外務省の記録，すなわち「日本外務省がどう見たか」というものに留まっている。「アジアの多様性を理解し，尊重し，そこから自国と関係諸国をすべて満足させるような外交政策」を説く本書の結論が，隔靴掻痒ともいうべき抽象論に留まっていることと無縁ではあるまい。それはまた当該時期の日本とアジアの関係を見ようとしたときに，本書が扱う種々の構想がどこまで「本筋」ともいうべき重要性を持つ問題であったのかという点につながるのかもしれない。

第三に「変化」をどう捉えるかという問題である。著者は分析対象を1950－60年代に限定した理由として，戦後日本の「地域主義」がこの期間に集中していること，これ以降になると日本政府による地域主義の目的や機能，出現理由が大きく異なることを挙げている。著者の分析によって当該時期の日本の地域主義構想は，アメリカの対アジア構想に左右されるものであったことが明らかになった。しかしその構図は，著者によれば1980年代までには大きく変化した。なぜ，そしてどのように変化したのか。本書のタイトルはアジア地域主義の「行方」だが，そこにこそ「行方」を解く鍵があるように思われる。本書は日本のアジア地域主義外交に通底する「普遍」を探るように見えて，1950年代から60年代という時代の「特性」を明らかにしたということであろう。

レヴァイアサン書評委員会からのお知らせ

　レヴァイアサン書評委員会では，広く日本の，日本をめぐる政治，政治学，現代政治に関する「論争的・批判的な」書評，書評論文，研究動向を扱った論文を募集しています。一応，日本に関するものとしましたが，緩くとらえて，現代政治学，現代政治に関するものとお考えください。
　400字10枚の単行本やレヴァイアサン掲載論文に対する「**書評**」，25枚までの「**書評論文**」「**研究動向論文**」は広く複数の書物，論文を扱ったものとらえてください。**レヴァイアサン掲載論文**への批判も大いに展開してください。
　毎年，4月末，10月末を締め切りにしますが，臨時増刊号を含めて随時掲載可能ですので，なるべく早くお寄せください。書評委員会のメンバーが読ませていただきます。
　書評委員会は，単なる論評をこえた理論的・実証的・経験的な「論争論文」を歓迎いたします。レヴァイアサンの発刊趣意にありますように，「完全主義」的な偏向ではなく，人格対立抜きの「仮説の提示と活発な批判，反批判」こそが日本の政治学，社会科学にとって必要であると考えるからです。

　　　　　　　　　　　書評委員：石田　淳，磯崎典世，日野愛郎，
　　　　　　　　　　　　　　　　増山幹高，待鳥聡史，村井良太

■書評

フランス社会党政権の「転回」を リーダーシップ論の視角から説明する

吉田徹著『ミッテラン社会党の転換：社会主義から欧州統合へ』
法政大学出版局，2008年

森本哲郎

　本書は索引等を含めれば400頁に及ぶ大部の作品であり，細部にわたる濃密な叙述はときに読者の眩暈を誘うほどだが，問題設定と議論の展開そして結論そのものは明快である。それらを評者なりに大胆に要約すれば以下のようになろう[1]。
　①フランス第5共和制初の左翼出身大統領としてフランス政治のみならず欧州統合にも大きな刻印を残した社会党党首ミッテランは，まずは政権獲得のために社会党内で左派（CERES）を利用しこれに基盤を置く。その経済政策（『社会主義プロジェ』）は一国単位での「社会主義」（ソ連型社会主義でないが，当時の西ドイツなどの社会民主主義よりは左傾化したもの）の実現を目指し，「資本主義との訣別」を強調するものだった[2]。これは共産党を引きこむ必要が大きかったことから選択された路線だった。すなわち，70年代初頭には国政選挙レベルでまだ社会党を凌駕していた共産党と連立を組まないと第5共和制の論理（大統領当選可能候補を出せる勢力だけが生き残る）に適応して政権を獲得するだけの多数が取れない，それどころか政党勢力としての生存も危うい，という危機に直面して，ミッテランは反共から社共連合へ，と変身した。そして，思惑通り，1981年にミッテランは政権獲得に成功し，同時に左翼勢力内での共産党の優位を切り崩した。当然彼の党内基盤も強化された。そのための，そのためだけの党内左派の利用であった。（第2章，第3章）
　②ミッテランは，もともと経済政策には無関心だった。左派主導の経済政策が，70年代末以降フランスを除く西側先進諸国での支配的流れとなっていた「新自由主義」を基調とする経済政策が構成する国際政治経済という現実の壁にぶつかり行き詰ると，わずか2年後の1983年には，この国際的流れに近い経済的リアリスト（党内右派）の経済政策（中間派＝モーロワ派もこちらに接近）を受け入れ，左派主導の「社会主義」路線を放棄する。その結節点となったのが，EMS（欧州通貨制度）離脱（一国単位で「社会主義」政策を実施）か残留か（欧州標準となっていた新自由主義経済政策を受け入れて欧州統合の立場を強める）であり，欧州レベルでの駆け引きも交えつつ，党内派閥リーダー，党内外の専門家，関係者等のサブリーダーとミッテランの間，またサブリーダー相互間での微妙な駆け引きを繰り返して，最終的にEMS残留をミッテランは選択し，「社会主義」を放棄する。社会党の「転回」である。（第4章，第5章）

③ミッテランは，リアリストの政策（欧州統合を前提とした新自由主義的経済政策）を受け入れた以上，保守党（とくにゴーリスト）との差異性を強調するためにも（すなわち政権維持のために），もともとそれほどの熱意はなかった「欧州統合」へのコミットメントを強めていき，それを資源に「転回」を挟んで動揺しつつあった彼の党内外でのリーダーシップを再度安定化させた。ミッテランは「欧州建設の父」とまで呼ばれ，2期14年の任期を全うするのである。（第6章）

本書は，社会党政権（ミッテラン）のこの「転回」について，「構造論的アプローチ（国際政治経済学）」および「アイディア・アプローチ」を取る先行研究の問題点を厳しく批判しつつ（第1章），リーダーシップ論の立場から説明しようとする。キー概念はリーダーシップ・スタイルの3類型である。すなわち野党時代から政権獲得の後までミッテランが左派に軸足を置いていた時期の「取引的リーダーシップ」というスタイル（その時々の派閥間の力関係の均衡の上に立つ方法）（第2章，第3章）。政権獲得後に遭遇した経済の現実という壁をこのスタイルの枠内で（すなわち左派の「社会主義プロジェ」路線を維持しつつ右派リアリストの立場を部分的に受け入れた82年のミッテランにとっては緊急避難的な緊縮政策の実施によって）突破することに失敗すると，EMS離脱という目標を積極的に掲げて派閥の力関係の再編を自ら試みる（「変革的リーダーシップ」の採用）（第4章，第5章）。だがこの企ては国内外の経済的現実を前に成功せず，83年3月のわずか10日間で放棄される。追い詰められたミッテランは争点領域（アリーナ）を意図的にずらすというスタイル（「選択操作的リーダーシップ」）を取ることによって，自らのリーダーシップの維持を図ろうとする。ミッテランが最後に右派リアリストの強調するEMS残留を選択したのは，それが欧州統合という新しいアリーナへの主要争点の移動を意味し，国内政治からの制約が少なく，その意味でフリーハンドの余地が大きかったからである（第5章，第6章）。序論における著者の総括的な表現を引けば「ミッテランは経済的条件のみを考慮してフランスの社会主義を放棄したのでも，信念から欧州統合を選択したのでもない。社会主義の放棄は自らのリーダーシップを確立するためであり，欧州統合はリーダーシップ生存のための選択だった」（3頁）というわけである。

本書は，多数の関係者の回顧録類，未公刊資料（公文書，関係者の覚書等）および当時の新聞・雑誌記事を中心に，主要関係者へのインタヴューも加えて，経済政策とその転換をめぐるミッテランと彼を取り巻くサブリーダーたちの間の相互作用について，まことに濃密な，細部にわたる描写が続く（第2章〜第6章）。とくに「転回」過程を直接に描く第4章と第5章は圧巻である。現代日本政治研究と同じレベルで外国政治研究を行なう（行わねばならない）時代になったことを改めて実感させられた作品である。フランス政治（とりわけ左派勢力の政治），経済政策，欧州統合，またリーダーシップの問題に関心のある読者にとって必読の文献であることは言うまでもない。

とはいえ，素朴な疑問と細かな点で気になった項目がなかったわけではない。

①素朴な疑問の1点目は「アプローチ」の優劣についてである。本書では，先行

研究として「国際政治経済学における構造論的アプローチ」と「アイディア・アプローチ」による研究を検討し，両解釈のいずれも社会党の「転回」の説明に「失敗している」(45頁)として，「リーダーシップ論」による説明の優位性を強調する。しかしながら，国際政治経済環境という外部による構造的制約は否定できないわけだから，「構造論的アプローチ」は全否定されるものではないだろう。このアプローチによる従来の説明が無媒介に政策決定を説明しようとしたのが欠陥であり，「構造的要因（国際政治経済）⇒媒介項（リーダーシップ・スタイル）⇒具体的な政策決定のタイミングと内容」という流れを考えれば，2つのアプローチは相互補完的ではないだろうか。同様に，「アイディア・アプローチ」も，「アイディア⇒媒介項（リーダーシップ・スタイル）⇒具体的政策決定のタイミングと内容」と考えれば，相互補完的アプローチとしてともに有効だと言えるのではなかろうか。実際に本書の叙述から受ける印象は，先行研究への厳しい批判（第1章，結論）が与える印象とは裏腹にこの3つのアプローチの併存による説明（上で評者が記したような形での）がなされている，というものであった。

②素朴な疑問の2点目として，本書の叙述からは，「信念とは無縁で，権力の追求維持を至上命令とするミッテラン」というイメージが浮かんでくるが[3]，そのような理解でよいのか，ということである。このようなミッテラン像をもたらしたものは，彼の行動・態度を「リーダーシップ」の3類型で何としても説明したい，という本書の強い意欲の結果であるようにも思える。彼が，当初の「社会主義プロジェ」を捨て，(差し当たりは「新自由主義的な」方向性に立つ)「欧州統合」の積極的推進者へと「転回」したとしても，少なくともミッテランの意識として，漠然とした「社会主義」的なるものは持続していなかったのだろうか。CERESのような明確な「社会主義」ではなく，ジョレス（20世紀初頭のフランス社会党＝SFIOにおいてマルクス主義的なゲードを退けて，主流の座を占めていき，フランス社会主義のシンボルともなったジョレス）のような曖昧模糊とした「社会主義」的なるものではあるが（矛盾したものも包み込む「ジョレス的総合」）。「あとがき」に「悔やまれるのは人間ミッテランに十分踏み込めていない点にある」とし，「ミッテラン論は，稿を改めることにしたい」とある（387-388頁）。大いに期待したい。

次に細部だが，「上手の手から水が漏れた」と思しき個所が見受けられる。

①「カントン議会選挙」という表現が使われている（194頁）が，これは「カントン選挙」の誤記であろう。「カントン選挙（élections cantonales）」とは，県議会の議員（県会議員）を選ぶ選挙のことであり，県内の郡（cantons小郡とも訳される）を選挙区として行われてきた（いる）ため，このように呼ばれるのであって，直接公選制による「カントン議会」なるものがあるわけではない。同じ頁のすぐあとに「地方議会で第1党の地位を守ったが…」とあるが，「地方議会」ではなく，ここは「県議会」である。同様に，第3章の注24（160頁）で「1976年と79年の地方選挙で社会党は1061人のカントン議会議員と30人のカントン議会議長を輩出する…」とあるが，この両年の地方選挙とは「カントン選挙」（すなわち県議会選挙）であり，社会党が県議会議員を1061人当選させ，県議会議長を30人獲得したということである。

また,「党は…, 76・79年の州選挙と77年の市町村選挙で大挙誕生した地方議員を軸に…」と言う記述もみられるが (132頁), 76年と79年に行われた地方選挙は県議会選挙であり, この時期の州議会は直接公選ではなく州選出の国会議員と地方議員の代表から構成されるものだった。州 (régions 地域圏とも訳される) が, 県や市町村と対等の地方自治体とされ直接公選による議会が設置されたのは1982年であり, これによる最初の州議会選挙が行われたのは1986年3月である。

②本書では全くの脇役に過ぎないので大きな問題ではないが, 共産党についての記述で気になった点がある。109頁で「共産党は, 第5共和制に入ると社会党に票を奪われる形で, 徐々にではあるが, その勢力を弱めていった」とあり, 他方, 別の個所 (132頁) では,「1972年の社共共同政府綱領以降, 社会党は共産党の票田を, 徐々にではあるが, 確実に取り込んできた」とある。共産党が「社会党に票を奪われた形」になるのは, 第5共和制の開始 (1958年後半) から, なのか, 1972年以降なのか, という疑問である。たかが, 10数年, どちらでもいい, というわけには行かない。第5共和制開始後60年代を通して, 勢力の退潮に直面していたのは社会党 (旧社会党SFIO) の方であった (ゆえに非共産主義左翼の再生の試みが党外で様々に展開されていた)。共産党は国政選挙の得票率レベルで見れば, 58年11月選挙での落ち込みをやや回復する形で60年代の選挙を乗り切ってきたのである。従って132頁の説明の方が妥当なわけだが, 第5共和制開始以降のミッテランの行動の意味をより深く理解するためにも, 戦後60年代末までの, 社会党および共産党の実態について, より細やかな検討を求めたい。

③国際政治経済という外的拘束を前にしての, 政治の選択余地 (したがってリーダーシップのあり方) に係わる問題だが, 259頁では「〔EMS残留も離脱も〕経済的に見ればそれぞれに利点があった。…経済政策上の優劣がないのであれば, 政治的影響が考慮される」とあり, 離脱も残留も経済政策的にいえば優劣なし, 政治的判断の問題だ, と本書は主張しているように読める。ところが, そのすぐ前の256頁を見ると「EMS離脱は両刃の剣であり, 一か八かの賭けでもあった。賭けに出ないでフランの通貨価値を守るには,『モーロワ・プラン』以上の財政と金融の引締めが必要となりかねない」とあって, 優劣はあるのではないか, との疑問が湧いてくる。この疑問は295頁の次の個所を読むときに更に強まる。「経済財政相補たるファビウスが中銀と国庫局の数字を把握せずに離脱を進言しているのであれば, 提案の信頼性に疑問が生じる。ファビウスは慌てて, 財務省にカムドシュス〔財務省国庫局長〕を呼んで説明を求めた。カムドシュスは, すぐに投入可能な外貨は中銀に410億フランしか残っておらず, EMSから離脱してフランが15%下がるようなことになれば買い支えは不可能になり, フランは完全なフロートに移る。そのため20～21%もの高金利政策を採る必要があるだろうと, 残留派の予測を肯定した。説明し終えたカムドシュスには, ファビウスの顔色が変わったようにみえた。金利政策でしかフランを防衛できないとなれば, 低金利でもって企業体力を回復させるという離脱派の目標そのものが成り立たなくなる。ファビウスは, EMS離脱論を撤回し, ミッテランに即刻その確信を伝えた」。だとすると, 経済政策的にはEMS残留が「正しい」

ということではないのだろうか。したがって，政治による選択の余地はなかった（国際政治経済の構造的拘束力は乗り越え難かった），ということではないのか。259頁と256・295頁の記述の整合性はどうなるのか，との疑問である。関連して，経済学者によるEMS離脱肯定論として挙げられているのはリピエッツ（後に緑の党のブレーン・活動家）だけである（316頁，注84）。経済学者が「政治的にニュートラル」とは言えないが，EMS離脱論の残留論に対する経済学的対等性を示唆するのに，リピエッツだけでは心もとない。

　以上，思いつくままに疑問点を連ねてきたが，それだけ本書によって刺激を受けたからである。第1級の現代フランス政治研究として広く読まれることを心から期待している。

（1）　以下，引用中の…は評者による省略を示し，[　]は評者による補足を示す。
（2）　もっとも評者から見れば，一国単位の「ディリジスム（国家主導主義）＋ケインズ主義」をマルクス主義のレトリックで粉飾したものにしか見えないが。「社会主義」政策の軸と見える広範囲の国有化政策もいわばディリジスムの極北だと言えるであろう。なお，社会党政権の「転回」に関する評者の議論については次も参照されたい。森本哲郎「ボーダレス『市場経済』と『国民国家』主義—1981年以降のフランスにおける産業政策のイデオロギーをめぐって—」（1）『奈良法学会雑誌』12巻3・4号（2000年3月）。
（3）　この趣旨の断定的な表現も散見される。例えば「ミッテランにとって，アイディアは権力追求の道具であり，そうした意味で政治家としては古典的な権力追求タイプであったことを忘れてはならない」（43頁）。

執筆者紹介 （五十音順）

浅羽祐樹 （あさば　ゆうき）
1976年　大阪府生まれ／2006年　ソウル大学校社会科学大学政治学科博士課程修了／Ph.D（2006年，ソウル大学校，政治学）／現在　山口県立大学国際文化学部准教授・北韓大学校招聘教授／主要著書・論文　「韓国の大統領制」粕谷祐子編著『アジアにおける大統領の比較政治学』（所収）ミネルヴァ書房，2010年，共訳書『憲法論争：民主主義対立憲主義（韓国語）』論衡，2010年

今井亮佑 （いまい　りょうすけ）
1977年　京都府生まれ／2002年　東京大学大学院法学政治学研究科修士課程修了　修士（法学）／首都大学東京大学院社会科学研究科准教授／論文　「分割投票の分析─候補者要因，バッファー・プレイ，戦略的投票」『レヴァイアサン』第43号，60-92頁（2008年），「選挙動員と投票参加─2007年〈亥年〉の参院選の分析」『日本選挙学会年報　選挙研究』第25巻第1号，5-23頁（2009年）

大西　裕 （おおにし　ゆたか）
1965年　兵庫県生まれ／1993年　京都大学大学院法学研究科博士後期課程退学。博士（法学）／現在　神戸大学大学院法学研究科教授／著書『韓国経済の政治分析─大統領の政策選択─』有斐閣，2005年，『アジアの政治経済・入門』（共編著）有斐閣，2006年

大村華子 （おおむら　はなこ）
1980年　大阪府生まれ／2007年　エセックス大学政治学部・政治行動学修士／現在　京都大学大学院法学研究科法政理論専攻・博士後期課程在学／論文　「政党の政策に対する有権者からの注目─支持，投票からの離脱に関する継時的検証」『法学論叢』168巻6号，2011年掲載予定，「代表制をめぐる研究の現状と課題」『法学論叢』掲載予定

岡﨑晴輝 （おかざき　せいき）
1968年　茨城県生まれ／1999年　国際基督教大学大学院行政学研究科博士後期課程修了／1999年　博士（学術）／現在　九州大学大学院法学研究院教授／著書・編著『与えあいのデモクラシー──ホネットからフロムへ』勁草書房，2004年，岡﨑晴輝・木村俊道編著『はじめて学ぶ政治学──古典・名著への誘い』ミネルヴァ書房，2008年

篠田英朗 （しのだ　ひであき）
1968年　神奈川県生まれ／London School of Economics and Political Science, Ph.D.／広島大学平和科学研究センター助手をへて現職（准教授）／著書　*Re-examining Sovereigty*, Macmillan, 2000，『平和構築と法の支配』創文社，2003年，『国際社会の秩序』2007年，東京大学出版会

砂原庸介（すなはら ようすけ）

1978年　大阪府生まれ／2001年　東京大学教養学部卒業／2006年　東京大学大学院総合文化研究科博士後期課程単位取得退学／2009年　東京大学，博士（学術）／現在　大阪市立大学大学院法学研究科准教授／論文　「制度変化と地方政治－地方政治再編成の説明に向けて」『選挙研究』26巻1号，115-127頁，2010年，「事業廃止の政治学－都道府県のダム事業を対象として」『年報政治学2008-Ⅱ』，2008年，237-257頁

名取良太（なとり りょうた）

1974年　東京都生まれ／2000年　慶應義塾大学大学院法学研究科博士課程単位取得退学／現在　関西大学総合情報学部教授／主要著作　「相乗りの発生メカニズム」『情報研究』第31号，2009年，67-86頁，「2007年統一地方選における戦略投票～集計データによる44道府県議選の分析」『選挙研究』第23号，2008年，66-81頁

春木育美（はるき いくみ）

1967年　東京生まれ／2003年　同志社大学大学院社会学研究科博士課程修了（社会学博士2003年，同志社大学）／現在　東洋英和女学院大学国際社会学部専任講師／主要著書・論文　『現代韓国と女性』新幹社，2006年，「政治的機会構造と韓国の市民運動」『ソシオロジ』51（3），2007年，「韓国の少子化対策の政治的文脈と大統領のイニシアティブ」『比較政治学会年報』10号，2008年

稗田健志（ひえだ たけし）

1977年　北海道生まれ／2010年　欧州大学院大学政治社会学部／2010年　欧州大学院大学（European University Institute）政治社会学博士（Doctor of Political and Social Sciences）／現職　早稲田大学高等研究所助教／著書・訳書・論文　Aging and Political Institutions: Comparative Political Economy of Long-Term Care for Frail Older People. Ph.D. dissertation. Department of Political and Social Sciences, European University Institute, Florence. 2010,「研究ノート：『資本主義の諸類型』論から見た日本型福祉レジーム」『季刊社会保障研究』，国立社会保障・人口問題研究所，第41巻2号，157-167頁，2005年

保城広至（ほしろ ひろゆき）

1975年　生まれ／2005年　東京大学大学院総合文化研究科博士課程中途退学／2007年　学術博士（東京大学）／現職　東京大学社会科学研究所准教授／著書・論文　『アジア地域主義外交の行方：1952-1966』木鐸社，2008年，"Co-Prosperity Sphere Again?; United States Foreign Policy and Japan's 'First' Regionalism in the 1950s," *Pacific Affairs*, 82 (3), 2009.

待鳥聡史（まちどり さとし）

1971年　福岡県生まれ／1996年　京都大学大学院法学研究科博士後期課程退学／2003年　京都大学博士（法学）／現在　京都大学大学院法学研究科教授／著書　『〈代表〉と〈統治〉のアメリカ政治』講談社，2009年，『比較政治制度論』（共著）有斐閣，2008年

宮城大蔵（みやぎ　たいぞう）
1968年　東京生まれ／2001年　一橋大学法学研究科／2001年　博士（法学）一橋大学／現在　上智大学外国語学部准教授／著書　『バンドン会議と日本のアジア復帰』草思社，2001年，『戦後アジア秩序の模索と日本』創文社，2004年，他

森本哲郎（もりもと　てつお）
1953年　奈良県生まれ／1975年　京都大学法学部卒業／1980年　京都大学大学院法学研究科単位取得退学／1997年　京都大学博士（法学）／現在　関西大学法学部教授／著書・訳書　『戦争と革命の間で』法律文化社，1996年，『システムと変動の政治学』編著，八千代出版，2005年

『レヴァイアサン』投稿規定

レヴァイアサンは，適切な研究方法を用いて行われた独創的な研究を掲載したいと考えています。政治学の広い分野におけるすぐれた理論的，実証的研究論文の投稿を歓迎します。未刊あるいは他研究誌に投稿したり他の書籍に所収されたりしていないものに限ります。編集委員と外部のレフェリーが読ませていただきます。応募・執筆要領は下記の通りです。

1　応募要領

投稿論文は次の要領で木鐸社内『レヴァイアサン』編集部までお送りください。（1）本文は20,000字程度，Ａ4判（1頁に1000字〜1200字，図表，注記すべてを含む）16〜20枚程度にまとめ，本文冒頭に論文要旨（200字程度）を入れて下さい。本文には著者名を入れず，別に（2）Ａ4判1枚に著者情報（下記）を作成してください。（3）（1）（2）をそれぞれ印字したハードコピーを5部，郵送・宅配便などでお送りいただくとともに，それとは別にワードファイルかPDFファイルにて（1）（2）については以下のアドレス宛に，ファイル添付にてお送りください。leviathan@mbf.nifty.com ①氏名（ふりがな），②生年，③生地（都道府県），④最終学歴と修了年（大学は学部，大学院は科も明記），⑤博士号等（年・大学・科目），⑥現職，⑦著書・訳書・論文2点（著訳書は出版社，発行年，論文は掲載誌と巻・号数，発行年を明記），⑧住所と電話・ファックス番号・電子メイルアドレスを明記して下さい。

2　執筆要領

46号より横組になります。図表，本文ともに横書き，数字は算用数字をご使用下さい。図表は本文中に挿入箇所を指示し，本文とは別のファイルにまとめて下さい。こちらで図をトレースする場合は実費をご負担いただいております。論文が採用された場合は英文でタイトルと要約をお送り下さい(70語以内)。編集作業を迅速化するために採用された論文についてはソフトを明記の上ワープロフロッピーの送付をお願いしております。

3　引用・参考文献の表記

（1）単行本（著者名，『書名』，出版社，発行年，頁）
（2）雑誌論文（著者名，「論文名」，巻号，発行年月，頁）
（3）欧文の場合は，原則的に上記のとおりですが，「論文名」は"論文名"，書名と雑誌名には『　』の代わりに下線を引くか，もしくはイタリック体の指示をしてください。

4　論文の転載について

『レヴァイアサン』に掲載された論文は，出版後1年間は転載をご遠慮下さい。その後転載される場合は木鐸社の了承を取って下さい。

LEVIATHAN

The Japanese Journal of Political Science

Vol. 47 Special Issue: Electoral Cycles and the Change of Government

Contents

Articles

National Election Cycle and the End of LDP Government in Japan

Ryosuke Imai (7)

This paper analyzes a continuity and change of Japanese voters in 2009 General Election. Results show that those who desire LDP's government to continue but cannot support the present cabinet voted for DPJ candidate in 2009 General Election, although these electorates had tended to abstain in past General election. Results also indicate that negative evaluation to the present cabinet and political dissatisfaction were related to the desire for a change of government not in 2007 Upper House Election, but in 2009 General Election.

Legislative Success for the New President of the United States

Satoshi Machidori (40)

The United States is seen as one of the most stable democracies in the world, due to the fact that it has experienced the change of the president constantly. However, it has not accompanied with the change of the majority party in Congress. Considering strict checks and balances among branches of American politics, it is worth questioning to what extent the change of the president has impacts on policy directions. Based on quantitative and qualitative analyses, the author argues that effects of the new president depend on matching between his political orientation and public expectation.

President Lee Myung-bak's Government Formation in Korea:
A Missing Link of Electoral Cycle in Party Politics

Yuki Asaba, Ikumi Haruki, and Yutaka Onishi (65)

This study sheds light on government formation in a presidential regime with an intensive case study on President Lee Myung-bak's in Korea. President Lee formed his government by excluding the legislators loyal to his arch-rival Park Geun-hye in the presidential transition and the nomination of candidates for the legislative election. As presidential and legislative elections are non-concurrent with 4-month interval, President Lee's bargaining power via his opponents is the strongest.

Party Politics and Presidentialism in Japanese Local Government

Yosuke Sunahara (89)

This article analyzes "breakup" of LDP in Japanese local government. LDP in local politics integrates several local political forces in order to share the benefits of distribution from the central government. Therefore, in the age of LDP single-party dominance, integration to LDP was regarded so important for local politicians that take precedence over emphasizing conflicts in local government. However, this article shows that strong governorship in local politics provides incentives to local LDP politicians to break up their party.

Comparative Political Economy of New Social Risks:
Quantitative Analysis with Veto Players Approach

Takeshi Hieda (108)

This study examines the conditions under which welfare states are likely to adapt their social policies to the transformation of social risk structures under post-industrialization. It argues that in the era of welfare retrenchment, while heterogeneous policy preferences among veto players impede the expansion of new social risk policies, the same institutional characteristics encourage the growth of old social risk policies. This study analyzes the time-series and cross-section data of advanced industrialized democracies from 1980 to 2001 with a fixed-effect model, and reveals that the composition of veto players structures the state's ability to adjust its social policies to post-industrialization.

Theorizing diplomatic history in International Relations

Hiroyuki Hoshiro (129)

How can one scholarly work be labeled history as well as social science in International Relations? In other words, is there any way that enables two different disciplines to be integrated? Conventional wisdom seems to unanimously accept the view that since there are enduring epistemological and methodological differences that divide political scientists and historians, the two groups are never merged. On the contrary, this paper argues that theorizing diplomatic history can be made possible, if we follow two explicit conditions; "middle range theory" and "explanation of causal relations," and three methods; "abduction," "requirement of total cases," and "process creating."

Guns versus Butter Problem for the Postwar Japanese Voters:
Do Security and Welfare Policy Determine Party Choice?

Hanako Ohmura (146)

Do voters select the favorable party through weighing its welfare and defense policy? In this paper, I try to examine whether "the Guns versus Butter problem" determines the party choice among the postwar Japanese voters. Whereas in previous research dealing with Japanese politics, it has long been emphasized that the Liberal Democratic Party (LDP) was expected to fulfill both security (Guns) and welfare (Butter) issues under the 1955 political system, the extensive theoretical research, such as in defense economics, assumes the voter's rational expectation against the party's left-right position, i.e. social security policy for the leftist party, and defense policy for the rightist. Based on this implication, I develop the theoretical argument that, like in other developed nations, voters weighing heavily on welfare expansion were apt to vote the leftist party, the Japan Socialist Party, on the other hand, on defense expansion, to vote the rightist party, the LDP. Through the re-examination of JES data with Mulinominal Logit model, the new evidence underpinning my argument will be provided.

Book Reviews

Seiki Okazaki (170)
Hideaki Shinoda (177)
Ryota Natori (181)
Taizo Miyagi (185)
Tetsuo Morimoto (189)

編集後記

　本号の編集を担当した。かねてから思っていたのであるが，選挙とそれに関連する様々な政治現象は，立派に行政学の研究対象である。本号で取り上げた選挙サイクルは，選挙結果や政党のみならず，行政のあり方にも影響を与える可能性がある。選挙の結果生じる政権交代は，見方を変えると政権移行であり，官僚たちがそのプロセスに深く関与せざるを得ない。そもそも選挙それ自体，現代では行政の存在なしに実施困難である。

　しかし，学会間の棲み分けのせいか，選挙が行政学の対象として本格的に考えられたとは寡聞にして知らない。行政学者として，あるいは選挙研究者とジョイントして，この未開拓の領域に足を踏み入れることができないか。ひとまず選挙管理や政権移行の研究で挑戦しているところである。（大西裕）

＊

　創業者世代は，一党優位体制を特殊な病理的現象とするのではなく，政治学の共通言語で理解可能にすることを目指した。創刊から20年余が過ぎるとともに，衆議院の小選挙区制導入は二大政党化を推進してきた。デュヴェルジェの予測するところとはいえ，5回の総選挙で実質二人の候補が競合する選挙区が大多数となったのは，英米の選挙事情と比べても際立っている。ただし，議会制度は変っていない。憲法は参議院を内閣とは独立した存在とし，両院の一致を国会に求めている。それを担ったのは一党優位体制では自民党内調整であった。二大政党制において両院の多数が異なるならば，国会の議決は与野党間交渉によるほかない。再び衆参ねじれ状況となったが，それを病理的現象ではなく，憲法構造の適切な理解に基づいて，冷静に議論していくことが先達の教えであろう。（増山幹高）

＊

　同期の編集委員と一緒に私も1年前交代する予定であったが，他の3人から「引き継ぎに残って」と言われてしまった。11年間フリーライドしたとひそかに反省していた矢先，「天網恢恢疎にして漏らさず」とはこのことと痛感した。1年で償いができたか疑問ではあるが，やっと卒業である。在任中いろいろなことがあり，投稿者，読者，書評委員，他の編集委員の方から，様々なことを学ばせていただき本当に有り難く思っている。またこの場を借りて，編集の坂口さんにも御礼を申し上げる。彼女がいなければレヴァイアサンがこんなに長く続くことはなかったと思う。感謝の言葉もない。新しい編集委員の方へのエールで，最後の編集後記を終えたい。（加藤淳子）

新編集委員のご挨拶

　この度縁あって本誌の編集チームに加わることになりました。専門は国際政治，国際政治経済論ですが，その他にも政治学の理論，方法論一般について幅広く関心がありますので，これらの方面で貢献ができればと思っております。若い方々にエネルギーを分けていただきながら精一杯頑張る所存ですので，何卒宜しくお願いいたします。（飯田敬輔）

＊

　編集に参加することになった。この「編集後記」がほぼ初仕事である。おそらく多くの読者の方と同様，私も本誌を手にするとまずは編集後記に目を通すのが常であったが，いざ書くことになるとなかなか難しい。日ごろからネタを考えておかなければと感じる。それはさておき，とりわけ国内外で政治の動くこの時期，大胆な問題提起で論争を巻き起こすような誌面にしていきたい。（鹿毛利枝子）

48号予定

特集　政治学と日本政治史のインターフェース

解散の政治学－戦前期日本の経験から（奈良岡聰智）
官僚主導の因数分解－歴史的形成から考える（清水唯一朗）
統治システム運用の記憶－議会アーカイヴの構築にむけて（赤坂幸一）
政権交代の政治学と政治史（牧原出）
書評／他

2011年4月刊行予定
（投稿も随時掲載）

定期購読のお願い

　『レヴァイアサン』は全国の主要書店に配本されますが，定期購読をご希望の方は，号数明記の上，最寄書店か，小社宛に直接前金払いでお申し込み下さい。バックナンバーもどうぞ御注文下さい。

レヴァイアサン　47号　　　　　　　　2010年10月15日 発行
　　　　　　　　　　　編集委員　　大西　裕・増山幹高
　　　　　　　　　　　　　　　　　加藤淳子
　　　　　　　　　　　　　　　　　（現代日本政治研究会）
　　　　　　　　　　　　発行人　　　坂口節子
　　　　　　　　　　　発行所　（有）木鐸社（ぼくたくしゃ）
　　　　　　　　　〒112-0002　東京都文京区小石川5-11-15-302
　　　　　　　　電　話 (03) 3814-4195　　ファクス (03) 3814-4196
　　　　　　　　　　　　　　　振替　00100-5-126746
　　　　　　　　　　印　刷　アテネ社　　製　本　大石製本
　　　　　　　　　　　　URL http://www.bokutakusha.com/

ISBN978-4-8332-1163-5　　C1031

選挙研究　第26巻　第1号
年2回刊行

[特集1]　政党組織と選挙

保守党における派閥の一考察　1920－60年代
小宮　京
アメリカの連邦公職選挙における選挙運動手段の変化と政党の対応
吉野　孝
選挙制度改革と自民党総裁選出過程の変容
――リーダーシップを生み出す構造と個性の相克――
上神貴佳
日本の知事選挙に見る政党の中央地方関係
辻　陽
Loser's Disconsent in Korean Presidential Primary:
Separation of Powers, Electoral Cycles, and Party Organization
Yuki ASABA, Yutaka ONISHI and Masahiko TATEBAYASHI
英国政治における人格化と集権化
――大統領化論の再検討――
高安健将

[特集2]　ヨーロッパの選挙
2009年ドイツ連邦議会選挙の分析
――連立政策の新展開と各党の支持動員戦略――
河崎　健
Censored and Hurdle Regression Models in TSCS Data:
Electoral Support for Extreme Right Parties in 19 West European Democracies
Airo HINO

〈研究ノート〉
イギリスにおける選挙区割りについての研究の最新動向
長富一暁
制度変化と地方政治
――地方政治再編成の説明に向けて――
砂原庸介

[書評]

B5判160頁税込3500円＋税
2010年7月末刊
ISBN978-4-8332-2435-2 C3031

112-0002　東京都文京区小石川5-11-15-302
木鐸社
電話(03)3814-4195　ファックス (03)3814-4196
URL http://www.bokutakusha.com/

増山幹高著 (政策研究大学院大学・慶應義塾大学法学部)
議会制度と日本政治
■議事運営の計量政治学

A5判・300頁・定価：本体4000円＋税

　既存研究のように，理念的な議会観に基づく国会無能論やマイク・モチヅキに端を発する行動論的アプローチの限界をこえて，日本の民主主義の根幹が議院内閣制という制度に構造化されていることを再認識する。この議会制度という観点から戦後日本の政治・立法過程の分析を体系的・計量的に展開する画期的試み。

福元健太郎著 (学習院大学法学部)
立法の制度と過程

A5判232頁定価：本体3500円＋税

　本書は，議事録検索や情報公開請求などの質的分析だけでなく，戦後の8090本の政府法案，3025名の国会議員についてのデータを用いて統計分析（簡単な記述統計に始まって生存分析などの応用的手法まで）やゲーム論などの量的分析をも駆使して，これまでの制度改革論に対し，実証的な知見を提供する。

東大法・蒲島郁夫第1期ゼミ編
「新党」全記録（全3巻）

　92年の日本新党の結成以来多くの新党が生まれては消えていった。それら新党の結成の経緯や綱領，人事，組織等，活動の貴重な経過資料を網羅的に収録。混迷する政界再編の時代を記録。

第Ⅰ巻　政治状況と政党　　A5判・488頁・8000円
第Ⅱ巻　政党組織　　A5判・440頁・8000円
第Ⅲ巻　有権者の中の政党　A5判・420頁・8000円）

東大法・蒲島郁夫第2期ゼミ編
現代日本の政治家像（全2巻）

　これまで政治学では，政党を分析単位として扱ってきたが，その有効性が著しく弱まってきている。そこで現代日本政治を深く理解するために政治家個人の政治行動を掘り下げる。第1巻は国会議員の政治活動に関わるデータを基に数量分析を行う。第2巻は分析の根拠とした個人別に網羅的に集積したデータを整理し解題を付す。

第Ⅰ巻　分析篇・証言篇　　A5判・516頁・8000円
第Ⅱ巻　資料解題篇　　A5判・500頁・8000円

森　裕城著 (同志社大学法学部)
日本社会党の研究
■路線転換の政治過程

A5判・260頁・4500円

序章　本書の課題と構成　1章　社会党研究の共時的視角　2章　社会党の路線問題　3章　飛鳥田時代の社会党　4章　非武装中立の効用　5章　牽制政党化の論理　6章　新党の登場と社会党の衰退　終章　社会党の路線転換と日本の政党政治　あとがき
「社会主義への道」をめぐる日本社会党内の穏健派と過激派による政党内競争・政党間競争の確執を路線転換と有権者の投票行動と対応させつつ追跡。

112-0002　東京都文京区小石川5-11-15-302

木鐸社　　電話(03)3814-4195　ファックス (03)3814-4196
URL http://www.bokutakusha.com/

辻中豊（筑波大学）責任編集
現代市民社会叢書

各巻　A5判約250頁　本体3000円＋税前後

本叢書の特徴：
　21世紀も早や10年を経過し，科学と技術進歩により，世界が否応なく一体化しつつあるのを我々は日々の生活の中で，実感している。それに伴って国家と社会・個人およびその関係のあり方も変わりつつあるといえよう。本叢書は主として社会のあり方に焦点を当てるものである。2006年8月～2007年3月にわたって行われた日本で初めての市民社会組織全国調査（社会団体，自治会，NPOの3種類，約4万団体回収）は，従来の研究の不備を決定的に改善するものである。本叢書はこの貴重なデータに基づき，多様な側面を多角的に分析し，日本の市民社会を比較の視座において捉える。

（1）辻中豊・ロバート・ペッカネン・山本英弘

現代日本の自治会・町内会:
第一回全国調査にみる自治力・ネットワーク・ガバナンス

2009年10月刊

（2）辻中豊・森裕城編著

現代社会集団の政治機能：
利益団体と市民社会

2010年3月刊

（3）辻中豊・伊藤修一郎編著

ローカル・ガバナンス：
地方政府と市民社会

2010年3月刊

（4）辻中豊・坂本治也・山本英弘編著

2011年1月刊

現代日本の「NPO」政治

〔以下続刊〕
（5）小嶋華津子・辻中豊・伊藤修一郎

比較住民自治組織

有斐閣 新刊案内
（価格は税込）
東京・神田・神保町2/Tel:03-3265-6811
http://www.yuhikaku.co.jp/
◉図書目録送呈◉

アフリカから学ぶ
峯 陽一・武内進一・笹岡雄一編　アフリカの歴史と魅力、人間の安全保障の実践、未来を現場から解説。
A5判　二四一五円

アジアの政治経済・入門【新版】
片山 裕・大西 裕編　政治と経済の関係に着目し、各国・地域のすがたを解説。アジアの現在がわかる。
【有斐閣ブックス】二六二五円

新・国際政治経済の基礎知識【新版】
田中明彦・中西 寛編　国際政治経済の理解に不可欠な基本テーマ164項目を簡潔・的確に解説する。
【有斐閣ブックス】二五二〇円

国際財政論
植田和弘・新岡 智編　グローバル化の時代、財政の国際的側面を検討した新しい財政論を提示する。
A5判　三二〇〇円

グローバル・インバランスの経済分析
藤田誠一・岩壷健太郎編　グローバル・インバランスの基本メカニズム、さまざまな議論を整理・分析。
A5判　四六二〇円

国際経済協力の制度分析
宮崎 卓著　開発援助とインセンティブ設計　経済援助の有効性の向上や効率化のための理論を展開。
A5判　五〇四〇円

◎社会科学の「共通言語」を目指して──シリーズ完結！

小林良彰編集 社会科学の理論とモデル 全12巻

⑧官僚【最終回配本】
真渕 勝
官僚の権力の源泉は何か。官僚の裁量の程度を左右する要因は何か。官僚はどのような環境のもとで職務を執り行っているのか。ウェーバー以来の理論とモデルを紹介しながら、官僚の行動原理を明らかにする。
四六判・192頁／2625円

好評既刊11巻
① 選挙・投票行動　小林良彰
② 国際関係　鈴木基史
③ 権力　秋月謙吾
⑤ 決定　盛山和夫
④ コミュニケーション　宇佐美誠
⑥ 集団・組織　池田謙一／森脇俊雅
⑦ 法律　太田勝造
⑨ 行政・地方自治　飯島昇藏
⑩ 社会契約　小野耕二
⑪ 比較政治　河野 勝
⑫ 制度

増原綾子 スハルト体制のインドネシア
個人支配の変容と一九九八年政変
三二年間に及ぶスハルト体制の成立・変容・崩壊の過程を、政権与党ゴルカルを軸に描く。理論と実証分析を融合した臨場感溢れる政治ドラマ。
A5判・328頁／6510円

馬場康雄・平島健司編 ヨーロッパ政治ハンドブック 第2版
A5判・356頁／3360円

東京大学出版会
〒113-8654　東京都文京区本郷7-3-1 東大構内　〈価格税込〉
TEL03-3811-8814　FAX03-3812-6958　http://www.utp.or.jp/